AF592409

LE

CONSULAT ET L'EMPIRE

DU MÊME AUTEUR

Erreurs et Mensonges historiques, par Ch. Barthélemy, seize séries formant 16 vol. in-12. . . . 32 »

Chaque série se vend séparément 2 francs.

La guerre de 1870-71, 1 vol. in-12 . . . . 3 »

Voltaire et Rousseau, jugés l'un par l'autre, 1 vol. in-12 . . . . 2 »

ANGERS, IMPRIMERIE BURDIN ET Cie, 4, RUE GARNIER

LE CONSULAT ET L'EMPIRE

(1799-1815)

PAR

CH. BARTHÉLEMY

MEMBRE DE L'ACADÉMIE DE LA RELIGION CATHOLIQUE DE ROME

Auteur des *Erreurs et Mensonges historiques*
et de *La Guerre de* 1870-1871.

Reges eos in virga ferrea.
« Vous les gouvernerez
avec un sceptre de fer. »
(Psaume II.)

PARIS

BLÉRIOT ET GAUTIER, LIBRAIRES-ÉDITEURS

55, QUAI DES GRANDS-AUGUSTINS, 55

1885

PRÉFACE

En écrivant un livre tel que celui-ci, consacré à l'histoire du Consulat et de l'Empire, réduite à la proportion d'un modeste volume de trois à quatre cents pages, on a à se garder également de deux extrêmes dans lesquels semble invinciblement entraîner la nature même du sujet difficile qu'on s'est proposé de traiter. Ces deux extrêmes sont, d'une part, l'exagération, de l'autre, la sécheresse auxquelles expose cette sorte de panorama, de vue à vol d'oiseau d'une époque si tumultueuse et qui paraît des plus remplies par quinze ou seize années de batailles incessantes et de victoires ou de revers se succédant, sans se pondérer cependant, et se terminant, comme par des coups de tonnerre, par deux invasions, à la distance de moins d'une année l'une de l'autre.

Résumer en un volume ce qui a fourni à un célèbre historien moderne la matière de vingt forts volumes expose l'abréviateur à effleurer bien des points ou à n'en donner que de décisives appréciations, la discussion avec ses développements ne pouvant essayer de se faire jour, même en termes si brefs que ce soit. Alors, il faut choisir entre le panégyrique ou la critique et craindre ou d'exalter ou de déprécier par trop une époque dans laquelle la gloire des armes, si chère à notre nation, joua le premier et le plus brillant rôle. D'un autre côté, montrer à quel prix tant de conquêtes ont été ébauchées et ce qui, en somme, en est résulté pour la grandeur et la prospérité de la France, nous paraît la seule et vraie manière d'apprécier une époque telle que celle du Consulat et de l'Empire.

C'est à ce dernier point de vue que nous nous sommes arrêtés, et le moment ne pouvait être, nous le croyons, mieux choisi ; aujourd'hui, à plus de soixante ans de distance de cette époque, alors que la Restauration des Bourbons, le règne de Louis-Philippe et le retour du second Empire ont passé sous nos yeux comme en une lanterne magique, l'histoire de ces divers régimes, héritiers du Consulat et du premier Empire, tout en s'éclairant de mutuels reflets, fait encore mieux, froidement et sainement apprécier les événements compris dans les quinze ou seize premières années du siècle présent, où, à l'heure qu'il est, se pose depuis plus de treize ans devant nous, à la suite d'une terrible invasion, une redoutable énigme dont nous ne sommes pas près, nous le craignons, d'avoir de si tôt le mot suprême.

Comme au 18 brumaire, la Révolution de 1789 continue son cours et accomplit chaque jour son évolution jusqu'au moment fixé dans les éternels décrets de la providence pour décider de la ruine ou du relèvement de notre patrie tant de fois et si cruellement éprouvée.

C'est au flambeau de la philosophie catholique qu'il faut étudier l'histoire et surtout les annales contemporaines, et sous ce nom on peut comprendre la période enfiévrée de 1799 à 1815 ; car, qu'est-ce qu'un demi-siècle et plus dans l'histoire d'une nation, sinon un point dans l'espace de quinze cents ans que la France avait parcourus, de la carrière qu'elle avait fournie de Clovis à la veille de 1789, au milieu de faits si dramatiques et d'épreuves déjà si nombreuses?

Pour en revenir à cette histoire ou plutôt à ce rapide tableau du Consulat et de l'Empire, le moment est bien propice à les faire et à les présenter au public qui a eu le temps de se blaser sur des exploits plus brillants que solides et qui aspire à une paix définitive et féconde; car, le bruit n'a jamais fait de bien, et le vrai bien ne fait pas de bruit. *Non in commotione Deus.*

Or, que désirait ardemment la France, au lendemain du 18 brumaire? La paix, et c'était la guerre sans cesse ni trêve qui lui répondait par la voix du canon sur tous les points de l'Europe et du monde. L'homme à qui la France venait de se donner était et devait être l'ennemi juré du calme qui eût été sa mort à bref délai; sorti de la guerre, il fallait qu'il y vécût sans cesse comme dans son élément naturel. Bonaparte, d'ailleurs, fils de la Révolution, n'était pas venu pour la terminer, mais pour la continuer et la naturaliser dans notre pays désormais voué aux aventures de tous genres et les plus insensées, poursuivant sur les champs de bataille cette vaste conspiration commencée en 1792 contre tous les souverains et leurs peuples. Double châtiment pour le pays qui en avait été le premier foyer et, pour ses imitateurs, la Révolution avait transporté sur les champs de bataille l'œuvre sanglante du meurtre juridique et de la déportation de ses propres enfants.

Comme les extrêmes se touchent toujours, notre pays, après avoir fait ou laissé faire une révolution pour conquérir ce qu'il appelait la liberté, devenait le complice d'un nouveau bouleversement pour se donner un maître qui le sauvât des excès de cette même liberté, et il allait bientôt, par la force et la logique des choses, abdiquer sa part de souveraineté d'ailleurs très contestable ; car, qu'est-ce qu'un pouvoir que l'on ne peut exercer que par délégation ? Qui dit *délégation* dit *abdication*.

Le rôle de Bonaparte, qui semble étrange au premier abord, est cependant très naturel et lui était imposé par la situation même, ainsi qu'il sera facile de le prouver par l'esquisse des antécédents et du caractère du jeune général de l'armée d'Italie et d'Égypte et par le rapide tableau du milieu d'où il avait surgi tout préparé à la double destinée de conquérant et de dictateur, couvrant de sa gloire militaire la main de fer du despote et du tyran le plus terrible qu'ait jamais subi le monde.

Cette histoire du Consulat et de l'Empire — sans être la biographie proprement dite de Bonaparte et de Napoléon, — exige cependant, pour être mieux comprise, que nous donnions d'abord quelques détails sur les origines de celui qui, de sous-lieutenant d'artillerie, devait, en si peu de temps, parvenir à la première couronne de l'Europe. Admirablement favorisé par les circonstances, ayant du talent, du génie même, il possédait, avant tout, à un degré supérieur, le grand art de se faire valoir, et cela même loin et haut.

Simple officier, au moment de la Révolution et au 10 août 1792, son mépris pour les hordes de brigands qui menaçaient les Tuileries éclate à la vue de l'insurrection. Bourrienne, son camarade de collège et alors son ami, nous le montre, dans les curieux *Mémoires* qu'il a publiés, frémissant de rage et s'indignant de ce qu'on n'utilise pas mieux les forces destinées à protéger le trône. « Qu'il faudrait peu de chose, disait-il alors, pour balayer cette canaille ! » Mais l'insurrection triomphe, le trône s'écroule, la République s'établit et Bonaparte se fait jacobin. Les *services* qu'il rend, à Toulon, lui valent le rang de général de brigade. On cite, à cette époque, cette lettre de lui :

« Citoyens représentants,

« C'est du champ de gloire, marchant dans le sang des traîtres, que je vous annonce avec joie que vos ordres sont exécutés et que la France est vengée. Ni l'âge ni le sexe n'ont été épargnés. Ceux qui avaient été seulement blessés par le canon républicain ont été dépêchés par le glaive de la liberté et par la bayonnette de l'égalité.

« Brutus Bonaparte,

« Citoyen sans-culotte.

« Aux représentants du peuple, Robespierre jeune et Fréron. »

Il est envoyé comme général de brigade à Nice et il s'y trouvait à l'époque de la mort de Robespierre ; voici dans quels termes il annonçait les événements du 9 thermidor au citoyen Tilly :

« Tu auras appris la conspiration et la mort de Robespierre... J'ai été un peu affecté de la catastrophe de Robespierre le jeune que j'aimais et que je croyais pur. Mais, fût-il mon père, je l'eusse moi-même poignardé, s'il aspirait à la tyrannie. »

Cette lettre est du 20 thermidor an II. Quelque temps après, Bonaparte était rappelé, et il se trouvait à Paris lorsqu'éclata la révolte du 13 vendémiaire an IV. La Convention avait fait une nouvelle Constitution : c'était la troisième qu'on donnait à la France en quatre ans. On créait un Directoire exécutif, composé de cinq membres; un Conseil des Anciens, composé de deux cent cinquante personnes et un Conseil des Cinq-Cents. Mais un article de cette Constitution portait que les deux tiers des membres de la Convention entreraient dans les Conseils. Cet article déplut aux sections de Paris, qui s'armèrent contre la Convention. Celle-ci chargea Barras de la sauver, et Barras prit Bonaparte pour commandant en second. Celui-ci organisa aussitôt la défense. Il savait que le canon était le premier et le plus utile auxiliaire. Le combat s'engagea, les sections furent vaincues et, pour récompense, Bonaparte fut nommé général de division. C'était beaucoup ; ce n'était pas assez pour lui ; il avait alors vingt-six ans.

A cette époque, le jeune général s'éprit de Joséphine de Beauharnais et l'épousa civilement ; il n'y avait pas d'autre mariage alors. Le commandement en chef de l'armée d'Italie fut le cadeau de noces de l'homme que le canon de Bonaparte avait fait le chef du Directoire. Il n'y a pas d'exemple d'une pareille fortune, mais il faut dire aussi que Bonaparte y aida de toutes ses forces.

Cependant, comme il n'avait jamais commandé ni régiment, ni brigade, ni division, ni corps d'armée, ce fut le général de brigade Chanez, ancien sergent aux gardes françaises et commandant la place de Paris pendant l'hiver de 1795-1796, qui enseigna les manœuvres au futur conquérant de l'Italie [1].

Avant de partir pour son poste, Bonaparte fit venir sa famille à Paris, afin de l'utiliser comme instrument de ses projets d'avenir et d'ambition ; ses frères, Joseph et

1. Le maréchal Marmont, *Esprit des institutions militaires.*

Lucien, le secondèrent activement dans ses vues. De son côté, il ne négligeait rien pour se rappeler au souvenir de la France et principalement de la capitale. Des victoires se succédant avec rapidité, les plus célèbres généraux autrichiens vaincus, l'Italie conquise en peu de temps, de tels faits avaient une grande éloquence. Possédant déjà un haut sentiment de sa valeur personnelle, il ne souffrit pas longtemps que les vieux généraux républicains le traitassent en égal et avec une familiarité démocratique, il sut tenir à distance Lannes, Masséna, Augereau et ses autres collègues qu'il fascina d'ailleurs par une tactique toute nouvelle et bien appropriée au génie bouillant de la valeur française : prendre toujours l'offensive et étourdir l'ennemi par la rapidité des manœuvres qui faisait croire à la supériorité du nombre et des forces.

« Bonaparte, en quittant Paris, avait compris la situation de la France. A cette nation, comprimée un instant sous le régime de la Terreur, mais impatiente de reconquérir le calme et la tranquillité, il fallait un pouvoir fort et énergique. La France appelait de tous ses vœux l'homme inconnu qui devait la sauver ; mais pour que cet homme pût disperser les éléments de désordre, il fallait qu'il arrivât entouré d'une auréole de gloire. Bonaparte avait mesuré le Directoire et les hommes qui gouvernaient la France. Il avait reconnu que parmi eux aucun n'était capable de prendre la première place et de la garder, et, certain que pendant son absence elle resterait vacante, il était allé demander à la victoire le prestige dont il avait besoin.

« Nul homme ne connaissait mieux que Bonaparte le peuple français. Il savait que, pour être l'idole de ce peuple enthousiaste, il fallait à chaque instant parler à son imagination essentiellement mobile. Il agit donc rapidement, entassa bulletins sur bulletins, victoires sur victoires, écrasa cinq armées autrichiennes, et, au bout de dix huit mois, termina la campagne par le traité de Campo-Formio qui donnait la Belgique et les îles Ioniennes à la France...

« Bonaparte n'oubliait rien de ce qui pouvait l'élever dans l'opinion publique. Pendant cette campagne, le duc de Modène lui fit offrir quatre millions pour obtenir la remise de la contribution de guerre frappée sur ses États. Bonaparte refusa, mais il eut soin de faire publier ce trait de désintéressement, qui parut d'autant plus extraordinaire que les généraux de la République ne se faisaient pas faute de rançonner les populations vaincues. Ses frères firent sonner bien haut les services rendus par un jeune général qui s'oubliait pour ne penser qu'à son pays. Les soldats nourris, habillés et soldés par la guerre, la France enrichie par les chefs-d'œuvres enlevés à l'Italie, cinquante millions versés dans les caisses vides de la République,... tout cela était exploité avec habileté et donnait à Bonaparte une popularité réelle[1]. »

On ne pensait pas encore cependant à lui pour seul sauveur possible de la France ; le retour de la royauté s'imposait aux esprits sages. Autour du pouvoir trop faible pour lutter s'organisaient des menées pour une contre-révolution. Le Directoire s'empressa de mander Bonaparte à Paris ; mais, lui, se souciant peu de servir Barras, lui dépêcha Augereau, sous prétexte de porter les drapeaux conquis par l'armée d'Italie. Pendant ce temps,

1. Th. Anne, *Quelques pages du passé pour servir d'enseignement au présent et d'avertissement à l'avenir* (1851), p. 19-21.

Hoche mourait, à l'apogée d'une réputation légitimement conquise et qui lui avait valu la jalousie du Directoire, à qui son indépendance déplaisait. Hoche disparu, c'était un grand obstacle de moins aux vues ambitieuses de Bonaparte qui ne se cacha pas de l'avouer longtemps après.

A son tour, Bonaparte, devint suspect au Directoire; mais, plus prudent ou plus dissimulé que Hoche, il affecta de se confiner dans la retraite; cette modestie de commande avait un double but, elle tranquillisait le Directoire et augmentait le prestige dont l'opinion publique environnait Bonaparte. Cependant le gouvernement résolut de l'éloigner; à cet effet, on lui confia le commandement de l'armée d'Égypte, qu'il accepta avec empressement. Jamais homme ne fut mieux servi, à ses débuts, par la jalousie de ses ennemis aveuglés par leur inquiétude même et leur soi-disant habileté.

Bonaparte savait quels généraux il laissait en Europe et comptait bien sur leurs défaites pour être rappelé au plus tôt, comme un sauveur. Aussi, avec quel soin il rédige les bulletins qui devaient parler de lui à la France! Il fut, du premier coup, passé maître en ce genre de littérature militaire, où le servait d'ailleurs à merveille sa faconde de Corse. Tout secondait à l'intérieur l'incapacité et les orgies du Directoire, les mesures les plus violemment arbitraires, et surtout les échecs éprouvés coup sur coup par nos armées, que l'ennemi rejetait sur la frontière découragées, battues, sans vivres et sans solde. Bonaparte était fidèlement tenu au courant de tout par ses frères restés à Paris et qui voyaient de près les choses.

L'an VII de la République (1797-1798) se soldait par un déficit de deux cent cinquante millions; une misère en présence de ce que nous présentent les temps modernes! Pour combler une partie de ce déficit, on n'avait pas trouvé de meilleur moyen que de décréter un emprunt forcé de cent millions. Telle était la situation de la France. On serait parvenu à recueillir intégralement le montant de l'emprunt forcé qu'il aurait fallu trouver encore cent cinquante millions pour le service de l'armée. L'opposition était grande; elle se manifestait de toutes les manières. On criait des pamphlets contre les Directeurs. On portait des tabatières ou des bijoux sur lesquels était gravé ce rébus, une lancette, une laitue et un rat; ce qui signifiait : *L'an sept les tuera.*

Bonaparte comprit que le moment de reparaître était venu. Il avait échoué à Saint-Jean-d'Acre, mais il avait couvert cette défaite, grâce à la victoire d'Aboukir, et il eut soin de se faire précéder par le bulletin pompeux de cette victoire. Le 22 vendémiaire an VIII (14 octobre 1799), le jeune général débarqua tout à coup à Fréjus, au grand effroi de Barras; celui-ci, faisant cependant contre fortune bon cœur, porta cette nouvelle aux deux Conseils. Aux applaudissements enthousiastes qui éclatèrent de toutes parts, Barras put comprendre qu'il n'était plus le maître de la situation et qu'il devait céder le pas à son glorieux rival. Bonaparte avait alors dans le gouvernement un appui merveilleux en Sieyès qui, aspirant au pouvoir suprême, comptait attacher son protégé au succès de ses plans ambitieux.

Dès lors, Bonaparte préparait le coup d'État qui devait lui ouvrir sûrement le chemin du pouvoir; Fouché et Talleyrand vinrent d'abord à lui, chacun dans des pensées particulières, mais le Corse était rusé et sut dissimuler ses projets personnels. Par les intelligences que ses complices inconscients avaient dans la place à emporter d'assaut, Lucien aidant, une convention fut arrêtée à l'effet de remplacer le Directoire par trois consuls dont Barras serait nommé le premier, Sieyès le second, et Bonaparte le troisième. Barras, ainsi placé ne pouvait hésiter; il consentit à tout. Du moment que la révolution devait tourner à son profit, peu lui importait ce que deviendraient ses collègues.

On se mit à l'œuvre. Sieyès disposait des inspecteurs du conseil des Anciens ..ctions qui répondaient à celles qu'exercent aujourd'hui les questeurs. Le conseil était composé de deux cent cinquante membres. On dresse la liste de ceux sur lesquels on pouvait compter exclusivement, on les convoque seuls pour le 18 brumaire (9 novembre 1799), à sept heures du matin. Ils arrivent au nombre de quarante-deux, et les inspecteurs leur font connaître l'objet de cette convocation imprévue. Ils déclarent que la sûreté des Conseils est menacée, que les poignards sont levés sur les représentants et sur les premières autorités, qu'il faut sauver la patrie et que le moment est venu pour les Anciens d'user du droit que leur donne la Constitution, de transférer les conseils hors de Paris. On parlait à des gens disposés à sanctionner ce qu'on leur proposait. Le décret fut rendu. Les Conseils étaient transférés à Saint-Cloud; ils devaient s'y réunir le lendemain 19, à midi. Bonaparte était nommé commandant en chef des troupes et chargé de l'exécution du décret. Le décret est envoyé aux Cinq-Cents. Lucien, le président, en donne connaissance et lève aussitôt la séance. Sieyès et Roger-Ducos se séparent de leurs collègues et se rendent auprès de la commission des Anciens. Barras commence à comprendre qu'il a été joué. Il envoie son secrétaire auprès de Bonaparte pour savoir le dernier mot de la situation.

Bonaparte répond que Barras doit donner sa démission et que s'il résiste on aura recours à un jugement public ou à une exécution militaire. « Je connais, ajoute-il, ses négociations avec les Bourbons. C'est un crime capital, et la loi punit de mort ceux qui conspirent contre la République. »

Barras se résigna et se démit de ses fonctions...

Les bataillons n'obéissaient plus au gouvernement; la garde même du Directoire passa du côté de Bonaparte. Celui-ci n'avait pas perdu de temps; aussitôt le décret rendu, il était venu prêter serment devant le Conseil des Anciens, puis il avait rassemblé les troupes, leur avait lu la résolution prise, les avait haranguées au nom de la République menacée et avait été salué par leurs acclamations. Dès lors, il était entouré d'une foule de généraux, les uns courtisans du nouveau soleil qui se levait, les autres dupes des allures patriotiques du futur dictateur. Seul Bernadotte lui résistait, car il l'avait deviné, et plus tard il porta les plus terribles coups à sa puissance et contribua à sa ruine éclatante.

Tous les moyens semblaient bons aux conspirateurs pour arriver à leur but, la presse fut pour eux le grand levier de ce qu'on est convenu d'appeler *l'opinion publique*. Rœderer se chargea de rassurer les Parisiens sur le caractère du jeune général et de parler de son désintéressement à la République qu'il allait étouffer. Rœderer imagina un *Dialogue entre un membre du conseil des Cinq-Cents et un Ancien*.

« César! Cromwell! faisait-il dire au membre des Anciens, mauvais rôles... *rôles usés!*... indignes d'un homme de sens quand il ne le serait pas d'un homme de cœur. C'est ainsi que Bonaparte lui-même s'en est expliqué dans diverses occasions. Sais-tu ce qui l'eût rendu suspect à mes yeux et aurait fait de lui un sujet de justes alarmes pour la liberté? Ç'aurait été son refus!... Voici ce que tout homme clairvoyant devrait alors dire de lui... Un système d'ambition profonde a déterminé ce refus; tout périt dans la République; l'anarchie s'avance, la dissolution est imminente, et Bonaparte le voit. Il va demander le commandement d'une armée; il l'obtiendra. Une fois à la tête de soixante ou quatre-vingt mille hommes, lorsque le désordre sera à son comble en France, lorsque chaque citoyen, las de chercher une victime ou un refuge inutile, tournera ses regards vers lui, lui tendra les bras, lui demandera vengeance ou justice, et toujours protection, alors il n'aura besoin, pour être investi du pouvoir absolu, que de consentir à l'être. Ce sera la royauté elle-même (et quelle royauté!), qui viendra s'offrir à lui; ce sera la nation, avilie par le malheur, qui lui offrira un sceptre de fer. C'est sans doute ce que veut Bonaparte. Voilà, mon ami, ce que son refus aurait signifié pour moi, et ce serait sur ce refus que j'appellerais le poignard de Brutus. »

Ces lignes furent publiées le 19 brumaire au matin, entre le décret des Anciens et la réunion des Conseils à Saint-Cloud. Tel était le langage ampoulé de l'époque. « Depuis sept ans on trompait la France avec de grands mots, et on la trompait encore en ce moment. On évoquait les grandes ombres de l'antiquité, le souvenir des assassins des rois ou des dictateurs; on se dévouait pour défendre les droits du peuple, et le peuple qui ne sait pas trop en quoi consistent ses droits se laissa, comme de coutume, prendre à ce beau langage. Il s'y laisse prendre toujours. Au moment de mettre le pied sur la première marche du trône, Bonaparte protestait de son républicanisme. A cette époque, il était de mode de sauver continuellement la patrie. Les partis se ruaient les uns sur les autres, et les vainqueurs envoyaient les vaincus à l'échafaud, au nom du salut de la France. Puisqu'on proclamait encore la patrie en danger, on en concluait qu'elle avait besoin d'être sauvée; le tout était d'arriver à une dernière et décisive lutte [1]. »

La police, conduite par Fouché et Réal, secondait le mouvement. On ferma les barrières, pour que le parti patriote ne se portât pas à Saint-Cloud, pour que l'opposition y fût seule, isolée, au milieu des bayonnettes réunies pour dénouer violemment le drame, s'il en était besoin. Rœderer avait publié une conversation sérieuse. La police fit improviser un pamphlet comique contre les Jacobins. Elle prenait ses ennemis par le ridicule, arme puissante en France, et elle faisait distribuer la *Séance* suivante *des Jacobins, réunis rue des Boucheries* :

« L'assemblée est nombreuse; la confusion y règne. Le président, monté sur un baril d'eau-de-vie, agite son bonnet rouge, et le désordre augmente. Il détonne : *Allons, enfants de la patrie!* etc., et l'assemblée détonne de concert. Le chant terminé, le président s'adresse à l'assemblée et dit :

— Frères et amis, ce sont les dangers de la patrie qui nous ont réunis. Nous allons aviser aux moyens...

Un membre. — De l'eau-de-vie !...

L'assemblée entière. — Appuyé! appuyé! rasade!

Le président. — L'assemblée a raison. Pour sauver la patrie, il ne faut pas de demi-mesures. (L'assemblée boit.)

Un membre. — Aux mânes du grand Robespierre!

1. *Quelques pages du passé*, etc., p. 44.

Un autre membre. — A la juste colère du père Duchesne !

Un autre membre. — Oui, buvons à ces hommes illustres, à ces pères des Jacobins. Qu'ils portent aujourd'hui dans notre sein toute leur sainte fureur, qu'ils incendient nos cœurs du feu de la vengeance ! qu'ils nous inspirent des desseins magnanimes, funestes aux tyrans ! Frères et amis, y a-t-il un Brutus parmi nous ? Qu'il se montre ! la patrie le réclame !

Une voix. — De l'eau-de-vie ! de l'eau-de-vie !

Une autre voix. — Oui, tu en auras. Viens, mon fils, viens, Brutus, et tue.

La voix. — Frère, donne le verre et garde le fer pour toi.

Le président. — Le préopinant a raison. Le courage est indigne des Jacobins. Robespierre leur donna d'autres leçons, d'autres exemples. Qu'on n'outrage point sa mémoire. Parcourons les fastes du Comité de Salut public. C'est là que nous trouverons notre conduite tracée. Il est de ces moyens astucieux que réprouvent les pitoyables préjugés de la vertu, mais dont sait adroitement profiter l'homme qui est *à la hauteur des circonstances*. Ils sont d'autant plus sûrs qu'ils sont détournés. Il est du devoir de tout bon Jacobin de les proposer. La séance est ouverte.

Un membre. — Mettre le feu au quartier du Luxembourg, s'armer de poignards, etc.

Un autre. — Je vois venir le préopinant ; j'entrerais assez dans ses vues, mais il faut s'exposer, et...

Un membre. — Puisque votre sagesse rejette toutes les entreprises où la vie des frères et amis courrait un trop grand péril, vie précieuse qu'on doit conserver pour propager les bienfaisantes opinions de cette société à jamais immortelle, je vais soumettre à vos lumières un projet dont l'exécution ne demande que des talents; et certes on peut le dire avec assez de modestie, et sans crainte d'être démenti, nous n'en manquons pas. (Applaudissements de toutes les parties de la salle.) Nous avons eu soin, depuis prairial, d'introduire dans les administrations départementales de ces braves gens qui, en 93, ne marchandaient pas pour peupler de ces coquins d'aristocrates le *garde-manger* de notre illustre confrère. Que tardons-nous à leur écrire? Qu'ils fassent schisme avec le gouvernement actuel! gouvernement abominable, puisque nous n'y commandons pas. Que les départements se fédéralisent! que les députés ajournés se réunissent à Toulouse, dans cette ville constamment fidèle aux Jacobins, que là ils nomment un Directoire jacobin et la patrie *est à nous.* » (Applaudissements.)

Ce n'était pas sans raison que l'on avait choisi Saint-Cloud pour dénouer la lutte. A Paris, l'agitation pouvait être grande. Les représentants pouvaient appeler leurs amis à eux; on pouvait soulever les faubourgs, la presse pouvait parler et agiter le peuple; à Saint-Cloud, il n'y avait que des soldats et des canons, exécuteurs fidèles des ordres qui leur seraient donnés.

Des deux côtés, la nuit se passa à tout disposer pour la journée du lendemain. Mais, les républicains n'avaient pas un homme à opposer à Bonaparte. Celui-ci ne perdait pas de temps. Il avait choisi pour le suivre à Saint-Cloud les régiments qui l'avaient connu en Italie; d'après ses ordres, les 6e, 79e et 86e demi-brigades prirent les armes et vinrent entourer Saint-Cloud. Les 8e et 9e dragons prirent position dans le parc. L'artillerie et les grenadiers des Conseils se rangèrent dans la cour intérieure du château, prêts à obéir au premier signal. Tout semblait assurer le triomphe éclatant de Bonaparte. Cependant, au moment de gravir le Capitole, un faux pas faillit jeter le jeune général du haut de la roche Tarpéienne (style du temps).

Appelé dans la salle où siégeaient les Anciens très partagés d'avis et parmi lesquels l'opposition hostile se faisait jour, Bonaparte parut quelque peu décontenancé; il ne brilla jamais par le courage civil et il se sentit alors envahi par une terreur qui l'eût perdu et ses complices avec lui. Il avait préparé un discours, mais il ne put en retrouver un mot; éperdu, troublé, il ne prononçait que des mots sans suite alors qu'il fallait quand même et plus que jamais payer d'audace et emporter d'assaut la situation. Il ne trouva pas d'autre moyen d'échapper aux interpellations tumultueuses dont il était l'objet que de sortir; mais il rentra presque aussitôt, suivi d'un peloton de grenadiers dont les bayonnettes étincelantes annonçaient que le moment de triompher par la force était enfin venu. Cependant, pour conserver jusqu'au bout un semblant de légalité, il enjoint aux grenadiers de ne pas avancer. Alors tous les représentants se précipitent vers lui, on lui barre le chemin de la tribune, aux cris de : « A bas le César! à bas le Cromwell! à bas le dictateur! hors la loi! » Bonaparte, à ces derniers mots, *hors la loi*, signal de mort, perd la tête et sort une seconde fois, hors de lui. Lucien lui-même, renonçant à se faire entendre, sort à son tour, après avoir déposé sur la tribune ses insignes de président et va rejoindre son frère. Heureusement pour tous deux que Sieyès n'avait pas perdu la tête; il fait monter Bonaparte à cheval et ranime si bien Lucien, que celui-ci, payant d'audace, harangue les soldats, en ces termes : « Citoyens soldats, le président du Conseil des Cinq-Cents vous déclare que l'immense majorité de ce Conseil est dans ce moment sous la terreur de quelques représentants *à stylet*, qui assiègent la tribune, présentent la mort à leurs collègues et enlèvent les délibérations les plus affreuses. Je vous déclare que ces audacieux brigands, sans doute *soldés par l'Angleterre*, se sont mis en rébellion contre le Conseil des Anciens et ont osé parler de mettre *hors la loi* le général chargé de l'exécution de son décret, comme si nous étions à ce temps affreux de leur règne où ce mot *hors la loi !* suffisait pour faire tomber les têtes les plus chères à la patrie ! Je vous déclare que ce petit nombre de furieux se sont mis eux-mêmes *hors la loi* par leurs attentats contre la liberté de ce Conseil. Au nom de ce peuple qui, depuis tant d'années est le jouet de ces misérables enfants de la Terreur, je vous confie le soin de sauver la majorité de ses représentants, afin que cette majorité, délivrée des stylets par les bayonnettes, puisse délibérer sur le sort de la République. Général, et vous, soldats, et vous tous, citoyens, vous ne reconnaîtrez pour législateurs de la France que ceux qui vont se rendre auprès de moi ; quant à ceux qui resteront dans l'Orangerie, que la force les expulse ! Ces brigands ne sont plus représentants du peuple, mais *les représentants du poignard !* Que ce titre leur reste ! qu'il les suive partout ! et lorsqu'ils oseront se montrer au peuple, que tous les doigts les désignent sous ce nom mérité de *représentants du poignard !*... Vive la République !... »

Les soldats se sentaient ébranlés, cependant ils hésitaient encore ; Murat comprit qu'il fallait agir, à tout prix et, avec cette fougue qu'il apportait dans ses brillantes charges de cavalerie, il ordonne aux tambours de battre et conduit les grenadiers dans l'enceinte législative. Là, Murat s'écrie d'une voix forte : « Citoyens représentants, on ne répond plus de la sûreté du Conseil; je vous invite à vous retirer! » Cette brusque déclaration est accueillie par les cris de : « Vive la République! » Murat élève son épée; il commande : « Grenadiers! en avant! » et fait battre la charge. La plupart des membres sortent d'eux-mêmes, et les récalcitrants sont poussés dehors par les soldats.

« Il n'y eut pas de résistance plus énergique. On ne jeta pas les représentants par les fenêtres. Les fenêtres de l'Orangerie, où siégeait le conseil, ne sont qu'à deux pieds de terre et donnent sur une pelouse établie derrière les appartements du premier étage qui de ce côté est de plain-pied avec le jardin.

« Ainsi se passa cette journée, où la victoire fut si longtemps incertaine, où le triomphe fut dû, non à celui qui devait l'emporter, mais à deux homm es qui n'étaient pas militaires. C'est que dans les luttes civiles il faut une autre énergie que celle du champ de bataille[1]. »

Le soir, à onze heures, une proclamation particulière, signée par Bonaparte, général en chef, rendit compte des événements de la journée. Il y parlait des dangers que sa vie avait courus au milieu des Cinq-Cents, où jamais elle n'avait été menacée autrement que par la proposition d'un décret de proscription. Un grenadier, nommé Thomé, avait eu la manche de son habit déchirée par un clou. Cette déchirure devint l'ouvrage d'un stylet dirigé contre la poitrine de Bonaparte. Thomé *passa héros* à bon marché et reçut une pension

1. *Quelques pages du passé*, etc., p. 61.

de six cents francs. Le 22 brumaire, on lisait dans les journaux : « Hier, Thomas Thomé, de Monthermé, grenadier du Corps législatif, qui a reçu dans la manche de son habit *un coup de stylet destiné à Bonaparte*, a dîné avec lui, ainsi que celui de ses camarades qui a saisi le général dans ses bras. La citoyenne Bonaparte, après l'avoir embrassé, lui a mis au doigt le plus beau diamant de son écrin. Il a déjeuné ce matin avec le consul. »

Paris et la France furent persuadés que Bonaparte avait failli être assassiné, et cette erreur dura vingt ou vingt-cinq ans. Enfin, un jour, sous la Restauration, à propos de la pension de Thomé, Dupont (de l'Eure) fit connaître la vérité, et le prétendu coup de stylet quitta le domaine de l'histoire pour être relégué dans celui de la fable[1].

En terminant son *Histoire de la Révolution française*, M. Thiers résume, en ces termes curieux, le récit du 18 brumaire et, en essayant de le justifier, il révèle naïvement les perplexités de l'écrivain qui, entre la providence et la fatalité, se sent un secret et invincible penchant pour la seconde de ces deux forces, qui est à la première ce que le hasard est à la sagesse divine.

« Telle fut, dit M. Thiers, la révolution du 18 brumaire, jugée si diversement par les hommes, regardée par les

1. « On dit que, dans le tumulte, des grenadiers reçurent des coups de poignard qui étaient destinés à Bonaparte. Le grenadier Thomé eut ses vêtements déchirés. Il est très possible que, dans le tumulte, ses vêtements aient été déchirés, sans qu'il y eût là des poignards. Il est possible aussi que des poignards fussent dans plus d'une main. Des républicains qui croyaient voir un nouveau César pouvaient s'armer du fer de Brutus, sans être des assassins. Il y a une grande faiblesse à les en justifier... Quoiqu'il en soit, etc... » — (Thiers, *Histoire de la Révolution française*, tome X, p. 380 et 381, 6e édition, 1837.) M. Thiers, on le voit, est bien indécis, comme cela lui arrive assez souvent d'ailleurs, entre la vérité et la fable.

uns comme l'attentat qui anéantit l'essai de notre liberté, par les autres comme un acte hardi, mais nécessaire, qui termina l'anarchie. Ce qu'on en peut dire, c'est que la Révolution, après avoir pris tous les caractères, monarchique, républicain, démocratique, prenait enfin le caractère militaire, parce qu'au milieu de cette lutte perpétuelle avec l'Europe il fallait qu'elle se constituât d'une manière solide et forte. Les républicains gémissent de tant d'efforts infructueux, de tant de sang inutilement versé pour fonder la liberté en France, et ils déplorent de la voir immolée par l'un des héros qu'elle avait enfantés. En cela, le plus noble sentiment les trompe. La Révolution, qui devait nous donner la liberté, et qui a tout préparé pour que nous l'ayons un jour, n'était pas et ne devait pas être elle-même la liberté. Elle devait être une lutte contre l'ancien ordre de choses. Après l'avoir vaincu en France, il fallait qu'elle le vainquît en Europe. Mais une lutte si violente n'admettait pas les formes et l'esprit de la liberté... Pouvait-il y avoir liberté? Non; il y avait un violent effort de passion et d'héroïsme; il y avait cette tension musculaire d'un athlète qui lutte contre un ennemi puissant. Après ce moment de danger, après nos victoires, il faut un instant de relâche. La fin de la Convention et le Directoire présentèrent des moments de liberté. Mais la lutte avec l'Europe ne pouvait être que passagèrement suspendue. Elle recommença bientôt; et au premier revers les partis invoquèrent un bras puissant. Bonaparte, revenant d'Orient, fut salué comme souverain et appelé au pouvoir... Le 18 et le 19 brumaire étaient donc nécessaires. On pourrait seulement dire que le 20 fut condamnable et que le héros abusa du service qu'il venait de rendre. Mais on répondra qu'il venait achever une tâche mystérieuse, qu'il tenait, sans s'en douter, de la destinée et qu'il accomplissait sans le vouloir. Ce n'était pas la liberté qu'il venait continuer;... il venait, sous les formes monarchiques, continuer la Révolution dans le monde...[1] »

M. Thiers, après avoir tourné autour de la vérité sans pouvoir y entrer, à cause des préjugés mêmes de son éducation révolutionnaire, finit cependant par donner le mot juste de la situation de Bonaparte à la veille et au lendemain du 18 brumaire et trace d'avance tout le programme du premier Empire. Oui, Bonaparte et Napoléon « venaient, sous les formes monarchiques, continuer la révolution dans le monde.» C'était la *tâche mystérieuse*, pour lui, mais évidente pour nous, hommes du temps présent et chrétiens, *qu'il tenait, sans s'en douter*, non *de la destinée* mais de la providence, sans laquelle tout reste obscur dans l'histoire des individus comme dans celle des nations.

A l'époque où M. Thiers écrivait son livre, en 1837, on était encore trop près du colosse impérial pour pouvoir même en mesurer les ruines gigantesques; il y avait à peine un quart de siècle que l'Europe avait vu s'effondrer un ordre de choses que l'on semblait regretter d'autant plus que l'esprit frondeur des Français s'accommodait mal de voir la paix à tout prix succéder systématiquement à la guerre à outrance. On va toujours ainsi d'un extrême à l'autre dans notre pauvre pays auquel la Révolution de 1789 et ses diverses et nombreuses évolutions ont fait perdre les justes notions de ce que l'on appelait jadis *l'équilibre européen*.

1. *Histoire de la Révolution française*, t. X, p. 384-386.

Aujourd'hui, près d'un demi-siècle s'est écoulé depuis l'apparition du dernier volume de l'ouvrage de M. Thiers, et la véritable perspective s'est faite ; les passions se sont assoupies, sinon tout à fait endormies, et la satiété de tant de gloire sans fruit réel et solide équivaut au sentiment de l'impartialité qui, longtemps encore, restera inconnu à la masse des hommes.

CH. BARTHÉLEMY.

LE CONSULAT ET L'EMPIRE

CHAPITRE PREMIER

Suites du coup d'État du 18 brumaire. — Ouverture d'une nouvelle ère. — La Révolution change de terrain. — Etat de la nation. — Tableau de la situation. — Le succès du succès. — Habileté incontestable de Bonaparte. — Les trois Consuls *provisoires*. — Le *seul* Consul. — Mot de Sieyès. — Suppression de l'emprunt forcé et de la loi des otages. — Satisfaction donnée à la morale et à la religion. — Entente du gouvernement et du pays. — Attributions de Bonaparte comme premier Consul. — Le vote de la nouvelle Constitution. — Une prophétie de Montesquieu. — L'ordre, avant tout. — Bonaparte s'installe aux Tuileries. — Une inscription à effacer. — Rien ne semble changé, en France. — Elévation du cardinal Chiaramonte au trône pontifical, sous le nom de Pie VII. — L'oubli dans la gloire. — Guerre avec l'Autriche et l'Angleterre. — Masséna réorganise l'armée d'Italie. — Plan de campagne de Bonaparte. — Moreau, en Allemagne. — La revanche d'Hochstedt. — La fortune du premier Consul attachée à la campagne d'Italie. — L'audace de Bonaparte déconcerte les Autrichiens. — Le passage des Alpes. — Le secret du général en chef. — Arrivée de l'armée française devant Milan. — Masséna bloqué dans Gênes; son héroïsme. — Son éloge par l'amiral anglais. — Desaix, à la bataille de Marengo: sa mort glorieuse. — Vingt mille Français contre quarante mille Autrichiens. — Fin de la campagne d'Italie. — Retour triomphal de Bonaparte en France. — « Ce fut un beau jour! ». — L'armée d'Egypte et Kléber. — Caractère de ce général. — Sa bravoure. — Bataille d'Héliopolis. — Kléber est assassiné. — Vaines ruses des Anglais et des Autrichiens. — Espérances coupables du vieux parti républicain, en France. — Double jeu de Fouché, complice et dénonciateur. — Triomphe décerné à l'armée d'Italie. — Translation solennelle des restes de Turenne à l'église des Invalides. — Belle parole de Lucien Bonaparte.

Il est indispensable de jeter un coup d'œil rapide et cependant exact sur la situation où allait se trouver la France par suite du coup d'Etat du 18 brumaire; ce ne

2

fut pas — comme on l'a trop répété, — la fin de la Révolution qu'inaugura cet épisode de notre histoire, dont le plus surpris fut peut-être Bonaparte lui-même, qui allait en recueillir les bénéfices. La Révolution, loin de s'arrêter, subissait, au contraire, une nouvelle évolution ; le torrent impétueux allait devenir, grâce au lit que lui devait creuser le premier consul, un fleuve dont le cours poursuit depuis lors sous nos yeux sa marche, plus ou moins régulière, mais évidente. Le Consulat et l'Empire qui suivirent bientôt furent deux étapes du même événement destiné à régler les destinées de la France jusqu'à la fin des siècles qui lui sont encore comptés.

Jusqu'à la veille du 18 brumaire, la Révolution avait pu s'appeler *légion* ; avec Bonaparte d'abord, puis avec Napoléon, elle se faisait homme, en s'incarnant en lui. L'abus de la liberté, qui est la pire des tyrannies, venait aboutir à un despotisme non moins réel, mais revêtu du prestige de la nouveauté et de la gloire sanglante des armes continuant sur les champs de batailles les hécatombes de la Terreur ; le canon remplaçait l'échafaud.

Pour le moment, au lendemain du 18 brumaire, la nation, lasse de honte, ivre de gloire, faisait bon marché d'une liberté dont elle n'avait connu que les redoutables périls et, pour fuir la licence, elle se réfugiait dans les bras de la dictature.

L'anarchie à l'intérieur du pays, la guerre au dehors, la ruine des finances publiques, tels étaient les légitimes griefs de l'opinion nationale contre le Directoire, cette dernière et méprisable expression de la République, toute puissante pour le mal et désarmée pour l'ordre. Il fallait administrer, gouverner et combattre ; Bonaparte se chargea de tout et y réussit avec l'aide de son prestige d'homme nouveau et surtout avec le concours des circonstances qui fut son levier le plus puissant ; comme le médecin qui arrive à la dernière heure, on lui laissa tout pouvoir d'opérer et, la confiance publique aidant, il parut faire des prodiges parce qu'on ne lui en disputa pas les moyens. D'ailleurs — suivant un mot célèbre, — en France, rien ne réussit autant que le succès.

Il serait souverainement injuste d'ailleurs de nier l'habileté de Bonaparte ; il sut mettre l'immense force que les événements venaient de lui donner au service des principes essentiels sans lesquels un peuple est incapable de lendemain. Il sut remettre la pyramide sur sa base, ainsi que le disait cinquante ans plus tard son neveu, Napoléon III. Alors, on ne put pas assurer que les méchants tremblèrent, mais il est certain que les bons se rassurèrent, et ce fut un grand point d'appui pour l'œuvre de réparation rêvée par Bonaparte.

Le premier consul commença par s'occuper de pourvoir à la sûreté générale, en frappant sinon tous les chefs révolutionnaires, au moins quelques-uns des plus compromis et des plus hostiles au nouvel ordre de choses ; il oublia ceux qui se turent ou se soumirent, il fit plus, il les employa et se les attacha, par une habile tactique.

Une fois le terrain ainsi déblayé, le 20 brumaire, les trois consuls *provisoires* (le mot était déjà inventé,) quittèrent Saint-Cloud et vinrent s'installer au palais du Luxembourg. Peu d'instants après, ils tinrent conseil. Plein de vanité et aveuglé par sa morgue, l'ex-abbé Sieyès dit à ses collègues : « Qui de nous présidera? — Vous voyez bien, riposta Roger-Ducos, que le général Bonaparte préside déjà. » Le dépit de Sieyès et l'admiration de Roger-Ducos donnaient d'eux-mêmes l'autorité souveraine à Bonaparte qui, de *premier* consul, devenait par la force des choses le *seul* consul. A la fin de cette première séance, Sieyès résumait en quelques mots la physionomie de la situation : « Citoyens, à présent nous avons un maître; il sait tout, il fait tout, et il peut tout[1]. » S'il ne savait pas tout, il avait l'air de le savoir ; cela mène à tout faire, et quand on fait tout, on peut tout. Sieyès avait été, dans son dépit, l'oracle de la vérité par rapport à son heureux et jeune rival.

Un seul homme ayant de haute main conquis le

1. Selon une version différente, Sièyès aurait dit : « Nous avons un maître qui sait tout faire, qui peut tout faire, et qui veut tout faire. » — Thiers, *Histoire du Consulat et de l'Empire*, tome I, p. 24.

pouvoir, la besogne devait aller vite; aussi, immédiatement, le ministère fut-il organisé, avec le régicide Cambacérès à la justice, Fouché à la police, Berthier à la guerre, Gaudin aux finances, Laplace à l'intérieur et Talleyrand aux affaires étrangères.

L'emprunt forcé et la loi des otages furent supprimés; on s'occupa ensuite activement de mettre de l'ordre dans les finances : la morale et la religion ne furent pas oubliées; le clergé put respirer, en présence de l'abolition du serment schismatique aussi impopulaire que scandaleux. Les émigrés éprouvèrent la clémence du gouvernement. Enfin, la France se sentit soulagée d'un grand poids, et l'on vit se produire l'entente du gouvernement et du pays, sous la plus grande comme la plus bienfaisante des forces réparatrices destinées à guérir les plaies d'un peuple si cruellement blessé jusqu'alors dans ses droits les plus sacrés, — ceux de la conscience.

De proche en proche, la confiance gagna la France et la disposa à accueillir avec une faveur marquée toutes les mesures et aussi les progrès d'un gouvernement qui tendait à s'implanter profondément dans les esprits par les faits mis au service des idées d'ordre, de paix et de régénération sociale.

Sans nous attarder à tracer l'esquisse des projets de constitution et d'organisation élaborés par Sieyès et autres *idéologues*, comme les appelait avec autant de dédain que de bon sens le premier consul, disons en quoi consistaient les prérogatives du suprême magistrat de ce qui n'était déjà plus la République et n'allait pas tarder à devenir l'Empire. Le premier consul exerçait de fait sinon de droit la plupart des prérogatives réservées aux rois dans les monarchies tempérées, tandis que ses deux assesseurs n'avaient que voix consultative. La nomination des membres du conseil d'Etat appartenait de droit au premier consul. Mais, ce qui donna la plus grande force et sa véritable sanction au Consulat ce fut, sans contredit, une sorte de plébiscite par *oui* et par *non* relatif à la constitution, qui consacrait les pouvoirs de Bonaparte déjà investi par l'opinion publique de droits presque souverains, comme de décider, à peu près seul, de la sanction des lois et de la guerre ou de la paix, etc. Or, le 18 pluviôse (18 février 1800), le gouvernement fit publier le résultat du dépouillement des registres ouverts pour recevoir l'acceptation ou le refus des citoyens. Le nombre de ceux qui acceptaient la Constitution s'élevait à 3,011,007 votants: le nombre de ceux qui la rejetaient ne dépassait pas 1,562 votants. Une majorité aussi éclatante témoignait évidemment de l'assentiment presque unanime des Français au nouvel ordre de choses. Ainsi était inauguré le pouvoir de Bonaparte par le double sentiment de la nécessité et de la gloire, comme il se plaisait à le dire lui-même. A la même époque, un homme d'esprit écrivait, en parlant du premier consul: « Personne ne l'aime, mais tout le monde le préfère. » Entre la force et la licence jamais un peuple n'a hésité; le despotisme s'impose ainsi par l'accord des masses et — comme l'a dit Montesquieu, en une sorte de prophétie, — « il n'y a pas d'autorité plus absolue que celle du prince qui succède à la République; car il se trouve avoir toute la puissance du peuple, qui n'a pas su se limiter lui-même. »

Cependant la marche de Bonaparte vers le but où tendaient tous ses efforts s'accélérait; il s'imposait de plus en plus par le rétablissement de l'ordre en tout et partout, et il en imposait aux vieux républicains par des formules qui leur était restées chères, mais sous lesquelles il ne cachait que mieux ses projets dont la confiance publique se faisait en quelque sorte l'inconsciente complice. L'opinion le poussait vers le pouvoir absolu, objet de son ardente ambition. Dès le 19 février 1800, le premier consul sortit en grande pompe du palais du Luxembourg pour aller s'installer aux Tuileries. Depuis quelques mois, des ouvriers avaient été employés à faire à cette résidence royale les réparations nécessaires, à effacer les faisceaux, les piques et les bonnets rouges que les décorateurs conventionnels avaient peints à profusion dans les appartements et dans les galeries. « Faites-moi disparaître toutes ces vilenies, » avait dit le premier consul, et il avait été immédiatement obéi. Escorté des généraux et d'un corps d'élite de

3,000 hommes aux splendides costumes, Bonaparte parcourut le trajet du Luxembourg aux Tuileries dans une voiture attelée de six chevaux blancs. Par une rencontre singulière, sur la façade du palais de nos rois, on lisait encore, à cette heure, cette inscription vieille de huit ans: « Le 10 août 1792, la royauté a été abolie en France; *elle ne se relèvera jamais.* » Bonaparte ordonna d'effacer cette importune prophétie qu'il allait se charger de faire mentir. Le soir même, il se reposait sur l'oreiller de Louis XVI, après avoir passé une brillante revue et accueilli avec un appareil royal les députations des grands corps de l'État assemblées pour lui présenter leurs hommages les plus respectueux. La cour se reconstituait d'elle-même en présence d'un nouveau souverain. Il n'y avait rien de changé en France, et le pays — qui croyait avoir fait un mauvais rêve, — se plaisait à se figurer que son prince lui était rendu sous un autre nom; l'Europe l'entretenait d'ailleurs dans cette riante illusion par l'assistance de ses représentants à cette inauguration nouvelle du palais des anciens rois de France[1].

La Providence, dans ses desseins éternels et sublimes, allait raviver l'esprit religieux en Europe et surtout en France par un grand événement; le pieux cardinal Chiaramonte était élevé sur la chaire de Saint-Pierre, vacante depuis bientôt sept mois par la mort de Pie VI, le pape martyr de l'exil. La République impie avait pu croire l'Eglise ébranlée par ce grand coup, et voilà que de tous les points du monde les cardinaux se rendaient à Venise et, sous la protection des escadres russe et anglaise, nommaient à l'unanimité un humble vieillard à la plus haute dignité qui soit ici-bas, celle de vicaire et de représentant de Jésus-Christ, chef de l'Eglise universelle.

La France, abattue sous la tourmente révolutionnaire,

1. Le lendemain du jour où il s'était établi aux Tuileries, le général Bonaparte les parcourant avec son secrétaire, M. de Bourrienne, lui dit : « Eh bien, Bourrienne, nous voilà donc aux Tuileries ! Maintenant il faut y rester. » — Thiers, tome I, p. 226.

se relevait avec l'ardeur de la guerre et allait à la fois chercher l'oubli et la gloire sur les champs de bataille. L'Autriche et l'Angleterre ayant repoussé les ouvertures pacifiques de Bonaparte, il devenait indispensable de se tenir prêt à faire face à ces deux puissances alors si redoutables, l'une par ses armées, l'autre par son habileté politique. Le plan de guerre concerté entre les deux puissances alors en scène consistait à tenir les armées françaises en échec sur la frontière du Rhin et vers la Suisse, tandis que le véritable objectif était l'Italie. En face de forces redoutables pour l'époque, les Français se trouvaient bien dépourvus; à peine notre armée d'Italie comptait-elle quarante mille hommes, décimés par la fatigue, la misère et les maladies contagieuses. Les magasins étaient vides, les caisses dépourvues de numéraire; tout manquait, vivres, vêtements, tout, hormis la poudre et les armes. Masséna, « l'enfant chéri de la victoire, » choisi pour réorganiser ce corps d'armée, sut faire passer dans ces hommes le feu d'enthousiasme qui l'embrasait. Pendant ce temps-là Moreau, avec plus de cent trente mille hommes de vieilles et braves troupes, se préparait à entrer en Allemagne. Le plan de campagne du premier consul était admirablement bien conçu, et lui-même se chargeait de l'exécuter avec le concours de Berthier, qui lui était dévoué. C'était une rude partie qu'allait jouer Bonaparte et d'où dépendait l'avenir; il fallait, à tout prix, vaincre ou mourir. Deux avantages encouragèrent les chefs et les soldats qui avaient à lutter contre la forte organisation, la tactique éprouvée et l'artillerie terrible des Autrichiens. Malgré tant d'obstacles, nos troupes gardèrent de plus en plus leur position offensive et firent des prodiges de valeur; on aurait dit que le succès avait fait un pacte avec Bonaparte et ses généraux. Le 10 floréal 1800, l'intrépide Lecourbe acheva de décider la fortune de nos armes. Le chef du corps d'armée française dirigé sur l'Allemagne, Moreau, avait réussi à couper les communications de l'ennemi et se trouvait maître de tout le pays compris entre la Suisse et le Tyrol, le cours du Danube et celui de l'Elbe, contrée riche et fertile où l'ennemi avait laissé des magasins immenses. Grâce à ce brillant fait d'armes, Moreau put détacher de son corps d'armée des troupes qui, sous la conduite de Moncey, allèrent renforcer l'armée d'Italie.

Quel enthousiasme lorsqu'à plus d'un siècle de distance Moreau et Lecourbe prirent la brillante revanche d'Hochstedt et effacèrent ainsi la tache qu'avait imprimée aux armes de la France la défaite subie jadis, sur le même sol, par les généraux de Louis XIV! L'armée française traversa et franchit le Danube: l'ennemi se résolut alors à demander la suspension des hostilités, mais Moreau s'y refusa et continua de menacer la Bavière et de poursuivre les Autrichiens.

Pendant ce temps-là s'était organisée et s'accomplissait la campagne d'Italie, à l'issue de laquelle étaient attachées la fortune de Bonaparte et l'indépendance de notre pays menacée par la coalition étrangère. Le premier consul avait quitté Paris et était venu prendre le commandement de l'armée, objet des dédains de l'ennemi qui ne devait pas tarder à se repentir de l'avoir méprisée. Cependant les opérations avaient débuté sous des auspices assez peu encourageants. Masséna et Suchet tenaient avec peine tête à l'ennemi, le premier bloqué dans Gênes, le second rejeté du côté du Var, tous deux avec des troupes insuffisantes: tout semblait perdu ou fortement désespéré, lorsque l'enthousiasme indescriptible soulevé par l'arrivée de Bonaparte à Genève vint, comme par un prodige, changer rapidement la face des événements. Le coup d'audace du premier consul, abandonnant la France pour courir en Italie, confondit les Autrichiens qui étaient loin de s'attendre à une démarche aussi vigoureuse et qui avaient trop compté sur leurs succès passés, garantie selon eux de leurs avantages futurs. Le passage des Alpes, au Saint-Bernard, par les troupes françaises fut un coup de foudre pour l'ennemi.

Cette ascension des Alpes par les rigueurs d'un hiver sans précédent fut vraiment un de ces faits que l'on ne rencontre pas deux fois dans les fastes d'une armée; les soldats français furent au-dessus de tout éloge par leur entrain à lutter contre la fureur des frimas et à gravir ces sommets qui n'avaient pas été témoins d'un tel et si splendide spectacle depuis le passage d'Annibal sur leurs crêtes ardues. Ce fut gigantesque de résultat autant que cela semblait insensé comme plan. Le passage du Saint-Bernard ouvrait la route à nos soldats et la victoire les y attendait, les mains pleines de lauriers. Ici, ce n'est plus seulement de l'histoire, c'est l'épopée militaire dans toute sa magnificence.

Admirablement obéi et secondé par les généraux placés sous ses ordres, Bonaparte n'avait confié à aucun d'eux — pas même à Berthier, — son secret. Il s'avançait à marches forcées sur Milan, secondé par la vaillance de ses compagnons d'armes qui étaient pleins de foi en son génie dont il leur avait déjà donné de si éclatantes preuves dès le début de la campagne, par le triomphant passage des Alpes. Ce fut un jour mémorable pour l'Italie que celui où Bonaparte, environné de ses fidèles généraux, apparut devant les portes de Milan et les vit s'ouvrir devant lui, au bruit des acclamations populaires. Après quatre ans écoulés, il y rentrait, non plus en conquérant, mais en pacificateur; il couvrit les citoyens et le clergé de sa protection, et la reconnaissance des évêques consacra ses victoires.

Cependant une ombre obscurcissait ce tableau glorieux; renfermé dans les murs de Gènes, Masséna était bloqué par les ennemis auxquels il tenait vaillamment tête, en leur opposant des prodiges d'héroïsme, mais tout malheureusement faisait envisager l'heure prochaine où il lui faudrait céder devant une cruelle et impérieuse nécessité. L'amiral Keith, sachant que la place commençait à être en proie à la famine, fit proposer à Masséna une capitulation honorable : Masséna refusa et dit qu'il se défendrait jusqu'à la dernière extrémité. Il tint vaillamment parole. Cependant la ville se vit bientôt réduite aux extrémités les plus terribles, la hideuse famine décimait d'heure en heure les soldats et les habitants. Masséna persistait à tenir jusqu'au bout; il jugeait avec raison que l'ennemi ne désirait tant d'en finir que pour disposer des troupes assiégeantes et les envoyer à la hâte disputer le Milanais au premier consul. Abandonné enfin par ses soldats que la faim exaspérait, l'intrépide général se trouva forcé d'entrer en accommodement avec l'armée autrichienne. On consentit à renvoyer la garnison en France, mais on voulait retenir Masséna prisonnier. Comme celui-ci s'indignait d'une telle prétention : « A vous seul vous valez vingt mille soldats ! » lui répondit l'amiral Keith. Le général français fut laissé libre d'accompagner ses hommes, sans qu'il eût été parlé de capitulation.

Cependant Bonaparte poursuivait le cours de ses opérations et s'avançait rapidement et sûrement en Italie. Une bataille décisive s'imposait ; Desaix, qui arrivait d'Égypte, reçut le commandement de trois divisions. Desaix, lui aussi, valait à lui seul une armée, et il le prouva bien, à Marengo qui fut le glorieux tombeau de cet homme éminent trop tôt enlevé à la France qu'il aimait tant et dont il fut un des héros les plus purs, homme antique et à la Plutarque. Rude journée que celle-là, victoire brillante, mais chèrement achetée par vingt mille Français contre le double d'Autrichiens !

Le 14 juin 1800, aux premiers rayons du soleil, la lutte s'engagea avec énergie ; on sentait qu'une grande partie allait se jouer, du gain ou de la perte de laquelle dépendait l'avenir non seulement de la France, mais encore de l'Europe. L'acharnement fut extrême des deux côtés ; il s'agissait de vaincre ou de mourir. Abusé par de faux rapports, Bonaparte dut, sur le champ de bataille, improviser un plan que sa précipitation même fit réussir ; l'ennemi fut, à son tour, dérouté et bientôt il se replia sur la défensive, après avoir essuyé des pertes immenses. L'armée française était sauvée par Desaix et son dévouement héroïque, mais le champ de bataille qu'il venait d'illustrer fut son tombeau ; il tomba mort atteint d'une balle et sans qu'un seul mot sorti de ses lèvres eût révélé le secret de ses dernières pensées[1].

Le lendemain, vers la pointe du jour, le général autrichien, de Mélas, fit solliciter un armistice ; il offrait d'éva-

1. Thiers, tome I, p. 456-158.

cuer sur le champ la Ligurie et le Piémont et de se retirer derrière le Tésin. Bonaparte exigea que les Impériaux lui abandonnassent le duché de Parme et la Lombardie et prissent position au delà du Mincio. En vain Mélas se récria-t-il; le premier consul se montra inflexible, et l'ennemi fut contraint de céder. Gênes rentra sous notre pouvoir; le Piémont se vit de nouveau occupé par nos soldats, et la France reprit en Italie tous ce qu'une longue série de revers lui avait fait perdre depuis un an. Cette brillante et si importante campagne n'avait duré qu'un mois.

Le surlendemain de la bataille de Marengo, Bonaparte se rendit à Milan, où il assista dans la vaste cathédrale à un *Te Deum* solennel. La France chrétienne vit, avec raison, dans cette manifestation éclatante et dans ces actions de grâces au ciel, la promesse d'une pacification religieuse après laquelle l'Eglise et les fidèles soupiraient depuis près de dix ans.

Il tardait à Bonaparte de revenir en France jouir de son triomphe et consolider son pouvoir. De Turin il continua sa route triomphale jusqu'à Lyon; partout sur son passage ce furent des témoignages d'un enthousiasme indescriptible. Enfin, le 2 juillet il entrait dans la capitale de la France au milieu de telles acclamations que, vingt ans après, sur le rocher de Sainte-Hélène, l'écho les lui renvoyait encore avec tout leur énivrement de la première heure, et il disait : « Ce fut un beau jour ! [1] ».

Oui, ce fut un beau jour que celui qui éclaira la bataille et la victoire de Marengo; mais que de difficultés encore se dressaient devant Bonaparte, au moment de son retour et de son arrivée à Paris ! Parmi les préoccupations nombreuses qui tenaient en éveil l'opinion publique, il faut mettre au premier rang l'état de l'armée française et le cours de ses opérations en Egypte. Là commandait en chef Kléber, l'idole du soldat, véritable héros, mais en même temps homme d'opposition et qui se résignait difficilement à continuer l'œuvre de son jeune devancier, Bonaparte. Le départ précipité de ce

1. Thiers, tome I, p. 173 et 174.

dernier pour l'Europe avait découragé d'abord, puis profondément irrité le soldat, qui se plaignait d'avoir été abandonné par son chef et parlait déjà de trahison. On sait quels funestes résultats ce mot occasionne dans les esprits français. Kléber se fit immédiatement reconnaître par l'armée d'Orient et s'apprêta à agir d'après ses inspirations personnelles mises au service d'une grande ambition. Avec Desaix pour aide il accomplissait des prodiges de valeur et imposait de plus en plus le prestige du nom français aux sectateurs du Croissant. La passion et la jalousie de Kléber contre Bonaparte faillirent cependant le perdre lui-même ; elles l'égarèrent en lui faisant surexciter le moral du soldat contre son adversaire, et l'esprit de révolte se tourna contre ses projets même les mieux conçus pour poursuivre la conquête de l'Egypte. Desaix, l'homme honnête par excellence, franche nature, souffrait cruellement de voir paralysée par l'impatience de Kléber la grande œuvre si bien menée jusqu'alors par le jeune général de l'armée d'Italie. Ce fut sous l'empire de ce sentiment et d'une sincère admiration pour Bonaparte qu'il lui écrivit alors : « Je compte vous revoir sous peu... Bien servir mon pays et rester le moins possible sans rien faire est tout ce que je désire. Personne ne vous est plus dévoué que moi, personne n'a plus envie d'être utile à votre gloire. » Nous avons vu par quel héroïque sacrifice Desaix tint sa promesse, à la journée de Marengo.

A la nouvelle du coup d'Etat du 18 brumaire et de l'avènement de Bonaparte au Consulat, l'armée d'Egypte fit éclater la joie la plus vive; elle se sentait bien fière des succès de son premier général. Cet événement fut le signal de la reprise des hostilités; l'amiral anglais fit connaître qu'il ne permettrait à aucun vaisseau de transporter en France l'armée de Kléber. Sous le coup de cette menace, Kléber se retrouva et s'apprêta à reprendre l'offensive; ralliant ses troupes sous les murs du Caire, il fit afficher sur tous les points la déclaration anglaise qu'il accompagna de cette phrase énergique : « Soldats ! on ne répond à une telle insolence que par des victoires : préparez-vous à combattre. » Tandis que les

Anglais et les Turcs se partageaient déjà les dépouilles de nos soldats et se disputaient entre eux, Kléber préparait tout pour une bataille décisive. Elle s'engagea le 20 mars 1800, non loin des ruines de l'antique et superbe Héliopolis. Nos soldats n'étaient que dix mille pour tenir tête à soixante mille Turcs; ils allaient ainsi recommencer, dans de plus vastes proportions, la merveilleuse lutte du mont Thabor. Ainsi qu'autrefois Bonaparte, à la bataille des Pyramides, Kléber disposa son armée en quatre carrés. Devant l'indomptable valeur des Français, le succès ne fut pas longtemps douteux; cependant le combat, ainsi qu'on devait s'y attendre, fut long et acharné, car il ne s'agissait pas seulement de gagner une bataille, mais encore et surtout d'assurer la conquête du pays où la lutte avait été si terrible et où le fanatisme des Musulmans menaçait de se porter aux plus épouvantables extrémités.

Ce fut alors que se trama dans l'ombre un complot dont Kléber devait être la victime; le vizir Jussuf n'avait point pardonné au général de l'armée française la victoire d'Héliopolis et la destruction de l'armée ottomane. Il voyait avec un profond ressentiment que la conquête de ce vaste pays tendait à se consolider par une sage et habile administration. Jussuf conçut le projet de se venger, par un lâche assassinat, de l'homme dont il redoutait la grande influence. Exploitant le fanatisme musulman, il montra le paradis du Prophète ouvert à tout homme qui répandrait le sang de l'infidèle; c'était assez clairement désigner la victime au poignard. Un jeune turc, Soleyman, se chargea de l'accomplissement du crime; un jour de réception officielle, s'étant glissé dans le jardin du palais qu'habitait le général, il s'approcha de lui et lui plongea un poignard dans le cœur. Kléber tomba pour ne plus se relever. Par une coïncidence étrange, ainsi qu'on l'a remarqué, le même jour, et presque à la même heure, Desaix avait trouvé une mort glorieuse sur le champ de bataille de Marengo[1] : la

1. Thiers, tome I, p. 69 et 70, a tracé, en une page remarquable, les caractères de Kléber et de Desaix.

France associa dans un même deuil Kléber et son digne émule. Splendides et touchantes furent les funérailles du vainqueur d'Héliopolis; terrible fut le supplice infligé à l'assassin. Condamné à être empalé, il expira, ainsi que ses trois complices, dans d'affreuses souffrances.

Cependant, en Europe, les Anglais et les Autrichiens cherchaient à gagner du temps en sollicitant la prolongation de l'armistice qui suspendait les hostilités sur le Danube et sur le Mincio; ils espéraient tromper Bonaparte et désarmer la France. Vaine attente qui n'allait pas tarder à être déçue. Le premier consul sut tirer parti de l'armistice en Allemagne aussi bien qu'en Italie. Il devenait de plus en plus impossible de s'entendre, mais la France profita de ce répit de plusieurs mois pour accroître l'effectif de ses armées en Italie et sur le Danube et pour se préparer à toutes les éventualités d'une nouvelle entrée en campagne.

Le premier consul se trouvait en face du vieux parti républicain qui n'avait pas désarmé et qui, surpris par le coup d'audace du 18 brumaire, s'était relevé pendant l'absence de son rude adversaire. Des conciliabules avaient eu lieu, non sans que la police en eût été avisée, mais elle les laissait se tenir, comptant d'avance les têtes qu'elle frapperait. Les mécontents devenaient arrogants; le jour où parvint à Paris la première nouvelle du combat de Marengo, d'abord si mal engagé et dont rien ne faisait prévoir la brillante issue, remplit d'une joie mal déguisée les hommes de la Montagne et de la Gironde étroitement unis dans un même sentiment de haine contre leur ennemi commun. Fouché, jouant un double jeu et se ménageant l'avenir, quoiqu'il advînt, semblait encourager les mécontents qu'en sous-main il dénonçait au premier consul, en le pressant de hâter son retour à Paris.

Habile politique, Bonaparte sut dissimuler et il marqua sa rentrée dans la capitale par des fêtes dont le spectacle devait frapper et captiver l'imagination des Français. Ce fut un nouveau triomphe décerné à l'armée d'Italie et en même temps à son jeune général dont la gloire en était inséparable; il distribua au nom de la République, qui n'existait plus que de nom, des sabres d'honneur et des mentions éclatantes qui, aux yeux des soldats et de leurs chefs, payèrent amplement leur sang répandu. Voilà pour les républicains, mais il n'oubliait pas les grands souvenirs du passé monarchique. Le corps de Turenne avait été préservé des sacrilèges profanations accomplies dans le caveau royal de Saint-Denis, et on l'avait relégué dans une sorte de musée. La fête du 1er vendémiaire (anniversaire de l'ère républicaine), allait être célébrée. Le premier consul, pour lui donner plus d'éclat, ordonna que les restes de Turenne seraient ce jour-là transférés solennellement aux Invalides. La cérémonie fut belle et populaire, dans la légitime acception du mot. Le corps du maréchal était placé sur un char funèbre, traîné par des chevaux revêtus de deuil : quatre généraux républicains tenaient les cordons du poêle, Carnot prononça une courte et modeste harangue. Pour la première fois depuis dix ans, les orateurs officiels s'abstinrent de déclamer contre *le tyran* Louis XIV et de déverser l'outrage sur les ossements des Capétiens; on reconnut, selon la belle expression de Lucien Bonaparte, alors ministre de l'intérieur, que, sur la tombe de Turenne, le siècle de la République et le siècle du grand roi se donnaient la main.

CHAPITRE DEUXIÈME

Retour de la sécurité et de la confiance, en France. — Le pays des surprises. — Le régime consulaire, éminemment réparateur. — La question religieuse. — Opposition qu'elle rencontra alors. — Bonaparte décrète la liberté de conscience. — Retour des émigrés. — Leurs espérances en Bonaparte. — Habileté profonde et persévérante du premier consul. — Louis XVIII écrit, à deux reprises, à Bonaparte. — Réponse de celui-ci. — Des amis trop empressés et maladroits. — Emotion des républicains. — Bonaparte désavoue le zèle intempestif des siens. — Jourdan et Augereau, hostiles. — Complot de Ceracchi et d'Arena. — La machine infernale de la rue Saint-Nicaise. — Bonaparte accuse de ces attentats les Jacobins. — Ses paroles, en cette occasion. — Cent trente Terroristes condamnés à la déportation à perpétuité. — La coalition étrangère ne désarme pas. — Projets relatifs à la marine et aux colonies françaises. — La question des neutres. — Etude et définition de ce droit. — L'Angleterre aspire à la tyrannie des mers. — Discussion et lumière. — Louis XIV. — Les Anglais et la fiction du blocus. — Paul Ier unit sa politique à celle de la France contre la Grande-Bretagne. — Reprise des hostilités entre l'Autriche et la France. — Bataille et victoire de Hohenlinden. — Paix de Lunéville. — Isolement et colère de l'Angleterre contre la France. — Bonaparte s'apprête à combattre l'Angleterre en Egypte, dans les Indes, en Portugal et en Irlande. — Une question de vie ou de mort pour la Grande-Bretagne. — Paul Ier meurt assassiné. — L'Angleterre est encore une fois sauvée. — La lutte entre dans une phase nouvelle. — Bonaparte et Pitt. — Le Concordat de 1801. — Vrai mobile qui décide Bonaparte à cet acte important. — Caractère et but des démarches du premier Consul. — Plus de politique que de religion. — Ni Clovis, ni Charlemagne. — Un souvenir rétrospectif. — Allocution de Bonaparte aux curés de Milan, en 1800. — Texte et commentaire.

Les témoignages matériels ne manquaient pas pour attester le retour de la sécurité et de la confiance; les fonds publics s'étaient élevés à près de cinquante francs, tandis que, la veille du 18 brumaire, le cours de la rente du cinq pour cent était tombé à sept francs. Grâce à un système énergique de centralisation, l'impôt était perçu en valeurs sonnantes, et le gouvernement consulaire se trouvait en mesure de retirer de la circulation toutes les valeurs fictives. Les armées étaient nourries sur le territoire ennemi, et, au moyen de contributions de guerre levées à l'étranger, le trésor public s'était vu affranchi de sa plus lourde charge. La Banque de France ne comptait guère que six mois d'existence; mais, grâce au concours efficace du gouvernement, elle avait pu rembourser ses effets à mesure que les porteurs s'étaient présentés; et le commerce, rassuré par cette exactitude, avait bientôt, pour sa part, accepté les billets de banque comme une monnaie sérieuse.

« Relever le crédit public, rétablir l'ordre dans les finances, c'était là, après dix ans d'expédients révolutionnaires, de confiscations et de banqueroutes, entreprendre une tâche qui semblait dépasser les forces d'un homme, dit un historien de nos jours. Pourtant le bien s'opéra sans secousses, graduellement, et en fort peu de temps... Le pays tout entier se prêtait à de si utiles réformes. En France, il y a des crises de folie sublime et des crises de sagesse non moins étonnantes. Comme tout le monde allait au-devant de la pensée de Bonaparte, la spontanéité de la nation entretenait la confiance; les résultats déjà accomplis en préparaient d'autres plus merveilleux. L'ordre fut assez promptement rétabli, parce que la nation entière en sentait le besoin. »

Si éminemment réparateur que se montra le régime consulaire, il n'était pas encore parvenu à fermer toutes les plaies; la question religieuse présentait, en particulier, de grandes et sérieuses difficultés. Sans doute les prêtres catholiques avaient pu rentrer en France, à la seule condition d'obéir aux lois, mais ils avaient trouvé en face d'eux le clergé schismatique qui leur disputait les édifices consacrés au culte orthodoxe. L'administration, qui s'était emparée des églises et des chapelles, toujours imbue des idées voltairiennes, redoutait ce qu'elle nommait *le fantôme de la superstition et les ravages du fanatisme*. D'un côté, les ex-Jacobins s'obstinaient à maintenir la célébration du décadi et, de l'autre, le clergé orthodoxe, avec les fidèles à sa suite, maintenait le repos du dimanche. Aux yeux des mécontents et des opposants au régime consulaire, persécuter les prêtres et maintenir l'abolition du dimanche, c'était protester en faveur de la République contre la tyrannie de Bonaparte. Celui-ci prit sagement le parti de statuer que chaque culte et chaque citoyen seraient libres de se reposer ou de fermer boutique, selon leur volonté particulière, et sans avoir de contrôle à subir. Cette mesure eut pour résultat à peu près immédiat de faire reprendre à la majorité de la population l'observance du dimanche, et le décadi tomba de lui-même dans le ridicule qu'il n'avait cessé de mériter de la part des honnêtes gens.

Quant aux émigrés, ils attestaient, par l'excès même de leur confiance, la clémence et la force du nouveau pouvoir. De toutes parts ils rentraient et tentaient même de troubler les acquéreurs des biens nationaux; ils prétendaient que Bonaparte soutenait leurs réclamations et ne tarderait pas à en finir avec les hommes de la Révolution. C'était bien s'avancer et il y avait là beaucoup d'imprudence. Car, si le premier consul voulait pacifier le pays, il ne tenait pas moins à garder le pouvoir et à le consolider à son profit; il n'y avait pas en lui l'étoffe d'un Monck, et l'idée d'une restauration de l'ancienne royauté n'entrait nullement dans ses desseins.

Il continuait à agir avec une grande habileté, lentement et sûrement, rassurant d'un côté les acquéreurs des biens d'émigrés et de l'autre adoucissant autant que possible la gêne des vieux serviteurs de la monarchie qui se trompaient étrangement sur ses visées. Car les royalistes, tant ceux de l'intérieur de la France que ceux qui continuaient à rester à l'étranger, se leurraient de l'espérance que Bonaparte songeait à restaurer, au moment opportun, l'ancienne famille de nos monarques. Tout semblait légitimer cette attente; M. de Bonaparte appartenait à une famille noble; il avait été élevé à l'école royale de Brienne; sa sœur Élisa avait reçu à Saint-Cyr des principes royalistes; sa famille, aussi bien que lui, devait avoir en horreur la grossièreté démagogique. Cédant lui-même à ce mirage fascinateur, Louis XVIII, le 20 février 1800, écrivait au premier consul une lettre flatteuse et en même temps très embarrassante, à laquelle Bonaparte ne crut pas devoir répondre; le roi lui écrivit de nouveau, dans le même sens. Alors Bonaparte se décida à sortir de son silence et adressa à son auguste correspondant ces quelques lignes très froides et d'un sentiment tout à fait dépouillé d'artifice :

« Paris, le 20 fructidor, an VII (20 septembre 1800).

« J'ai reçu, *Monsieur*, votre lettre; je vous remercie des choses honnêtes que vous me dites. Vous ne devez pas souhaiter votre retour en France; il vous faudrait marcher sur cinq cent mille cadavres.

« Sacrifiez votre intérêt au repos et au bonheur de la France; l'histoire vous en tiendra compte. Je ne suis pas insensible aux malheurs de votre famille; je contribuerai avec plaisir à la douceur et à la tranquillité de votre retraite.

« BONAPARTE. »

C'était assez clair et surtout très catégorique. Mais, en même temps, le parti qui poussait le premier consul à se déclarer dictateur se livrait, dans l'excès de son zèle, à une tentative prématurée et maladroite. Un écrit intitulé : *Parallèle entre Cromwell, Monk et Bonaparte*, fut publié sous les auspices de Lucien, frère de Bonaparte, et envoyé aux préfets et aux sous-préfets sous le contre-seing du ministre de l'intérieur. On y vantait outre mesure le génie du prétendant, on félicitait la nation des garanties de bonheur que lui présentait le gouvernement consulaire, et l'on insinuait qu'il ne manquait au couronnement de la prospérité nationale qu'une chose, le principe de l'hérédité. Les républicains s'émurent de tant d'audace et, devant leur indignation, le premier consul, jugeant nécessaire de reculer, accepta la démission de Lucien, mais en même temps il mettait à la retraite Carnot et le remplaçait au ministère de la guerre par Berthier, docile instrument de ses volontés et de ses projets. Jourdan et Augereau furent éloignés de Paris sous prétexte de mission politique; en réalité ces deux hommes lui étaient ouvertement opposés et hostiles. Cependant ces coups d'autorité, à peine déguisés, n'avaient pas apaisé le ressentiment des Jacobins à l'égard de

Bonaparte. Le complot de Ceracchi et d'Arena et l'affaire de la machine infernale de la rue Saint-Nicaise, en dévoilant les colères des ex-Jacobins, donnèrent une nouvelle force au premier consul, en redoublant les sympathies qu'il avait su conquérir dans la population qui voyait en lui le restaurateur de l'ordre et de la fortune publique et peut-être bientôt celui de l'antique monarchie de la France. Ce qu'il y a de certain, c'est que l'épouvantable attentat de la rue Saint-Nicaise fut on ne peut plus utile aux espérances de Bonaparte et que plus propre à servir ses ressentiments et surtout son ambition personnelle. Il manifesta énergiquement sa pensée, à cet égard : « Voilà l'œuvre des Jacobins, s'écria-t-il ; ce sont les Jacobins qui ont voulu m'assassiner! Il n'y a là-dedans ni prêtres, ni nobles, ni chouans!... Je sais à quoi m'en tenir, et l'on ne me fera pas prendre le change. Ce sont des septembriseurs, des scélérats couverts de boue qui sont en révolte ouverte, en conspiration permanente, en bataillon contre tous les gouvernements qui se sont succédé... Ce sont les buveurs de sang de septembre, les assassins de Versailles, les brigands du 31 mai, les conspirateurs de prairial, les auteurs de tous les crimes commis contre le pouvoir. Si on ne peut pas les enchaîner, il faut qu'on les écrase; il faut purger la France de cette lie dégoûtante : point de pitié pour de tels scélérats. »

Des mesures exceptionnelles furent prises contre les Jacobins; la proscription des derniers chefs du parti montagnard fut décrétée, au nom des intérêts du pays et de la certitude des dangers publics. Cent trente individus, plus ou moins fameux par leur participation aux excès de la Terreur, furent condamnés à la déportation à perpétuité; ils furent accueillis à Nantes, où on les embarqua, avec tant d'indignation que la force armée dut intervenir pour sauver leur vie menaçée par la foule en fureur.

Pendant que, par des mesures exceptionnelles et des moyens renouvelés de la Révolution, le nouveau régime travaillait à se consolider, la coalition étrangère restait plus que jamais armée; des deux côtés des Alpes tyroliennes, elle attendait l'heure favorable pour prendre l'éclatante revanche de Marengo.

Revenons aux projets de Bonaparte : identifiant la grandeur de la France avec sa gloire personnelle, il voulait nous rendre une marine et des colonies. Sans doute, depuis le commencement de la guerre, en 1792, la France avait considérablement développé sa puissance et sa renommée; mais si du haut de sa grandeur continentale, elle jetait un regard sur les mers, le spectacle changeait pour elle ; elle ne voyait que la ruine de notre ancienne puissance coloniale, car c'était le pavillon anglais qui flottait, sans rival, sur nos établissements conquis.

La question de l'Inde pouvait être ajournée; elle se rattachait à la question d'Égypte : mais, sur un autre point du globe, Bonaparte rêvait de ressaisir Saint-Domingue et la Louisiane. Ce dernier pays lui fut cédé par l'Espagne.

Ce qui préoccupait puissamment l'opinion publique, à l'heure présente, ce qui la passionnait, c'était la question des neutres. A ce moment, se formait en Europe, contre l'omnipotence anglaise, une ligue menaçante, à laquelle s'était empressé de s'associer l'ensemble des États maritimes du Nord.

En quoi consiste ce droit des neutres, c'est ce que nous devons, ici même, exposer en termes rapides, mais clairs; nous laissons donc la parole à un de nos historiens modernes qui nous semble avoir le mieux résumé et élucidé cette importante question des rapports ainsi que des devoirs et des droits internationaux.

« Les nations civilisées, en posant les bases du droit des gens, n'ont accompli que la moitié de leur tâche; le droit des gens existe sur la terre ferme : il n'est point encore établi sur les mers. Sur la terre, quand des peuples se font la guerre, la querelle est vidée entre les armées et les gouvernements : les régnicoles paisibles ne sont point enveloppés dans la lutte. Le vainqueur s'empare des villes, détruit les remparts, enlève les fonds publics, substitue sa volonté et son action à la volonté et à l'action de la puissance vaincue ; mais il

3.

s'interdit le pillage des propriétés privées; il ne réduit pas en état de captivité les populations inoffensives; il n'interdit ni les transactions, ni la culture des terres, ni la récolte des fruits, et il ne fait sentir sa puissance que par une aggravation d'impôts désignée sous le nom de contribution de guerre. Sur les mers, il n'en est point ainsi : les anciens usages de la barbarie sont en pleine vigueur; on s'arroge le droit de piller les vaisseaux de commerce de la nation avec laquelle on est en lutte, et ces vaisseaux ne sont, au demeurant, que des propriétés particulières; on fait les équipages marchands prisonniers de guerre; on exerce d'une manière souveraine, et selon les hasards de la force, le droit rigoureux de confiscation. Tout cela est admis, reconnu, et, pour ainsi dire, incontesté.

« Dès lors que les bâtiments ou les corsaires peuvent capturer les bâtiments de la nation avec laquelle leur propré pays est en guerre, il s'ensuit qu'ils revendiquent le droit de s'assurer de la nationalité réelle de tout navire qu'ils rencontrent. De là cet examen et ce contrôle qui constituent ce qu'on appelle *le droit de visite*.

« Les puissances maritimes ne s'accordent pas sur la portée de ce droit. L'Angleterre, qui aspire à la tyrannie des mers, veut l'exercer dans toute sa rigueur, par mesure de haute police, et sans contrôle. Les autres nations, que cette inquisition du fort trouble et contrarie, ont souvent protesté contre la prétention des Anglais et érigé en axiome de droit public la formule suivante : « La nation neutre couvre la marchandise ennemie. » A l'abri de ce principe, les commerçants d'un pays en guerre avec un autre pays se croient en droit d'expédier leurs denrées ou leurs marchandises en empruntant l'aide ou le concours de la marine d'une tierce nation qui n'est en guerre avec aucune des deux parties belligérantes. Ces opérations sont coûteuses, mais elles profitent beaucoup aux puissances neutres qui s'en chargent.

« Les marines neutres reconnaissent d'ailleurs sans difficulté que le droit de transporter des marchandises des pays qui sont en état de guerre est soumis à des règles de justice naturelle : ainsi elles admettent qu'il n'est point licite de faire avec une puissance un genre de commerce qui soit un acte d'hostilité contre une autre. De là une exception pour certains objets dont le transport est nécessairement interdit dans le cas donné, et qu'on appelle objets de contrebande : ce sont spécialement les vivres et les munitions de guerre. De là encore la prohibition qui pèse sur les neutres, de porter aux ports ou aux places en état de blocus des approvisionnements en blé et en vivres.

« La France a toujours mis sa gloire à faire respecter ces principes, et l'Angleterre n'a cessé d'employer son génie et sa force à les contester, à les méconnaître. Les ordonnances de Louis XIV proclamaient la franchise des pavillons et la liberté des mers, et ce fut pour la mémoire du grand roi l'un des titres les plus illustres. A l'époque de la paix d'Utrecht, la France, abattue par de longs désastres, trouva encore assez d'énergie pour faire consacrer cet adage : « Le pavillon neutre couvre la marchandise. » Cependant l'Angleterre, qui dominait sans rivale sur l'Océan, se para du principe qui garantissait les droits des neutres, jusqu'au moment où, à la suite de l'émancipation des Etats-Unis, la France et la Russie réussirent à s'entendre...

« L'Angleterre n'a jamais voulu admettre ces principes dans leur sincérité : tantôt elle s'est arrogé le droit de visiter les navires voguant sous convoi; tantôt elle a mis au rang des objets de contrebande non seulement les armes et les munitions, mais encore des matières premières, telles que le goudron et le chanvre; tantôt enfin elle a donné à la fiction du blocus une extension dérisoire, plaçant en état de blocus des espaces de deux cents lieues de côtes observées par un seul bâtiment de la marine britannique[1]. »

La République avait trouvé, dans les archives de la monarchie, le principe de la liberté des mers, et elle y

1. A. Gabourd, *Histoire de la Révolution et de l'Empire*, tome V, p. 307-311 *passim*.

était demeurée fidèle : Bonaparte continua loyalement cette vieille tradition.

Il fallait cependant mettre un terme aux prétentions tyranniques de l'Angleterre; en vain la Suède et le Danemarck avaient essayé de protester et de lutter, leur faiblesse n'amenait aucune solution. Ce fut alors que Paul Ier, empereur de Russie, unit sa politiqne à celle de la France contre l'Angletorre. Il écrivit à Bonaparte : « Citoyen premier consul, je ne vous écris point pour entrer en discussion sur les droits de l'homme et du citoyen : chaque pays se gouverne comme il l'entend. Partout où je vois à la tête d'un pays un homme qui sait gouverner et se battre, mon cœur se porte vers lui. Je vous écris pour vous faire connaitre le mécontentement que j'ai contre l'Angleterre, qui viole tous les droits des nations et qui n'est guidée que par son égoïsme et son intérêt. Je veux m'unir à vous pour mettre un terme aux injustices de ce gouvernement. »

Ce n'est pas la première fois que l'on voit un souverain autoritaire faire la leçon à une puissance soi-disant amie de la liberté, comme n'a pas craint de se proclamer l'Angleterre, au moment même où elle violait le plus impudemment le droit sacré des gens. Le traité d'alliance maritime proposé par Paul Ier fut signé par les puissances du Nord (décembre 1800.) L'attitude courageuse des coalisés trouvait un appui vigoureux dans le gouvernement français; l'Angleterre se sentit enfin intimidée, d'autant plus que la fortune des armes venait de soustraire l'empire d'Autriche à son amitié et surtout à sa politique.

Les hostilités avaient été reprises entre l'Autriche et la France; nos ennemis se flattaient do l'espoir de prendre une éclatante revanche de Marengo, lorsque la bataille et la victoire de Hohenlinden, en Bavière, vint abaisser leur orgueil. Cent pièces de canon et onze mille prisonniers tombèrent au pouvoir des Français; des deux côtés, on s'était battu avec un acharnement terrible, et la bravoure des Autrichiens avait forcé l'admiration de nos généraux eux-mêmes. La bataille de Hohenlinden fut l'honneur impérissable de Moreau;

Richepanse, Ney, Grouchy et bien d'autres l'avaient vaillamment secondé. Ce fut pour l'Autriche ce que la journée de Marengo avait été pour l'Italie. L'armée française poursuivant sa marche offensive contraignit l'ennemi à demander un armistice qui lui fut accordé.

Tandis qu'en Suisse nos soldats, commandés par Macdonald, faisaient des prodiges de valeur, en Italie, ils ne laissaient point perdre le fruit de la grande journée de Marengo.

La paix de Lunéville, signée en février 1800, terminait ou plutôt suspendait la guerre en Europe ; seule — avec une profonde colère au cœur, — l'Angleterre osait défier la France accueillant triomphalement ses trois cent mille soldats, les vainqueurs de l'Italie et de l'Autriche. En Egypte, nos opérations étaient restées suspendues depuis la mort de Kléber, et ce n'était pas le général Menou qui pouvait leur redonner de la vigueur. En face de cette situation de plus en plus menaçante, le premier Consul se préoccupa des moyens d'opérer une diversion et de multiplier si habilement les embarras de l'Angleterre que le salut de l'armée d'Égypte pût naitre de ces complications mêmes. Il avait conçu la gigantesque pensée de combattre l'Angleterre sur quatre champs de bataille différents : en Égypte, dans les Indes, en Portugal, en Irlande. Par ses ordres, plusieurs camps se formaient en Hollande, en Flandre, en Espagne, en Italie. Les marines de nos alliés, réunies à ce qui restait de la nôtre, pouvaient encore former un effectif considérable et porter à la fois des troupes en Orient, aux Antilles, à l'embouchure du Gange, partout où il fallait tenir en respect les Anglais et ruiner leurs intérêts. Ces armements de terre et de mer se poursuivaient activement et étaient environnés du secret le plus complet; les journaux avaient ordre de n'en parler qu'en suivant les indications tantôt pleines de réserve, tantôt à dessein inexactes, que le gouvernement faisait mettre dans les colonnes du *Moniteur officiel*. Mais, les Anglais se tenaient sur leurs gardes et veillaient à ce que l'Egypte ne tombât pas sous la domination française. Grâce à l'incurie de Menou, nos ennemis débarquaient près de 18,000 hommes en vue d'Aboukir; nos troupes n'étaient pas en force pour soutenir la lutte, il fallut encore une fois abandonner l'Egypte et laisser nos voisins reprendre plus que jamais leur influence en Orient. Car c'est pour la puissance de la Grande-Bretagne une question de vie et de mort que la domination de la France en Egypte et en Syrie, mais la France républicaine en avait à peine le pressentiment, tandis que la France moderne ne sait que trop à quoi s'en tenir.

Quoiqu'habilement ou plutôt heureusement échappée à un immense danger du côté de l'Asie, l'Angleterre se sentait cependant de plus en plus menacée par l'alliance de la Russie et de la France; on prévoyait que le czar et Bonaparte se préparaient de concert à attaquer la puissance britannique dans l'Inde et sur les deux mers, lorsque Paul Ier mourut assassiné dans des circonstances aussi mystérieuses qu'épouvantables [1]. L'opinion publique, en France, voulut voir la main et la complicité des Anglais dans ce drame; la mort de Paul Ier les sauvait encore une fois, en ôtant à Bonaparte son plus puissant et son plus sûr allié. En admettant que la Grande-Bretagne fût innocente de ce crime, il n'en est pas moins certain que ses agents depuis longtemps n'avaient rien épargné pour fomenter la haine aveugle des chefs de la noblesse russe contre ce prince, et la mort de Paul Ier servait merveilleusement la politique du cabinet de Londres. L'alliance des puissances du Nord fut dès lors rompue et les Anglais recommencèrent à exercer leur tyrannie sur les mers.

La lutte engagée entre la France et l'Angleterre parut entrer dans une phase nouvelle. Cependant le besoin de la paix était si impérieux, même en Angleterre, qu'il dominait tout autre sentiment. Avant la mort de Paul Ier, la Grande-Bretagne avait demandé que des négociations fussent ouvertes avec le gouvernement consulaire. Quelques jours après ce drame sanglant, le cabinet de Londres fit présenter à la France des conditions inac-

1. Thiers, tome II, p. 425 et 426, note 1. Cf. *Id. ibid.*, p. 420-433.

ceptables. Bonaparte répondit par un refus et, plus que jamais, on parut éloigné de s'entendre. Le premier consul et Pitt ne voulaient, ni l'un ni l'autre, d'une paix définitive ; ce qu'ils désiraient, c'était une trêve pour reprendre des forces et surtout pour parer aux difficultés de l'intérieur.

Alors fut résolue, ou le sembla, en France, à la suite de longues difficultés, la plus grave des questions qui puisse intéresser un peuple, — la question religieuse. On comprend que nous voulons parler du Concordat que Bonaparte conclut avec l'Eglise romaine, en 1801. Or, le promoteur de cet acte d'une si haute importance et ce pacte lui-même ont été également mal appréciés, parce qu'on a méconnu le caractère de l'homme qui en avait pris l'initiative et qu'on a exagéré les fruits très contestables de cet accord entre le chef futur de la France et le vicaire de Jésus-Christ, entre Bonaparte et Pie VII[1].

En d'autres termes et pour poser franchement la question, Bonaparte dut-il la pensée du Concordat à un mobile religieux ou purement politique et ambitieux? Se montra-t-il le fils soumis ou le tyran de la papauté? Enfin, quelles furent à ses yeux comme pour l'Église les suites du Concordat?

Républicain et sceptique par principe et par politique, Bonaparte, dans la première moitié de sa vie, ne songeait avant tout et par tous les moyens possibles qu'à sortir de l'obscurité où l'on semblait vouloir le tenir emprisonné. Ambitieux et âpre au succès, ce Corse, dont le caractère se compliquait d'ardeur et de ruse, cherchait sa voie pour parvenir au succès qu'il rêvait, c'est-à-dire la domination despotique du monde, et tous les moyens lui semblaient bons et légitimes pour y réussir. Bonaparte, c'était la Révolution se continuant par la guerre à l'Europe, par la déclamation du langage et l'emphase des idées ; trois choses qui se faisaient large

1. Nous croyons avoir traité à fond cet épisode de l'*Histoire du Consulat et de l'Empire*, dans notre étude intitulée : *La vérité sur le Concordat de* 1801. (*Erreurs et mensonges historiques*, XIVe série, p. 73-165.)

ment jour dans les proclamations qu'il avait adressées à l'Italie catholique en 1796, lors de la première invasion républicaine en Lombardie, en Vénétie et dans les Romagnes. Quatre ans après, au printemps de 1800, le premier consul changeait complètement de langage, dans le même pays et vis-à-vis des mêmes populations; désormais, dans les actes émanés de son quartier général, la religion catholique tient la première place. A peine entré à Milan, il se hâte d'ordonner qu'un *Te Deum* y sera solennellement chanté afin de célébrer, dit-il dans le bulletin de l'armée, la délivrance de l'Italie *des hérétiques et des infidèles*[1]. Il ne peut, en effet, pardonner à l'Angleterre d'avoir prêté son concours à l'Autriche pour bloquer Gênes et au sultan d'être venu ravitailler Venise avec ses vaisseaux. « Les prêtres mêmes, écrit-il au gouvernement de la République française, sont très mécontents de voir les hérétiques anglais et les infidèles musulmans profaner le territoire de la catholique Italie[2]. »

Ne semble-t-il pas entendre un Clovis ou un Charlemagne prenant en main les intérêts de la religion? Nous insistons sur ce souvenir du chef de la race carlovingienne, parce que le rapprochement entre Bonaparte et le grand empereur, le sauveur des papes, a été fait et ressassé à satiété jusqu'à nos jours par des écrivains et des orateurs que la flatterie ou la reconnaissance exagérée égarait également. Or, nous ne le verrons que trop tôt et surtout trop clairement, il n'y avait rien de Clovis et encore moins de Charlemagne dans Bonaparte non plus que dans Napoléon.

Pour en revenir au brusque changement de langage du premier consul en Italie, en 1800; le 5 juin, prêt à quitter Milan, il crut opportun d'adresser publiquement aux curés de la capitale de la Lombardie une allocution dont l'intention évidente ne peut être l'objet d'aucun doute. Les termes en sont trop curieux, ils décèlent trop clairement les vues du premier consul pour qu'il

1. *Correspondance de l'empereur Napoléon Ier*, tome VI, p. 424.
2. *Correspondance*, etc., tome VI, p. 424.

ne soit pas utile de la reproduire intégralement :

« J'ai désiré de vous voir tous rassemblés ici, afin d'avoir la satisfaction de vous faire connaître par moi-même les sentiments qui m'animent au sujet de la religion catholique, apostolique et romaine. Persuadé que cette religion est la seule qui puisse procurer un bonheur véritable à une société bien ordonnée et affermir les bases d'un bon gouvernement, je vous assure que je m'appliquerai à la protéger et à la défendre dans tous les temps et par tous les moyens. Vous, les ministres de cette religion, qui certes est aussi la mienne, je vous regarde comme mes plus chers amis; je vous déclare que j'envisagerai comme perturbateurs du repos public et ennemi du bien commun, et que je saurai punir comme tel, de la manière la plus rigoureuse et la plus éclatante et même s'il le faut, de la peine de mort, quiconque fera la moindre insulte à notre commune religion ou qui osera se permettre le plus léger outrage envers vos personnes sacrées.

« Mon intention formelle est que la religion chrétienne, catholique et romaine scit conservée dans son entier, qu'elle soit publiquement exercée et qu'elle jouisse de cet exercice public avec une liberté aussi pleine, aussi étendue, aussi inviolable qu'à l'époque où j'entrai pour la première fois dans ces heureuses contrées. Tous les changements qui arrivèrent alors, principalement dans la discipline, se firent contre mon inclination et ma façon de penser. Simple agent d'un gouvernement qui ne se souciait en aucune sorte de la religion catholique, je ne pus alors empêcher tous les désordres qu'il voulait exciter à tout prix, à dessein de la renverser. Actuellement que je suis muni d'un plein pouvoir, je suis décidé à mettre en œuvre tous les moyens que je croirai les plus convenables pour assurer et garantir cette religion.

« Les philosophes modernes se sont efforcés de persuader à la France que la religion catholique était l'implacable ennemie de tout système démocratique et de tout gouvernement républicain ; de là, cette cruelle persécution que la République française exerça contre la religion et contre ses ministres; de là, toutes les horreurs auxquelles fut livré cet infortuné peuple. La diversité des opinions qui, à l'époque de la Révolution, régnaient en France au sujet de la religion, n'a pas été une des moindres sources de ces désordres. L'expérience a détrompé les Français et les a convaincus que de toutes les religions il n'y en pas une qui s'adapte, comme la catholique, aux diverses formes de gouvernement, qui favorise davantage, en particulier, le gouvernement démocratique républicain, en établisse les droits et jette plus de jour sur ses principes. Moi aussi, je suis philosophe, et je sais que dans une société, quelle qu'elle soit, nul homme ne saurait passer pour vertueux et juste s'il ne sait d'où il vient et où il va. La simple raison ne saurait nous fixer là-dessus ; sans la religion, on marche continuellement dans les ténèbres, et la religion catholique est la seule qui donne à l'homme des lumières certaines et infaillibles sur son principe et sa fin dernière. Nulle société ne peut exister sans morale ; il n'y a pas de bonne morale sans religion ; il n'y a donc que la religion qui donne à l'Etat un appui ferme et durable. Une société sans religion est comme un vaisseau sans boussole : un vaisseau dans cet état ne peut ni s'assurer de sa route ni espérer d'entrer au port. Une société sans religion, toujours agitée, perpétuellement ébranlée par le choc des passions les plus violentes, éprouve en elle-même toutes les fureurs d'une guerre intestine qui la précipite dans un abîme de maux et qui, tôt ou tard, entraîne infailliblement sa ruine.

« La France, instruite par ses malheurs, a ouvert enfin les yeux ; elle a reconnu que la religion catholique était comme une ancre qui pouvait seule la fixer dans ses agitations et la sauver des efforts de la tempête; elle l'a, en conséquence, rappelée dans son sein. Je ne puis pas disconvenir que je n'aie pas beaucoup contribué à cette belle œuvre. Je vous certifie qu'on a rouvert les églises en France, que la religion catholique y reprend son ancien éclat et que le peuple voit avec respect ces sacrés pasteurs qui reviennent, pleins de zèle, au milieu de leurs troupeaux abandonnés.

« Que la manière dont a été traité le pape défunt ne vous inspire aucune crainte : Pie VI a dû en partie ses malheurs aux intrigues de ceux à qui il avait donné sa confiance et en partie à la cruelle politique du Directoire. Quand je pourrai m'aboucher avec le nouveau pape, j'espère que j'aurai le bonheur de lever tous les obstacles qui pourraient s'opposer encore à l'entière réconciliation de la France avec le chef de l'Eglise. Je n'ignore pas ce que vous avez souffert, tant dans vos personnes que dans vos biens ; vos personnes, encore une fois, seront sacrées à l'avenir et respectées de tout le monde ; quant à vos biens, j'aurai soin de donner les ordres nécessaires pour qu'ils vous soient rendus au moins en partie, et je ferai en sorte qu'on vous assure pour toujours des moyens d'exister honorablement.

« Voilà ce que je voulais vous communiquer au sujet de la religion chrétienne, catholique et romaine. Je désire que l'expression de ces sentimens reste gravée dans vos esprits, que vous mettiez en ordre ce que je viens de dire, et j'approuverai qu'on en fasse part au public par la voie de l'impression, afin que mes dispositions soient connues non seulement en Italie et en France, mais encore dans toute l'Europe[1]. »

Une remarque sur cette *allocution* écrite ne sera pas inutile ; cette pièce peint bien l'homme qui l'a dictée. N'osant pas affirmer, ce qui serait assez audacieux, qu'il est le premier et seul promoteur du retour de la France au culte catholique, Bonaparte dit, non sans y insister cependant assez fortement, qu'il y a *beaucoup* contribué. Nous verrons bientôt ce qu'il faut penser de cette assertion plus que hasardée.

Cette pièce fut imprimée et répandue à profusion dans toute la péninsule. Le retentissement de ces paroles si nouvelles dans une telle bouche fut immense, comme on peut bien le penser ; l'orateur n'avait pas trop présumé du succès qu'il se promettait de cette déclaration si ac-

1. *Correspondance*, etc., tome VI, p. 426-428 (16 prairial an VIII, 5 juin 1800).

centuée. Comme le fait remarquer M. d'Haussonville[1] : « Qui se souciait alors de s'informer si, au Caire, dans la société des Ulémas, le même général n'avait point parlé de la religion du Prophète à peu près dans les mêmes termes qui lui servaient à vanter celle du Christ[2] ? »

1. *L'Église romaine et les négociations du Concordat* (1800-1814) *Revue des Deux-Mondes*, 1865 (nº du 1er mai), p. 207 et 208.

2. Voyez l'historique de la campagne d'Égypte dicté au général Bertrand.

CHAPITRE TROISIÈME

L'allocution de Milan visait la France. — Premières négociations de Bonaparte avec la cour de Rome. — Impatience du premier Consul. — Embarras du Pape. — Il envoie le cardinal Consalvi auprès de *l'homme terrible*. — Bonaparte essaie d'intimider Consalvi. — Son ultimatum brutal. — Douceur et fermeté du cardinal. — Nombreuses difficultés, au cours de la discussion. — Ruse et colère. — La religion, instrument de règne pour Bonaparte. — Le pape et le clergé, aux yeux du premier consul; rôle qu'il leur destine. — Machiavélisme du Corse. — Son emportement et ses injures contre Rome. — Calme réponse de Consalvi. — La publicité du culte et la police. — Immense sensation produite par l'annonce de la promulgation du Concordat, en France. — La vérité sur la situation religieuse, à cette époque. — Bonaparte ne releva pas les autels, comme on l'a dit. — Le culte rétabli dans quarante mille communes par le clergé seul. — Difficultés de la politique extérieure. — Suites de la mort de Paul Ier pour la France. — La paix d'Amiens, ses préliminaires. — Situation intérieure de la France. — Résistance sourde des partis. — Examen des grands corps de l'Etat. — Le sénat et le corps législatif, dociles instruments des vues de Bonaparte. — L'opposition réfugiée dans le Tribunat. — Les *bavards*. — A bon entendeur, salut! — Menace à l'adresse des Tribuns. — Préparation d'un nouveau Code civil. — Napoléon commence à percer sous Bonaparte. — L'opposition des salons et le découragement des républicains. — L'opposition parmi les généraux. — Moreau, Augereau, Jourdan, Masséna, Lannes et Bernadotte. — L'opposition voltairienne. — Châteaubriand et *le Génie du Christianisme*. — Jugement porté sur ce beau livre.

Non content de faire chanter un *Te Deum* solennel dans la cathédrale[1] de Milan, Bonaparte voulut y assister en personne, avec son état-major et fit bénir par le clergé de cette ville ses drapeaux; son intention, visible en cette circonstance, était d'agir sur l'opinion de la France beaucoup plus encore que sur celle de l'Italie.

« Ne soyons pas trop surpris, dit M. d'Haussonville[2],

1. *Correspondance*, etc., tome VI, p. 460 et 474.
2. *Ibid.*, *ut sup.*, p. 209 et 210.

ni surtout scandalisés, si nous voyons le premier Consul frappé de l'utilité du concours que lui ont prêté, moyennant certaines avances, le clergé et les catholiques italiens, songer aussitôt au grand profit qu'en France il pourra tirer d'une semblable alliance pour mener à bien l'entreprise nouvelle dont le succès ne lui importe pas moins actuellement que tout à l'heure la défaite des Autrichiens. Quelle a été la part de l'impulsion involontaire, irréfléchie, désintéressée, et quelle sera la part du calcul personnel, des considérations humaines et des visées purement égoïstes ? Cela regarde uniquement sa conscience, et l'affaire est à régler devant un tribunal plus infaillible que celui de l'histoire. Napoléon, en compromis, puis aux prises avec la religion, la plus grande chose de tous les temps, voilà un spectacle qui vaut la peine qu'on s'y arrête. »

C'est d'ailleurs le droit, l'intérêt et surtout le devoir de l'historien.

Or, l'allocution adressée aux curés de Milan avait été imprimée et distribuée à profusion dans toutes les villes du Piémont et de la Lombardie; plusieurs exemplaires durent même parvenir jusqu'à Rome. Bientôt le Pape était informé officieusement que le chef des armées françaises désirait entrer en négociations pour arranger les affaires religieuses de la France; la cour de Rome accueillit avec empressement ces ouvertures qui la surprenaient agréablement. Mais Bonaparte, ayant été rappelé à Paris, sur ces entrefaites, ce fut dans cette ville que l'employé de Pie VII dut rejoindre le premier consul. Les préliminaires du Concordat n'allaient pas aussi vite que voulait l'impatient chef des armées françaises; à ses despotiques et tyranniques prétentions, Rome opposait ses sages lenteurs et cherchait, en gagnant du temps, à le ramener à une appréciation vraie des exigences légitimes de la situation. C'était une lutte terrible à soutenir, étant connue la nature irritable du premier consul. Ennuyé de se laisser malgré lui entraîner dans ce qu'il appelait de misérables querelles de dogmes, Bonaparte signifia tout à coup à M. Cacault, ministre de France à Rome, l'ordre de quitter cette ville si dans cinq jours le Concordat projeté à Paris n'était pas agréé par le pape. Le ministre de France fut en même temps chargé d'avertir le Saint-Père qu'une plus longue résistance produirait de déplorables conséquences *autant pour la religion que pour la domination temporelle.*

A peu de jours de distance, on se trouvait bien loin des promesses ultraconciliantes de l'allocution aux curés de Milan. Jamais ambitieux impatient, et par conséquent maladroit, ne se trahit plus que le premier Consul en cette circonstance. Qu'allait faire le pape? Céder, c'était une lâcheté et de plus un immense danger. Mais, la persistance à résister créait à la cause de la religion en France et en Italie d'incalculables dangers. M. Cacault, en homme habile autant que loyal, conseilla au pape et lui fit comprendre la nécessité de l'envoi du cardinal Consalvi auprès du premier consul qu'une telle démarche flatterait et pourrait ramener à des sentiments équitables; justement confiant dans le ministre de France, Pie VII se rendit à ses avis et députa le cardinal auprès de Bonaparte : il était temps. De son côté, M. Cacault qui savait comment il fallait prendre celui que dans ses conversations familières il appelait, avec raison, *l'homme terrible*, recommandait à Bonaparte la douceur et les ménagements avec Consalvi plutôt que le retour des procédés d'intimidation qui venaient d'échouer si complètement à Rome.

Le premier Consul consentit donc à recevoir Consalvi en grande audience et en s'entourant lui-même de toute la pompe imaginable, théâtrale comme devaient l'être tous les actes de sa vie et de son pouvoir; évidemment, il voulait éblouir, fasciner le représentant du pape. « Le premier consul avait trouvé à propos, dit Consalvi, dans ses *Mémoires*, de me faire aller à l'audience pour la première fois dans cette solennelle occasion, et afin de me donner sans doute une grande idée de sa puissance, de me frapper d'étonnement *et peut-être de crainte*[1]. » Sans vouloir écouter les compliments d'usage, Bonaparte

1. *Mémoires* de Consalvi.

prit sur-le-champ la parole et, d'un ton bref, impérieux et impatient : « Je sais, dit-il à Consalvi, le motif de votre voyage en France. *Je veux* que l'on ouvre immédiatement les conférences. Je vous laisse cinq jours de temps, et je vous préviens que si, à l'expiration du cinquième jour, les négociations ne sont pas terminées, vous devrez retourner à Rome, attendu que, quant à moi, j'ai pris mon parti pour une telle hypothèse. »

C'était sabrer la question plutôt que la poser ; mais ces procédés militaires étaient dans le tempérament de l'homme et n'ont d'ailleurs rien qui doive étonner, surtout à cette époque qui ne brillait pas précisément par les formes polies et courtoises. Sans se décontenancer, Consalvi répondit que l'envoi par Sa Sainteté de son principal ministre à Paris était une preuve assez évidente de l'intérêt que Pie VII mettait à la conclusion d'un Concordat avec la France et que, quant à lui, il se flattait de l'espoir de le terminer dans l'espace de temps que souhaitait le premier Consul. A cette promesse, Bonaparte se radoucit et cependant entra subitement en matière sur la question qu'il semblait vouloir résoudre séance tenante, tant il y mettait d'abondance et de véhémence, revenant à nouveau sur les articles rejetés par la cour de Rome.

Sans nous attarder à faire ici, si succinctement que ce soit, l'histoire des négociations délicates auxquelles donna lieu le Concordat et, renvoyant à l'*Histoire du Consulat* de M. Thiers, très exact d'informations sur ce point important [1], nous nous attacherons surtout à mettre en lumière l'esprit et le rôle de Bonaparte en cette occurrence et qui le font bien connaître.

Les conférences relatives à la discussion du Concordat s'ouvrirent dès le lendemain de la première audience donnée au cardinal Consalvi, dans des circonstances si théâtrales et si étranges, par le premier Consul. Comme on devait le prévoir, il y eut bien des difficultés et des tiraillements avant d'arriver à une entente de part et d'autre. Le représentant du pape était autorisé

1. Thiers, *Histoire du Consulat et de l'Empire*, tome III, p. 194-285.

à concéder quelques points secondaires, mais à la condition qu'ils ne touchassent en rien aux maximes de la religion. Il s'agissait, en somme, ce qui n'était nullement facile, de trouver une formule qui conciliât autant que possible les exigences du premier Consul et les légitimes scrupules de Pie VII. Quant à Consalvi, il lui fut laissé si peu de liberté pendant cette délicate discussion qu'il ne put jamais envoyer un courrier pour informer ou consulter le pape, sous le prétexte qu'on devait nécessairement conclure le lendemain; cependant les conférences durèrent vingt-cinq jours. Pour peser sur la conscience de l'envoyé du pape et l'amener par l'intimidation à consentir à ses volontés, Bonaparte avait donné aux évêques constitutionnels et aux prêtres assermentés, quoiqu'il n'en fît pas grande estime, l'autorisation de tenir à ce moment même un concile à Paris. Cette tactique peint bien l'homme dont elle est digne; d'ailleurs toute la politique de Napoléon, empereur, a été la suite et le prolongement de celle de Bonaparte, premier Consul. On s'imagine, sans peine, les angoisses auxquelles devait être en proie le représentant du Saint-Père. Bonaparte était plus décidé qu'il ne voulait le laisser voir à conclure le Concordat, car il apercevait plus clairement que qui que ce soit le parti que, pour ses visées ambitieuses, il lui serait possible de tirer de ce grand acte, à la fois religieux et politique. Aux yeux du premier Consul, la religion, il faut lui rendre cette justice, était un puissant instrument politique, un moyen particulier et le plus efficace de tous pour dominer les esprits, sinon pour se les attacher : content d'inspirer le respect, voire la crainte, il ne fit jamais rien pour conquérir l'affection. Il avait trop d'intelligence pour être athée. « C'est à l'intelligence, a dit avec raison M. Thiers[1], qu'il appartient de reconnaître l'intelligence dans l'univers, et un grand esprit est plus capable qu'un petit de voir un Dieu à travers ses œuvres. Parfois ce vague sentiment de l'ordre admirable de la création se traduisait chez lui en paroles émues... Par moments, les souve-

1. Thiers, *op. cit. sup.*, p. 209.

4

nirs de sa jeunesse et les habitudes de sa première éducation reprenaient quelque empire sur son imagination. Il parlait alors avec attendrissement de l'effet que, dans le silence de la nature, produisait sur lui le son de la cloche de la petite église de Rueil. C'étaient là pourtant de bien fugitives sensations. Il n'en garde le souvenir, il n'y attache d'importance qu'à cause du jour qu'elles lui fournissent sur l'influence toute-puissante que doivent exercer sur les autres les impressions auxquelles lui-même n'a pu se soustraire. S'il se propose de leur donner satisfaction, c'est surtout pour en profiter et s'en servir. Toutes ses conversations le montrent en proie à cette unique préoccupation. A M. de Bourrienne, son camarade d'enfance, il dit : « *Vous verrez quel parti je saurai tirer des prêtres.* » A M. de La Fayette, qui, prévoyant son dessein, lui demande en badinant si la signature du Concordat n'est pas le prélude de la cérémonie du sacre, il se contente de répondre : « *Nous verrons, nous verrons.* »

Ainsi, pour lui, cette parole : « Vous verrez quel parti je saurai tirer des prêtres, » équivaut à celle-ci, qui était le fond même de sa pensée : « Le clergé est un instrument dont je saurai me servir à mon bénéfice. »

Rapportant tout, dans cette question éminemment religieuse du Concordat, à la politique ou plutôt à *sa politique* personnelle et à son ambition égoïste, en reconnaissant qu'il fallait au peuple le frein d'une religion, il disait hautement que ce frein devait être dans sa main à lui, et il ajoutait : « Cinquante évêques, émigrés et soldés par l'Angleterre, conduisent aujourd'hui le clergé français. Il faut détruire leur influence. L'autorité du pape est nécessaire pour cela. Il les destitue ou leur fait donner leur démission. On déclare que la religion catholique étant celle de la majorité des Français, on doit en organiser l'exercice. Le premier Consul nomme les cinquante évêques, le pape les institue. Il nomme les curés, l'Etat les salarie. Ils prêtent serment *on déporte les prêtres qui ne se soumettent pas*, et l'on défère aux supérieurs ceux qui prêchent contre le gouvernement. Après tout, les gens éclairés ne se soulèveront pas contre le catholicisme : ils sont indifférents. Je m'épargne donc de grandes contrariétés dans l'intérieur, et je puis, par le moyen du pape au dehors... Mais là il s'arrêta court[1]. »

Ainsi et toujours pour Bonaparte comme pour Napoléon, la religion, le clergé et le pape lui-même ne doivent être que de dociles instruments de son ambition.

Au moment de signer le Concordat, Consalvi s'aperçut aux premiers mots qu'il lut que la pièce qu'on lui présentait et qu'on le pressait d'approuver n'était nullement la rédaction définitivement arrêtée et convenue entre Bonaparte et l'Eglise romaine; c'était un autre Concordat tout différent. Un si incroyable procédé frappa de stupeur le cardinal, sans cependant l'émouvoir; il se refusa à signer cet acte et à s'associer ainsi au machiavélisme du premier Consul. Fureur de ce dernier, en voyant sa ruse éventée; il commença par déchirer en cent morceaux la copie du Concordat et ce ne fut qu'après de longs raisonnements qu'on put obtenir de lui qu'il se calmerait; mais ce ne fut pas pour longtemps, et le cardinal dut essuyer l'orage, j'allais dire l'outrage le plus sanglant de la part de cet homme incapable de se contenir, lorsqu'une fois son orgueil froissé était en jeu. Consalvi n'opposa à ce débordement de bile que la dignité calme du prêtre et du diplomate qui savent tous deux se posséder. Invité dès la veille à la table de Bonaparte, à un repas de gala avec toute la future cour du futur César, il reçut du premier Consul un accueil terrible : « Eh bien ! monsieur le cardinal, vous avez voulu rompre ! Soit ! Je n'ai pas besoin de Rome. *Je n'ai pas besoin du pape*. Si Henri VIII, qui n'avait pas la vingtième partie de ma puissance, a su changer la religion de son pays, bien plus le saurais-je faire et le pourrais-je, moi ! *En changeant la religion, je la changerai dans presque toute l'Europe*, partout où s'étend l'influence de *mon pouvoir*. Rome s'apercevra des pertes qu'elle aura faites. Elle les pleurera; mais il n'y aura plus de remède. Vous pouvez

1. *Mémoires sur le Consulat*, par un ancien conseiller d'État (Thibaudeau).

partir : c'est ce qu'il vous reste de mieux à faire... Quand partez-vous ? — Après dîner, général, répondit Consalvi avec le plus grand calme[1]. »

Bonaparte, à cette réplique si héroïque dans sa simplicité, se sentit confondu ; on ne pouvait mieux lui faire sentir son impertinence et sa grossièreté. Cependant, il se remit bientôt de cette alerte et insista de nouveau pour que la rédaction faite selon ses ordres fût signée par le représentant du pape ; Consalvi opposa la même calme résistance, et Bonaparte ne sut que répéter sa banale menace, dans les mêmes termes violents[2].

Cependant un rendez-vous fut pris pour le lendemain chez Joseph, un des frères de Bonaparte. L'article le plus essentiel en discussion, et le premier du Concordat, était celui qui regardait la publicité de l'exercice du culte. En principe, le gouvernement français l'accordait, seulement il y mettait cette tyrannique restriction, que l'exercice du culte aurait lieu conformément aux règlements de police. Consalvi, qui aimait les situations nettes et tranchées, voulait qu'il fût dit que ces règlements de police seraient uniquement de la nature de ceux que réclame la tranquillité publique. Cela, le premier consul ne voulait pas le mettre au traité, car il avait ses projets que révélèrent plus tard les articles organiques. « Ou vous êtes de bonne foi, disait avec raison Consalvi, en affirmant que le motif qui force le gouvernement à imposer au culte catholique la restriction de se conformer aux règlements de police est le besoin impérieux du maintien de la tranquillité publique, et alors pourquoi ne pas le dire dans l'article lui-même ? ou bien il y a d'autres raisons qu'on n'avoue point à cette restriction, qu'à dessein on veut laisser vague et indéfinie, et j'ai alors le droit de craindre que le gouvernement n'entende assujettir ainsi l'Eglise à ses volontés. »

Il s'agissait de présenter à l'acceptation de Bonaparte

1. *Mémoires* de Consalvi.
2. *Ibid.*

cette addition essentielle, Joseph s'en chargea et ne se dissimula pas avec quelle colère il allait être accueilli par le despote, chef du pouvoir; en effet, grande fut l'irritation du premier Consul qui finit par se rendre aux instances de Joséphine et surtout à ses propres réflexions sur les conséquences d'une rupture, dans l'état actuel des choses.

Ainsi se terminèrent les pénibles négociations du Concordat. Ni l'intimidation ni la ruse n'avaient suffi à Bonaparte pour se faire du premier coup, comme il le désirait et comme il y comptait, cette part du lion qu'il s'attribuait volontiers en toutes choses.

« La sensation fut immense dans Paris et dans toute la France quand on apprit qu'un traité venait d'être signé sur les matières religieuses entre l'homme qui disposait des destinées de la République française et le chef de l'Eglise de Rome. Quant à l'effet immédiat et pratique qui en résulta pour le plus grand bien de la religion catholique, il y a des appréciations exagérées et contraires dont il faut savoir également se garder. Le général Bonaparte avait trop embelli les choses lorsqu'une année auparavant il avait fait passer devant les yeux ravis des curés de Milan le tableau d'une France redevenue tout à coup chrétienne et partout empressée à courir pieusement au-devant de ses anciens pasteurs rendus à son amour... Il régnait, en fait de cultes, dans la plupart des grandes villes, des chefs-lieux de départements, des petites bourgades, et surtout dans les communes rurales de France, le plus inextricable désordre. Changements continuels, obscurité intentionnelle dans la législation, contradiction évidente entre le droit reconnu à chaque individu de manifester sa croyance comme il l'entendait et le pouvoir remis aux autorités locales de réglementer l'exercice extérieur des cultes; c'était un dédale d'incohérences. Cependant la liberté étant après tout le point de départ, et le mouvement de retour vers les idées religieuses étant réel, sincère et doué à ce moment d'une vitalité singulière, le vieux culte national, le culte de l'Eglise catholique, apostolique et romaine, celui que le Concordat déclarait être le culte de la grande majorité des citoyens français, en avait profité plus qu'aucun autre, et ses ministres, rentrés de l'exil ou sortis des retraites où ils avaient dû cacher leurs têtes, s'étaient montrés à la hauteur de leur tâche. Ils n'avaient pas attendu la convention passée avec le pape pour reprendre leur mission. C'est donc calomnier presque ces saints prêtres, c'est leur enlever leurs plus beaux titres à la vénération publique, c'est méconnaître étrangement les faits que d'aller répéter aujourd'hui qu'en signant le Concordat Bonaparte releva les autels abattus. Les autels étaient déjà relevés. Une statistique administrative de l'époque constate que le culte était rétabli dans quarante mille communes[1]. »

Ce fait est sans réplique, mais ce qui est aussi sans conteste, c'est qu'immédiatement le premier Consul s'attacha à monopoliser à son profit ce mouvement qu'il semblait sanctionner et dont, en réalité, il voulait s'emparer pour en faire un puissant et irrésistible instrument de règne.

Mais, les difficultés de la politique extérieure appelaient de nouveau sa sollicitude et le forçaient sinon à abandonner ses projets, du moins à en ajourner l'exécution.

La mort de Paul Ier avait ruiné l'influence de la République française dans le nord de l'Europe, et la ligue des neutres se trouvait dissoute; l'Egypte était perdue pour la France, et l'Angleterre, qui avait réussi à nous arracher cette conquête, se posait comme la protectrice de la Porte ottomane. La France n'était pas plus heureuse dans ses tentatives sur le Portugal, et la fortune semblait abandonner Bonaparte; d'abord vivement irrité, il allait peut-être compromettre la situation déjà bien embarrassée, quand la pensée lui vint de chercher à maintenir l'alliance russe, la plus utile qui fût au monde pour notre pays et pour la politique du premier Consul, désireux de tenir en échec les Anglais, qu'il ne pouvait parvenir à ruiner en Europe et dans le Nouveau-Monde.

1. M. d'Haussonville, *Ibid. ut sup.*, p. 232 et 233.

Un heureux concours de circonstances amena enfin les puissances aux préliminaires d'une paix qui faisait l'objet de tous leurs vœux, et le traité d'Amiens fut signé vers la fin de l'année 1801.

Mais la situation intérieure de la France et sa constitution politique créaient à l'ambition et à l'impatience de Bonaparte des inquiétudes dont il voulait s'affranchir à tout prix et le plus rapidement possible. Les difficultés étaient loin d'être aplanies : elles se compliquaient des obstacles qu'opposait au retour de l'ordre matériel la sourde résistance des partis qui n'avaient pas désarmé et se montraient menaçants par leur silence même. Sans doute, la presse était enchaînée; l'agitation des clubs et de la rue avait fait place au mutisme forcé; mais la Révolution acceptait avec peine le joug de la soumission et se prêtait peu aux brusques essais du despotisme.

Si l'on étudie d'un peu près l'esprit et les dispositions des grands corps de l'Etat, on verra que le Sénat n'avait guère d'imposant que le nom; il n'exerçait en réalité qu'une action bien modeste, presqu'effacée, ce qui d'ailleurs ne déplaisait nullement au premier Consul qui avait su lui imposer le silence par des appointements très enviables. Impuissant à secouer le joug, le Sénat trouvait plus commode de le supporter avec une douce résignation. Quant au Corps législatif, il évitait d'entrer dans le domaine des faits politiques. Il ne faisait, en cela, que suivre l'opinion de Bonaparte et de la France même tout entière qui avait également peur de l'indépendance de la tribune et de la liberté du langage. Cependant une opposition timide, mais réelle, essayait bien quelquefois de se manifester; elle était immédiatement étouffée par la peur et le servilisme de la majorité.

« Chacun baise en tremblant la main qui nous enchaîne, » eussent pu dire, avec certain personnage de la tragédie de Voltaire, le Sénat et le Corps législatif. Il semblait que la situation tînt au moindre incident et que tel cri imprudent pût déterminer, comme dans les montagnes de la Suisse, une formidable avalanche qui remît encore une fois en question la tranquillité relative du pays, après tant de tempêtes essuyées. Le despotisme naissant bénéficiait des excès par lesquels la liberté s'était suicidée au milieu de sanglantes convulsions.

S'il y avait encore quelque opposition sérieuse, elle semblait s'être réfugiée et concentrée dans le Tribunat, qui prenait son rôle au sérieux. Les allures vives et hardies de quelques orateurs républicains commençaient même à inquiéter Bonaparte qui s'effrayait d'ailleurs assez facilement comme tous les hommes chez qui l'audace essaie de remplacer le courage, dont le sang-froid est la première et indispensable condition. Avec le Tribunat il fallait presque compter et, pour cette raison, le premier Consul trouvait que ce corps était de trop dans l'Etat; il songeait donc à en finir avec ce qu'il appelait les *bavards*. A cette effet, des articles de journaux, écrits et publiés sous son inspiration plus ou moins occulte, essayaient de discréditer ce corps en l'humiliant par des conseils d'un ton assez rogue. En voici un exemple, entre beaucoup d'autres : « Egalement éloignés d'une pusillanimité meurtrière et d'une agression inconsidérée, les Tribuns se rappelleront que si par la peur on inutilise ses forces, on les use par la témérité, et que la sagesse consiste à bien connaître ses moyens et à en faire un judicieux emploi. Instruits par une fatale expérience du danger qu'il y a de déconsidérer l'autorité, ils ne seront pas les premiers à l'insulter. Respectueux pour le guerrier qui a servi son pays, ils ne condamneront point Coriolan ou Camille à être précipité de la roche Tarpéïenne. »

C'est assez clair; la menace se voilait à peine d'une allusion très transparente.

Pour occuper l'opinion ou plutôt pour la détourner, Bonaparte entreprit de préparer un nouveau code civil où les grands corps de l'Etat pourraient trouver à leur activité inquiète un déversoir qui profiterait à ses vues personnelles. Sans essayer une analyse qui nous mènerait beaucoup trop loin et qui n'entre pas dans notre plan, nous nous bornerons à constater que le moment ne pouvait être plus opportun pour une telle mesure qui fondait définitivement l'unité française dont le principe absolu était entré dans nos lois depuis 1789, instrument d'ordre, mais aussi porte toute large ouverte à la centralisation et, partant, au despotisme. Assistant à la discussion successive de tous les articles du code nouveau, le premier Consul essaya, plus d'une fois, de peser et y réussit, sur les votes de la majorité. Plus que jamais ici, comme l'a dit le poète : « Napoléon perçait sous Bonaparte. » Tout, à cet homme profondément ambitieux était ou semblait un instrument propre à édifier sa haute fortune politique; sa devise semblait être celle de Fouquet : *Quo non ascendam?*

En dehors de l'opposition plus ou moins courageuse des corps de l'Etat, deux symptômes sociaux ne laissaient pas d'inquiéter ou tout au moins de préoccuper le premier Consul, l'opposition des salons et le découragement même du parti républicain.

Les émigrés qui étaient rentrés en France habitaient, à Paris, le quartier alors solitaire du Marais; héritiers des façons polies de l'ancienne société, ils étaient impitoyables pour les manières soldatesques de la cour nouvelle, et la pointe des plaisanteries, plus cruelle que celle de l'épée, atteignait par mille endroits vulnérables le pouvoir naissant.

Quant au découragement du parti républicain, il cachait mal une rage sans doute impuissante, mais qui n'eût pas laissé échapper l'occasion de prendre une terrible revanche, si elle s'était offerte. D'ailleurs, l'armée n'était pas si docile qu'on pouvait le supposer aux caprices de son jeune général; il fallait compter avec des chefs tels que Moreau, Augereau, Jourdan, Masséna, Lannes et surtout Bernadotte qui depuis... mais alors il était ou se croyait républicain. En dehors de ces exceptions, la masse de l'armée était favorable au premier Consul; elle se croyait, elle aussi, républicaine, parce qu'elle conservait des habitudes plus que familières et presque démagogiques et qu'elle avait de grossières plaisanteries à l'encontre des rois, des prêtres, des nobles qu'elle appelait *les ci-devant*. Tant de gens se croient *libéraux*, parce qu'ils sont frondeurs, républicains, parce qu'ils ont mauvais ton!...

Dans l'ordre civil, l'obéissance et la hiérarchie s'établissaient vigoureusement et comme sans obstacle. Le Consulat fut l'ère de la restauration sociale; Bonaparte travaillait à refaire l'œuvre de Colbert et de d'Argenson; il organisait l'administration et la police. « La France, on l'a dit spirituellement, manœuvrait comme un vaste régiment. La discipline militaire appliquée à toutes les branches du service public, c'était le beau idéal que rêvait Bonaparte. »

Tout semblait soumis à Bonaparte, parce que tout avait désarmé devant lui et que le silence régnait à peu près unanime; cependant, plus encore que la réaction révolutionnaire, l'école philosophique du siècle dernier entravait la marche du pays; les chefs avoués de cette école s'appelaient Volney, Cabanis, Naigeon, Grégoire, Parny. En maintenant le mépris du *fanatisme*, c'est-à-dire de la religion, ces hommes faisaient une bien plus rude opposition à Bonaparte que les débris de la Convention, les Jacobins et les ex-terroristes. Heureusement pour la société française qu'une réaction religieuse dont on ne saurait contester la puissance se produisit alors, ayant pour chef un homme éloquent, mieux encore un homme de génie; on a nommé Châteaubriand et son chef-d'œuvre, *le Génie du Christianisme*. Voilà vraiment la grande figure de cette époque à jamais mémorable et que le temps ou l'indifférence, complice de l'oubli, ont trop effacée de la mémoire des honnêtes gens et des chrétiens.

Né en la même année que Bonaparte, enfant de la vaillante Bretagne, fils de gentilhomme, il avait grandi dans la solitude et s'était formé à la grande école de l'exil et de la misère. Quand le coup d'État du 18 brumaire eut rouvert au jeune proscrit les portes de la France, il y rentra, apportant avec lui le manuscrit du *Génie du Christianisme*. « Ce livre, a dit un historien moderne, vint à son temps; son auteur eut la consolation de réveiller dans les classes intelligentes le sentiment religieux au moment où le premier consul, obéissant à la même pensée, relevait les autels et rouvrait les temples. M. de Châteaubriand frayait heureusement les voies à d'autres génies non moins généreux, mais le sien était pour ainsi dire précurseur... L'œuvre de M. de Châteaubriand était loin d'être complète, de réaliser les promesses du frontispice. Le titre de l'ouvrage semblait annoncer la révélation du génie chrétien : pour que cette révélation laissât moins à désirer, il aurait fallu l'établir en la recherchant dans toutes les phases de la pensée humaine ; faire concourir à sa manifestation l'histoire, la science, la philosophie, la psychologie, la morale, la nature de l'homme. M. de Châteaubriand recula devant cette démonstration colossale ; il n'envisagea la question que sous son côté esthétique et poétique ; il s'attacha seulement à prouver la supériorité de l'art chrétien, à restaurer la poésie chrétienne. Il ne l'essaya pas en vain. Qu'on se garde bien de nier le mérite de cette œuvre, parce que l'on n'en sent point aujourd'hui comme alors la nécessité. Pour ramener à une croyance ce siècle si plein de sa philosophie dédaigneuse, il fallait d'abord lui montrer la grandeur extérieure, l'intelligence admirable, j'oserai dire la splendeur artistique de ce culte méconnu et persécuté : par là on forçait le siècle à écouter, disposition d'esprit qui devait l'amener à croire. Diderot avait dit, peu d'années auparavant : « Je crois, sous la coupole de Saint-Pierre. » Cet aveu n'était pas à dédaigner : il indiquait, dans la poésie du christianisme, un moyen de plus de prosterner l'orgueil humain devant la contemplation des grandeurs saintes[1]. »

1. A. Gabourd, *Hist. de la révolution et de l'Empire*, tome VII, p. 42 et 43. Cf. Thiers, tome III, p. 452-454.

CHAPITRE QUATRIÈME

Calme apparent, gros de tempêtes. — Bonaparte veut mettre un frein à l'ambition de l'Autriche. — Encore la question du Concordat. — Réserves du premier Consul. — Enchaînement de l'Eglise. — Les articles dits *organiques*. — L'appel comme d'*abus*. — Etrange anomalie. — Le clergé de France s'abstient de protester, par prudence. — Rome refuse de reconnaître les articles organiques. — Le jour de Pâques, 1802. — Bonaparte et ses généraux à Notre-Dame de Paris. — Attitude des autorités, à cette cérémonie. — Illusions persistantes des émigrés à l'égard de Bonaparte. — Première idée de la Légion d'honneur. — *Les hochets*. — Discours du premier consul au Conseil d'Etat. — Réorganisation de l'instruction publique. — Coup d'œil rétrospectif. — Remarquable plaidoyer du tribun Daru en faveur de l'enseignement religieux. — Actualité de la même question, à près de trois quart de siècle de distance. — Vains efforts. — Levée immense de conscrits. — Bonaparte attend la récompense de ses services. — L'arbitraire s'appuyant sur la légalité. — Discours préparatoire de M. Chabot, de l'Allier. — *La volonté du peuple français*. — Appel à la nation tout entière. — Fausse modestie de Bonaparte. — Consul à vie. Les Anglais ne tardent pas à rompre la paix d'Amiens. — Habile réserve de Pitt. — Comparaison entre l'état de la France et de la Grande-Bretagne. — Les haines nationales se réveillent de part et d'autres. — Encore la guerre !

Cependant, en dépit du calme apparent qui régnait à la surface des choses, des symptômes très marqués d'opposition et de résistance se révélaient dans les assemblées législatives, principalement en ce qui touchait au Concordat et au code civil. Irrité plus qu'il ne le voulait paraître, Bonaparte ne cacha pas son mécontentement à ceux qui en étaient l'objet ; le Sénat plia, mais le Corps législatif et le Tribunat tinrent ferme et, pour les punir, ne pouvant les dissoudre, le premier Consul les laissa dans la plus complète inaction. Pendant ce temps là, il se rendit à Lyon et organisa la république cisalpine comme un frein à l'ambition de l'Autriche qui voulait dominer à tout prix en Italie (janvier 1802).

Grâce à la soumission du Sénat, le premier Consul

croyait les principaux républicains exclus du Corps législatif. Mais les préoccupations politiques, changeant de terrain, se portaient sur les affaires du dehors; la constitution de la Cisalpine, sous la présidence de Bonaparte, avait été vue avec déplaisir à Saint-Pétersbourg, à Vienne, à Londres. Cependant, aucune de ces trois puissances n'osa pour le moment protester trop haut; on reprit les discussions diplomatiques relatives aux préliminaires de la paix, qui fut enfin signée à Amiens le 4 germinal an X (2 mars 1802) et accueillie avec une joie universelle en France.

La question du Concordat se présentait de nouveau : résolue dans les conseils du Vatican et dans ceux de la diplomatie, elle allait recevoir la sanction légale. Il importait de terminer cette affaire avant la fête de Pâques. Le Concordat fut présenté aux assemblées législatives et alors Bonaparte retira à moitié le bienfait dont il dotait la France; il vint, en effet, provoquer au Corps législatif et au Tribunat une loi de police destinée à comprimer le culte, sous prétexte d'en régler l'exercice. Les idées révolutionnaires de ces deux corps de l'État entraînèrent le premier Consul dans l'adoption des idées et des principes qui, tout en s'arrêtant à la limite au delà de laquelle commencerait l'hérésie, eurent pour effet de peser sur la liberté de l'Eglise et de la soumettre aux caprices de l'autorité temporelle. L'orgueil de Bonaparte ne se prêtait pas à admettre une église affranchie, un clergé libre, une souveraineté religieuse s'exerçant sur les âmes en dehors de tout contrôle. Attaché par l'instinct de la foi et par l'intelligence des besoins politiques à conserver dans le monde la papauté, il voulait en même temps la subjuguer et en faire un instrument de sa puissance.

Pour en revenir au Concordat, sous prétexte de régler la police des cultes, on échafauda une série d'*articles organiques*, qui, pour la plupart, étaient restrictifs de la liberté de l'Eglise. Plusieurs de ces articles, particulièrement ceux qui déterminaient la nomination et la prestation de serment des évêques et des curés, la circonscription des diocèses et des paroisses, le traitement des ministres de la religion, leur logement et la restitution des édifices ecclésiastiques n'étaient que la mise à exécution pure et simple des stipulations du Concordat. D'autres dispositions tendaient à restreindre la liberté d'action de la hiérarchie catholique : elles étaient rigoureuses, et le gouvernement les avait à dessein multipliées. Ainsi, la création, sous le nom d'*abus*, d'un délit spécial pour les ecclésiastiques ; ainsi, l'admission, pour ce délit, d'une juridiction exceptionnelle, étrange anomalie qui érigeait un corps séculier, en partie composé de protestants ou d'incrédules, en juge des infractions aux règles canoniques. Et la prohibition qui pesait sur les synodes, sur les assemblées du clergé et sur les fêtes religieuses? La défense faite aux évêques de sortir de leurs diocèses sans la permission du chef de l'Etat? Il est certain que la plupart de ces articles de loi imposaient à l'Eglise de France des conditions d'asservissement qu'elle n'avait point acceptées et qui n'avaient point été débattues librement avec Rome. Des deux parties en litige, l'autorité civile et l'Eglise, la première agissait seule et imposait sa volonté à l'autre : dans cette situation, à coup sûr, il n'y avait pas contrat.

Le clergé de France s'abstint de protester; il n'attribua aux articles organiques d'autre autorité que celle d'une loi de police ; et comme cette loi ne touchait pas au dogme, il la laissa peser sur lui ; il renferma en lui-même ses regrets, dans l'intérêt même des intérêts sacrés des consciences confiées à ses soins. Mais Rome refusa, avec raison, de reconnaître les articles organiques émanant du pouvoir temporel et n'ayant, en conséquence, qu'un effet purement civil et rien de plus. La protestation de Pie VII restera comme la constatation du droit imprescriptible de l'Eglise en matière de discipline ecclésiastique.

Cependant, en France, on se disposait à célébrer en grande pompe le rétablissement du culte catholique, et la cérémonie avait été fixée au jour de Pâques 1802. Blâmé ou même raillé par la plupart des généraux, athées endurcis, le chef du pouvoir avait eu à lutter contre leur opposition ; ses anciens collègues avaient dit qu'ils ne paraîtraient pas à la cérémonie religieuse : une ruse de Berthier, ministre de la guerre, eut cependant raison de cette bouderie de mauvais goût. Berthier avait invité, le matin, à un grand déjeuner militaire tous les généraux ; après le repas, il leur proposa de les conduire aux Tuileries pour féliciter le premier consul sur le rétablissement de la paix ; arrivés au moment où le cortège se mettait en marche pour aller à Notre-Dame, Bonaparte leur dit de le suivre, et personne n'osa refuser.

« La même confiance dans un avenir qui leur semblait venir combler leurs plus chères espérances animait et le légat qui officiait en ce jour et les évêques appelés à prêter serment entre les mains du premier consul. Ce fut elle aussi qui inspirait M. de Boisgelin, ancien archevêque d'Aix, nommé à l'archevêché de Tours, lorsque le premier, parmi ses collègues, il parla du haut de la chaire de la mission providentielle de Bonaparte... Cependant si le légat et ses pieux acolytes n'avaient pas été uniquement absorbés par leurs saintes fonctions, un coup d'œil jeté sur le groupe des personnages officiels qui environnaient de plus près l'autel eût suffi pour leur faire comprendre à quel point serait précaire cette alliance intime entre l'Eglise et l'Etat qu'ils appelaient alors de tous leurs vœux. Ils en auraient pu pressentir la fragilité, en remarquant le dédain affiché des membres du conseil d'Etat, la légèreté moqueuse des officiers et l'insouciante distraction de tous. Ils auraient pu la lire surtout sur la physionomie de celui qui portait en ce moment l'*héritier* glorieux et *nullement pénitent de la Révolution française* [1] ».

La pacification religieuse semblait accomplie : le premier Consul songea alors à l'apaisement politique ; il ouvrit les portes de la France à la vieille noblesse et n'excepta de cette mesure de haute politique que les princes du sang royal et le petit nombre de leurs zélés

1. M. d'Haussonville, *Revue des Deux-Mondes*, nº du 1er décembre 1866 (p. 654 et 655).

serviteurs toujours prêts à aviver l'espoir d'une prochaine restauration de l'antique monarchie.

Louis XVIII résidait à Varsovie, où la munificence du czar lui assurait le pain de l'exil, le comte d'Artois était à Londres, et les autres princes étaient disséminés : le duc de Berry, à Naples, le duc d'Enghien, en Allemagne, et le prince de Condé, en Angleterre. Les émigrés avaient suivi l'exemple des princes, ils erraient à travers l'Europe, rêvant toujours une restauration dont Bonaparte serait l'instrument, dans son intérêt même. Profonde illusion, trop persistante ! De son côté, Bonaparte ne se faisait pas illusion ; il prévoyait que, du jour où la fortune lui deviendrait contraire, le principe de la légitimité se dresserait en face de lui. Ce fut donc pour isoler les Bourbons de la noblesse qu'il eut la pensée de rappeler les émigrés en France, en laissant leur chef à l'étranger, seul ou entouré de bien peu de fidèles serviteurs.

Pour s'attacher de plus en plus sinon par l'affection au moins par des distinctions flatteuses et l'armée et les citoyens, le premier Consul eut la pensée de l'institution de la Légion d'honneur. En vain, des sophistes traiteront-ils de hochets les signes distinctifs dans un Etat, pour les hommes politiques il n'y a point de hochets ; il n'y a que des idées et des faits. Et d'ailleurs les sophistes n'ont jamais été les derniers à porter fièrement une croix ou une décoration quelconque. Mais, comme c'était là une occasion de protester contre les visées de Bonaparte, une polémique, dont on aurait peine à comprendre aujourd'hui la portée, surgit immédiatement au sujet de l'idée du premier Consul.

Au conseil d'Etat, il eut lui-même à prendre la parole et à justifier l'institution dont il avait préparé les bases et à laquelle il tenait beaucoup : « Je défie qu'on me montre (dit-il) une république ancienne ou moderne dans laquelle il n'y ait pas eu de distinctions. On appelle cela des *hochets*; eh bien! c'est avec des hochets que l'on mène les hommes... Les Français ne sont point changés par dix ans de révolution; ils sont ce qu'étaient les Gaulois, fiers et légers. Ils n'ont qu'un sentiment, *l'honneur*... Croyez-vous que vous feriez battre des hommes par l'analyse?... Pendant dix ans on a parlé d'institutions : qu'a-t-on fait? Rien. On avait imaginé de réunir les citoyens dans les églises, pour geler de froid à entendre la lecture des lois, pour les lire, les étudier. Ce n'est pas déjà trop amusant pour ceux qui doivent les exécuter : comment pouvait-on espérer attacher le peuple aux grandes choses par une semblable institution?... »

En dépit d'un très remarquable discours de Lucien Bonaparte en faveur de l'adoption du nouveau projet, il ne fut accepté qu'à une très faible majorité.

Pour détourner l'attention de cette sorte d'échec éprouvé par lui, le premier Consul chercha à organiser ou plutôt à réorganiser l'instruction publique sur des bases solides, les seules vraies, celles des idées religieuses. Or, tous les gouvernements qui s'étaient succédé depuis 1789 avaient songé, dans les rares loisirs que leur laissait le tourbillon révolutionnaire qui les entraînait, à toucher à l'instruction publique : mais, de la liberté inscrite en tête des codes jamais on ne s'était préoccupé, c'était comme une lettre morte ou mieux encore un mensonge de plus ajouté à tant d'autres mensonges. Logique d'ailleurs dans sa conduite, la Révolution qui voulait pétrir les intelligences à ses doctrines avait cru devoir se réserver le monopole de l'instruction en l'exploitant par l'éducation civique, c'est-à-dire le droit seul acquis à l'Etat de façonner l'esprit et l'âme de l'enfant. L'enfant fut dès lors considéré comme appartenant à la République avant d'être sous la tutelle de la famille; c'était la doctrine brutalement formulée par Danton, toujours au nom de la liberté et des droits du citoyen. On sait quels furent les résultats d'une si impudente prétention; les familles s'abstinrent d'envoyer leurs enfants aux écoles de l'Etat, préférant avec raison pour eux l'ignorance aux doctrines de l'athéisme. A l'époque où nous sommes arrivés dans ce tableau du Consulat, il n'existait plus que des écoles spéciales, qui, par leurs études et leur destination, ne s'adressaient qu'au plus petit nombre des citoyens, qu'à l'élite des familles, et le reste de la nation demeurait oublié.

Vu la difficulté des temps et l'ébranlement des croyances, il était difficile alors, pour ne pas dire impossible, de songer à reconstituer l'enseignement sur des bases religieuses; les éléments manquaient, les communautés religieuses avaient été dissoutes, le clergé n'était pas assez nombreux pour détacher de ses rangs des hommes spéciaux : il ne faut donc pas s'étonner si la religion fut peu mise en évidence dans la reconstitution des écoles.

Un projet de loi fut présenté aux Corps législatifs, mais ce plan se préoccupait assez peu de l'instruction religieuse à laquelle cependant Bonaparte tenait; car son intention était que, dans les lycées, l'enseignement chrétien fût donné par un aumônier ou par tout autre ministre du culte, selon la religion professée par les familles. Au nom des familles, le tribun Daru réclama une large place pour l'influence religieuse dans le plan nouveau d'instruction publique; ses paroles méritent d'être rapportées, aujourd'hui plus que jamais, à l'heure où l'État athée veut *laïciser* les écoles. Attribuant avec raison à l'absence de tout enseignement religieux l'impopularité qui avait, dès leur origine, frappé les écoles centrales, l'orateur s'exprimait ainsi : « Ces écoles furent lentes à s'organiser; non que la France ne pût fournir un assez grand nombre de maîtres : c'étaient les élèves qui manquaient. L'opinion, plus forte que les lois, repoussa l'instruction offerte dans ces écoles, malgré ce qu'elle avait d'utile. Quelle fut la cause de cette résistance? Je ne crois pas me tromper en l'attribuant aux opinions religieuses. Rien n'est plus juste, sans doute, que le sentiment qui dit à l'homme qu'on ne peut pas plus lui défendre que lui ordonner de croire; rien de plus naturel que les alarmes que durent concevoir des parents, lorsqu'on leur proposa de confier leurs enfants à un maître qui garderait le plus profond silence sur la religion qu'eux-mêmes professaient. Cependant, alors, les enfants pouvaient recevoir dans leur famille cette instruction si importante dont le législateur ne s'occupait pas. Ils ne devaient point habiter les maisons où on leur enseignait les sciences humaines, et le père pouvait journellement, soit par lui-même, soit par les soins d'autrui, suppléer au silence du professeur. En cela, le législateur était au moins conséquent : il ne distinguait, il ne reconnaissait aucun culte, mais il laissait aux pères le moyen d'élever leurs enfants dans le leur.

« Aujourd'hui le législateur, pour obvier aux inconvénients d'une éducation passagère, sent la nécessité d'isoler les enfants de leur famille, de les réunir, de les renfermer dans une même habitation. Et ce même législateur a reconnu, il y a peu de temps, que la presque totalité du peuple français professe une religion; et l'universalité des citoyens fonde sur cette déclaration l'espérance du bonheur et de la tranquillité de l'Etat.

« Je rapproche ces deux idées, et je ne puis voir sans étonnement que le projet de loi sur l'instruction publique ne fasse aucune mention des idées de religion à donner aux enfants. La loi laisse à tous les citoyens une liberté indéfinie pour le choix entre toutes les opinions religieuses. Elle reconnait l'existence des cultes, non seulement comme constante, mais comme utile à l'ordre public et à la morale. Si elle l'est, l'ordre public, la morale sont intéressés à ce que les opinions religieuses se propagent; et quand même cette utilité n'existerait pas, nul citoyen n'a besoin pour cela de l'assentiment général, puisque sa foi est indépendante de la loi même.

« Il n'y aurait que deux moyens d'éluder la conséquence de ce raisonnement : l'un serait de déclarer que le père de famille n'a pas le droit de désigner la religion dans laquelle il veut que ses enfants soient élevés; ce qui ferait frémir la nature, ce qui effrayerait autant le père déiste que les pères les plus fervents. L'autre serait d'ordonner que les enfants n'entendraient parler de religion que lorsque leur éducation serait à peu près finie, lorsqu'ils rentreraient dans leur famille, lorsqu'ils seraient en état de choisir, c'est-à-dire... à l'âge des passions! On prévoit aisément quelles seraient les suites de ce système...

« Et pendant que leurs frères seraient privés de l'enseignement religieux, les filles, sur lesquelles le législlateur ne peut réclamer une pareille influence, les filles resteraient dans le sein de la famille ; elles y puiseraient d'autres principes : et voilà la génération qui doit nous suivre, celle qui a le plus de droit à notre intérêt, composée de frères, de sœurs, de femmes, de maris détestant ou au moins méprisant mutuellement leurs croyances !

« Si ces conséquences ne devaient pas effrayer le législateur, pourrons-nous douter qu'elle n'effrayassent les pères? Et ne voyez-vous pas déjà les nouvelles écoles frappées de la même stérilité que celles qui les ont précédées ?... Que ce soit préjugé, fanatisme, obstination, haine de l'institution politique, le mot n'y fera rien... le but du législateur n'en sera pas moins manqué... Citoyens ! il me paraît impossible, dans l'état actuel de la législation, de retrancher entièrement la religion de l'instruction publique. Je dis plus : j'avoue que, quel que fût l'état actuel de la législation, je ne concevrais pas une éducation qui ferait abstraction de toutes les idées religieuses... »

Malgré ces paroles si justes, la loi fut adoptée sans qu'il y eût été apporté aucune modification et sans que le sentiment religieux eût reçu satisfaction ; l'orateur avait devancé son temps, comme aujourd'hui nos gouvernants le méconnaissent. On l'a dit avec raison : dans les questions d'ordre moral et religieux, la vérité ne reprend jamais sa place qu'avec lenteur. Ce qui venait de se passer alors en était une preuve de plus.

Mais si la législature hésitait à donner satisfaction aux besoins de l'âme, elle n'hésitait pas, et c'est logique, à accorder libéralement les corps ; ce fut ainsi qu'une loi accorda au gouvernement cent vingt mille conscrits, dont soixante mille destinés à l'armée active et soixante mille autres à former la réserve. Dans un excès de zèle, la section avait présenté au conseil d'Etat un projet de loi d'après lequel tous les jeunes gens de la conscription auraient été classés militairement, soumis aux règlements disciplinaires et commandés, avant leur incorporation dans l'armée, par des officiers réformés. Cette loi aurait donné à la France l'aspect d'un immense camp ; le premier Consul, prévoyant le légitime mécontentement que soulèverait dans le pays une organisation si absolue, exigea qu'elle fût modifiée : « Il ne faut, disait-il, il ne faut lever que le nombre d'hommes nécessaires pour compléter l'armée. J'ai bien besoin d'aller vexer, mécontenter !... Il faut songer aux arts, aux sciences, aux métiers... nous ne sommes pas des Spartiates. On peut organiser seulement une réserve pour le cas de guerre : vingt cinq ou trente mille hommes par an suffisent. Quant au remplacement, il faut l'admettre... on doit seulement avoir soin que les remplaçants soient bons. »

N'est-ce pas la condamnation ou tout au moins la critique anticipée du système militaire actuel qui, en faisant tout le monde soldat, détruit, par ce fait même l'armée : quand tous les citoyens sont soldats, il n'y a plus d'armée. Mais le besoin d'imiter quand même l'organisation allemande et la persuasion que la quantité vaut mieux que la qualité priment aujourd'hui la logique du plus simple bon sens.

Pour résumer la situation actuelle, on a vu que Bonaparte avait conclu le traité d'Amiens, fait le Concordat, rendu une patrie aux exilés, institué la Légion d'honneur et préparé l'ensemble le plus complet des lois civiles. Restait à savoir — et c'était le point essentiel pour lui, car il ne fit jamais rien sans songer d'abord à son intérêt particulier, — restait à savoir quelle récompense couronnerait dès le présent ses services? On sait que Bonaparte rêvait le pouvoir suprême, mais il ne pouvait y parvenir du premier coup; il fallait habilement préparer les voies à cette évolution nouvelle. Or, le moment paraissait bien choisi : la France, respirant enfin après tant d'orages, ne redoutait que de voir cesser le calme dont elle jouissait et, loin de s'effrayer de l'accroissement du pouvoir du premier Consul, elle craignait, au contraire, que la durée n'en fût abrégée. Car, qu'était-ce que dix ans en perspective? Et ce terme écoulé, à quels hasards nouveaux et dangereux le pays pouvait-il être livré?

Bonaparte épiait ces symptômes de l'opinion publique

et, sans rien laisser voir de sa pensée à sa famille et à son entourage, il se sentait déjà bien près du but qu'il n'avait cessé de poursuivre dans sa dévorante et active ambition. Sa famille, à commencer par Joséphine, sa compagne, redoutait pour lui et aussi pour elle-même ce qu'elle regardait comme un danger immense ; Joseph Bonaparte voulait qu'on attendît l'occasion sans essayer de la faire naître ; Lucien, au contraire, qui affectait une attitude républicaine, pressait son frère de brusquer les choses et poussait les courtisans à saisir la première occasion favorable. Dans cette situation, et après de nombreux pourparlers, il fut décidé que Bonaparte ne prendrait l'initiative d'aucune mesure extra-constitutionnelle et que tout se ferait avec des apparences de légalité.

Le 16 floréal an X (6 mai 1802), en présentant le traité d'Amiens à la rectification des assemblées législatives, le président du Tribunat, M. Chabot (de l'Allier), proposa de décerner à Bonaparte une récompense nationale qui fût digne de lui et à la hauteur de ses services.

« Chez tous les peuples (dit-il), on a décerné des honneurs publics aux hommes qui, par des actions éclatantes, ont honoré leur pays et l'ont sauvé de grands périls. Quel homme, plus que le général Bonaparte, eût jamais des droits à la reconnaissance nationale? Quel homme, soit à la tête des armées, soit à la tête du gouvernement, honora davantage sa patrie et lui rendit des services plus signalés? Sa valeur et son génie ont sauvé le peuple français des excès de l'anarchie et des malheurs de la guerre, et le peuple français est trop grand, trop magnanime pour laisser tant de bienfaits sans une grande récompense. Tribuns, soyons ses organes. C'est à nous surtout qu'il appartient de prendre l'initiative, lorsqu'il s'agit d'exprimer, dans une circonstance si mémorable, les sentiments et *la volonté du peuple français*. »

La proposition fut adoptée en principe, et Bonaparte parut sensible à ce premier vœu ; mais la question devait être soumise au Sénat, et l'on ne savait pas encore ce qu'il déciderait à cet égard. Ce corps était composé d'éléments divers, de courtisans, de monarchistes et de républicains attardés ; on voyait à peu près où tendaient les vœux du premier Consul, mais il était difficile de le mettre en demeure de demander le trône, car il gardait un mutisme absolu à cet égard, se contentant de dire qu'il accepterait la récompense qu'on jugerait à propos de lui offrir. Un sénatus-consulte prorogea de dix ans les pouvoirs du premier Consul qui avait espéré mieux que cela et qui eut tort de laisser voir son mécontentement. Pour annihiler le sénatus-consulte, les partisans de Bonaparte eurent recours à un moyen hardi, mais non trop audacieux, instruits qu'ils étaient des dispositions de l'opinion publique ; on allait tenter un appel à la nation tout entière. Pour masquer la déconvenue du Sénat et se donner jusqu'au bout le bénéfice du respect de la loi, le premier Consul écrivit en ces termes au Sénat : « La preuve honorable d'estime consignée dans votre délibération du 18 sera toujours présente à mon cœur. Le suffrage du peuple m'a investi de la suprême magistrature. Je ne me croirais pas assuré de sa confiance, si l'acte qui m'y maintiendrait n'était encore sanctionné par son suffrage... »

Pour commentaire de cette résolution, exprimée en termes vagues, la lettre de Bonaparte fut suivie d'un arrêté consulaire, rendu en conseil d'Etat et qui renfermait les dispositions suivantes : « Les Consuls de la République... Considérant que la résolution du premier Consul est un hommage éclatant rendu à la souveraineté du peuple ; que le peuple, consulté sur ses plus chers intérêts, ne doit connaître d'autre limites que ces intérêts mêmes, arrêtent ce qui suit : Article 1er. Le peuple français sera consulté sur cette question : *Napoléon Bonaparte sera-t-il nommé consul à vie?* Article 2. Il sera ouvert dans chaque commune des registres où les citoyens seront invités à consigner leur vœu sur cette question. »

Le Sénat, le Corps législatif, le Tribunat se soumirent ; et l'empressement que ces corps officiels mirent à adhérer au consulat à vie traça à toute la nation sa conduite. L'élan fut immense, on courut au vote, et la France décerna à Bonaparte le consulat à vie, première étape du pouvoir souverain et absolu, objet de ses rêves. Le nouvel élu voulut que son prénom de Napoléon fût mentionné dans le sénatus-consulte et dans le plébiscite qui lui donnait si libéralement et sans restriction le pouvoir suprême. C'était, à ses propres yeux se décerner, à bref délai, la couronne impériale.

Les fêtes nationales données à l'occasion de ce grave événement furent vraiment l'écho de l'opinion publique, et le clergé frençais, l'épiscopat en tête, ne fut pas le dernier à mêler sa voix au concert d'acclamations qui saluèrent le résultat éclatant et éloquent du plébiciste[1].

La paix naguère si ardemment accueillie, à Amiens, ne devait pas être de longue durée; elle contrariait trop les intérêts commerciaux des Anglais. Le commerce de la Grande-Bretagne manquait de débouchés; et comme les tarifs de la douane française ne lui livraient point nos marchés, il se plaignait déjà de notre ambition et de notre jalousie. On insinuait, de l'autre côté du détroit, que le premier Consul avait des desseins cachés contre la prospérité et le repos de l'Angleterre. Seul, l'ex-ministre Pitt se renfermait dans une habile réserve; il était déterminé à laisser user le système de la paix jusqu'au moment facile à prévoir d'une rupture inévitable.

En France, au contraire, on se réjouissait ouvertement de la paix, et tous les éléments de la prospérité publique recevaient un nouveau degré de vitalité et d'énergie. Les symptômes d'une rupture prochaine entre la France et l'Angleterre ne tardèrent pas à se faire sentir et s'accentuèrent rapidement. La paix et la prospérité qui en était la conséquence pour notre pays excitait au plus haut point la jalousie et la colère de nos voisins qui, à toutes les époques, ont rêvé d'occuper seuls le marché du monde entier et n'ont reculé devant aucun moyen pour y parvenir. Car l'Angleterre ne peut vivre chez elle; il lui faut des colonies, des débouchés sans cesse croissants comme son industrie gigantesque et absorbante.

1. Thiers, tome III, p. 500-516, 523 et 524.

Sans doute, les Anglais pouvaient avec raison se montrer jaloux et surtout inquiets des visées ambitieuses de Bonaparte, mais ils avaient encore contre lui un grief bien plus grand, quoique moins noble à avouer. Le premier Consul avait à cœur de relever le commerce maritime de la France ; il donna à la Hollande et à l'Italie des tarifs de douane; et les ports de ces nations furent, aussi bien que ceux de la France, interdits aux produits de la fabrique anglaise. La conséquence de cette situation était de rendre à l'Angletérre la paix plus intolérable que les hostilités : la guerre, en effet, ouvrait au commerce britannique l'empire exclusif de la mer et le monopole du trafic des denrées coloniales; la situation, d'ailleurs rigoureusement juste, que Bonaparte faisait à nos rivaux ne pouvait qu'exaspérer contre la France l'opinion anglaise.

Les dispositions hostiles de l'Angleterre à l'égard de la France s'aggravaient de plus en plus; la comparaison entre l'état de ces deux pays mérite d'être rappelée en quelques traits principaux.

« L'Angleterre considérait avec un amer déplaisir le développement rapide de la puissance française. La République était en paix et gouvernée par les lois; un homme, doué d'un vaste génie, présidait à ses destinées; de toutes parts la confiance renaissait, le commerce et l'industrie prenaient leur essor, toutes les sources de la prospérité publique se ravivaient. Le premier Consul se voyait à la veille de doter la France de grandes colonies : l'Espagne nous avait cédé la Louisiane, en échange de l'Etrurie, donnée aux infants de Parme; nous ne devions pas tarder à obtenir les Florides; le général Decaen, envoyé dans les Indes, avait pour mission de rattacher à la France, comme à un appui naturel contre l'ambition anglaise, les princes et les peuples de cette immense région, où la Grande-Bretagne recrutait chaque jour des tributaires et des vassaux; la Guadeloupe était replacée sous notre obéissance ; notre marine recevait de nombreux accroissements; la France réglait les affaires de la haute Italie; elle exerçait sa médiation en Suisse; elle couvrait de ses armées les places fortes de la République batave; l'Allemagne tout entière subissait son amitié ou son ascendant, Tout cela était trop pour la jalousie inquiète de l'Angleterre : il était temps qu'une paix, à l'ombre de laquelle on se permettait chez nous ces envahissements et cette gloire, fût rompue par la ruse ou par la force et remît à nos éternels rivaux le droit de tirer l'épée [1]. »

Quoique Pitt n'occupât plus de position officielle en Angleterre, son influence n'avait cessé de rester considérable en Europe; soit directement, soit indirectement, il entretenait des relations avec les ministres ou avec les hommes politiques du continent européen. Rien n'était plus facile que de réveiller en Italie, à Naples, en Prusse, en Russie, et surtout en Autriche, ces redoutables inimitiés des vaincus, qui devaient s'enhardir peu à peu et former ensuite un faisceau d'attaques contre la France.

Les difficultés s'aggravaient chaque jour, à chaque heure, de moment en moment, pour ainsi dire; une entrevue entre Bonaparte et l'ambassadeur d'Angleterre à Paris précipita la rupture qui fut bientôt consommée entre les deux nations. On se prépara de part et d'autre avec une égale ardeur à la lutte. Les haines nationales se réveillèrent dans toute leur énergie; on évoqua les douloureux souvenirs de Poitiers, de Crécy et d'Azincourt. La France, justement fière de sa grandeur, se résignait courageusement à tous les sacrifices nécessaires pour la maintenir. L'Angleterre ne se montrait pas moins ardente à poursuivre la satisfaction de ses craintes ou de ses haines. Elle ne voyait dans la France qu'une rivale odieuse dont il fallait abaisser l'orgueil. Bonaparte, à ses yeux, était un tyran qui voulait effacer de la carte du monde le nom de la Grande-Bretagne. La guerre seule était possible, et une guerre acharnée, immense, sans ménagements, sans repos.

1. A. Gabourd, tome VII, pages 217 et 218.

CHAPITRE CINQUIÈME

Mesures iniques de l'Angleterre. — Représailles françaises. — Guerre à la Grande-Bretagne! — Préparatifs d'une descente en Angleterre. — L'interdit lancé contre le commerce des Anglais. — Projets gigantesques de Bonaparte. — Formation de six camps. — Des soldats et de l'argent. — Ressentiment mal déguisé de l'Espagne contre la France. — Effectif de l'armée anglaise. — Patriotisme britannique. — Opinion de Pitt. — Il insiste pour que Londres soit fortifié. — Dix ans plus tard. — Attitude officielle des cabinets européens. — Leur hésitation. — Bonaparte encourage le commerce et l'agriculture. — Éloges et récompenses accordés aux arts et à l'industrie. — Organisation d'établissements d'instruction professionnelle. — Grands travaux publics, canaux, dessèchements, ports, ponts et routes. — Assassinat du duc d'Enghien. — La légalité dans l'arbitraire. — Ambition de Bonaparte. — Discours de Cambacérès. — Apostrophe au premier Consul. — Bonaparte est proclamé Empereur, sous le nom de Napoléon Ier. — Comment l'opinion publique accueille ce nouveau titre. — *L'Empire est fait.* — Joie de l'armée. — Mot d'ordre des puissances européennes. — Punition de leur égoïsme. — Pour l'Angleterre, la paix, c'est l'ennemie. — Protestation de Louis XVIII contre l'empereur des Français. — Procès de Moreau, de Cadoudal et des conspirateurs contre les jours du premier Consul. — Clémence tardive et politique de Napoléon. — Distribution des insignes de la Légion d'honneur. — Napoléon songe à se faire sacrer par le pape. — Réception de Pie VII en France. — Discours de M. de Fontanes à Sa Sainteté.

L'Angleterre — on le sait, — s'arroge le droit de mettre l'embargo sur les navires de commerce des nations auxquelles son gouvernement déclare la guerre; et, contrairement à toutes les notions de justice reconnues par les peuples civilisés, elle n'attend pas que la guerre soit régulièrement déclarée. Des lettres de marque furent donc délivrées par le cabinet anglais avant même l'ouverture des hostilités, et un grand nombre de nos vaisseaux, qui circulaient à l'abri des traités, furent saisis et confisqués. En représailles, le premier Consul fit arrêter comme prisonniers de guerre tous les Anglais que leurs plaisirs ou leurs affaires avaient appelés sur le territoire de la République. Cette mesure, sans doute violente, ne l'était pas plus cependant que la confiscation de nos navires par la Grande-Bretagne. Et d'ailleurs, lorsque la guerre s'engage entre l'Angleterre et la France, tous les avantages de la position sont pour nos ennemis. Fortifiée au milieu de l'Océan, l'Angleterre sait que sa marine est son meilleur rempart et tandis que, derrière la triple enceinte de ses mers, de ses flottes et des batteries qui garnissent ses côtes, elle attend paisiblement ses ennemis, avec ses marins elle bloque les ports français, elle ruine le commerce de notre pays, elle s'empare de nos colonies, puis, comme dernier coup contre nous, elle soudoie la moitié de l'Europe et vient à bout de nous.

Bonaparte, qui mesurait exactement la redoutable puissance d'un ennemi aussi acharné, décida qu'on attaquerait d'abord l'Angleterre dans le Hanovre, berceau de la maison régnante, et dans le royaume de Naples. Pendant ce temps-là, il préparait tout pour une descente en Angleterre. La campagne du Hanovre fut courte, grâce à l'activité du général Mortier qui commandait l'expédition française et à la désertion du duc de Cambridge, fils de Georges III, qui, à l'approche de nos troupes, avait abandonné le commandement des forces mises à sa disposition. L'Angleterre, en ne disputant point le Hanovre, avait obéi à un calcul habile; elle pensait, non sans raison, que l'occupation du Hanovre par la France était un brandon de jalousie et de discorde jeté entre Bonaparte et les puissances germaniques.

D'un autre côté, pour tenir en échec l'Angleterre dans le royaume des Deux-Siciles, le premier consul fit occuper Brindes, Otrante et Tarente, postes importants abandonnés par nous depuis la paix d'Amiens. En peu de temps, grâce à des mesures énergiques, la péninsule italienne fut garantie contre les attaques de la marine anglaise.

Le 4 messidor, un arrêté consulaire prescrivit de ne recevoir dans les ports de la république aucune denrée provenant des colonies anglaises, ni aucune marchandise exportée directement et indirectement des possessions de l'Angleterre. Le 1er thermidor, un second arrêté défendit de recevoir dans les ports de France aucun bâtiment expédié des ports de la Grande-Bretagne ou qui y aurait touché.

Après avoir assuré le nord, le midi et les frontières de l'est, Bonaparte voulait diriger sur Londres même ses efforts ; tout se prépara donc en vue d'une descente, et, cette fois encore, il fut décidé que l'expédition partirait de Boulogne.

« Le génie du premier Consul se déployait à l'aise, car jamais entreprise plus démesurée n'avait été proposée à la France... Le port de Boulogne fut mis en état de recevoir deux mille vaisseaux de toute grandeur. Les ports moins considérables de Vimereux, d'Ambleteuse, d'Etaples, de Dieppe, du Havre, de Saint-Valéry, de Gravelines et de Dunkerque furent remplis de navires. Une flottille séparée occupa ceux de Flessingue et d'Ostende. Les ports de Brest, de Rochefort et de Toulon devinrent les centres de puissants préparatifs. On devait se servir, pour la descente, de bateaux plats, de péniches et de canonnières ; ces embarcations, offrant peu de prise aux boulets de l'ennemi et manœuvrant surtout à la rame, pouvaient plus facilement se dérober à la surveillance des croisières ; et l'on espérait que, par un temps où les brouillards couvrent la Manche, alors que les bâtiments de haut bord sont obligés de se réfugier dans les rades, une armée de cent soixante mille hommes parviendrait à débarquer sur les côtés britanniques et à frapper au cœur la puissance anglaise. Pour accomplir cette œuvre, six camps furent formés non loin des côtes de l'Océan : un premier aux environs d'Utrecht, un autre à Gand, et les autres, successivement à Saint-Omer, à Compiègne, à Brest, à Bayonne. On concentra dans ces points de rassemblement une nombreuse infanterie, des parcs d'artillerie et quelques chevaux. La cavalerie se composa spécialement de dragons sachant servir à pied et à cheval, et qui devaient être embarqués seulement avec leurs selles. On comptait, pour les monter, sur les chevaux qu'on enlèverait à l'ennemi : en attendant, les dragons devaient être appelés à combattre comme fantassins.

« Il fallait des hommes et de l'argent. On obtint une loi qui permettait à Bonaparte de recruter dans la population un immense renfort de conscrits; on tira des subsides de la Hollande et de l'Italie; les départements et les villes s'imposèrent des sacrifices; et la Louisiane, que l'Angleterre pouvait nous enlever presque sans obstacle, fut vendue aux Etats-Unis moyennant quatre-vingt millions [1]... »

Cette somme permit au gouvernement français de faire face à une partie des frais exigés pour une si grande entreprise. La république de Hollande nous vint en aide, à son tour; elle nous offrit des moyens de transport pour soixante-deux mille hommes, assura la nourriture d'une de nos armées et nous livra trois cent cinquante bateaux plats, enfin quatre mille chevaux [2].

L'Espagne était loin d'être aussi bien disposée pour la France. Sous le prétexte qu'en cédant la Louisiane aux Etats-Unis, le premier Consul avait nui aux intérêts espagnols en Amérique, la cour de Madrid se montrait malveillante; elle subissait d'ailleurs, à notre égard, l'influence hostile des agents de l'Angleterre, de la Russie et de l'Autriche. Après bien des tiraillements, l'Espagne, qui se sentait menacée par la France, èn cas de refus absolu de subsides, finit par prendre des engagements à peu près satisfaisants. Mais cette affaire, péniblement engagée, laissa subsister de part et d'autre des ressentiments et des défiances qui, plus tard, portèrent de tristes fruits.

Cependant l'Angleterre se préparait à défendre son sol; l'armée du roi Georges s'élevait à cent mille hommes; c'était bien peu sans doute pour organiser, sur plusieurs points à la fois, une résistance sérieuse. Quatre-vingt mille hommes de milice déjà disciplinés furent réunis à cet effectif, auquel on adjoignit encore des réserves de

1. A. Gabourd, tome VII, p. 238 240.
2. Cf. Thiers, tome IV, p. 315-499, Camp de Boulogne.

volontaires, qui s'élevèrent en très peu de temps au chiffre de trois cent cinquante mille hommes. Un immense sentiment de patriotisme accrut encore ces forces pour la défense de la patrie menacée. La flotte britannique fut considérablement augmentée ; elle se composa, en peu de mois, de cinq cent soixante-dix vaisseaux qui couvrirent la mer et bloquèrent nos ports. En Angleterre, en dépit ou plutôt à cause même de ces préparatifs, les craintes d'un débarquement n'en étaient pas moins sérieuses, et nos voisins ne dissimulaient par leurs appréhensions à cet égard. En vain Nelson avait déclaré que l'idée d'une descente des Français en Angleterre était une marque de démence, Pitt, qui voyait les choses de haut, répondait : « Certes, ce n'est pas moi que l'on verra exalter l'espoir des Français, au détriment du courage de notre armée, de notre marine, de toute notre population .. Mais, dans la guerre, les choses les plus difficiles dépendent souvent d'un jour, d'une heure, d'un instant, contre laquelle l'armée la plus brave ne peut rien... Les entreprises les plus désespérées ne paraîtront pas telles à Bonaparte... Il ne faut pas dire : « Si cet homme est fou, il payera cher sa folie ! » Non, il est des hasards qui peuvent tourner contre nous. » Et comme le ministère se refusait à fortifier Londres, sous prétexte que ce serait là une crainte exagérée, et par cela même injurieuse pour l'Angleterre, Pitt insistait avec énergie sur cette nécessité inéluctable : « Jamais, dit-on, nos ancêtres n'ont fortifié Londres ! Mais la situation de ce pays, celle de toute l'Europe, n'est-elle pas changée? Nos ancêtres aussi combattaient avec des javelots et des flèches. Faut-il donc employer les mêmes armes, abandonner l'artillerie et regarder les boucliers de nos pères comme la meilleure défense contre le canon de la France?... Il ne s'agit pas, d'ailleurs, d'entourer Londres d'une enceinte régulière, mais de profiter des avantages que le terrain présente, de manière qu'en retardant de quelques jours les progrès de l'ennemi on soit en mesure d'éviter peut-être la destruction de cette capitale. »

On ne pouvait jeter un plus grand cri d'alarme. L'Angleterre fut cependant encore une fois sauvée; mais dix ans plus tard l'étranger campait sous les murs de Paris et, il y a plus de treize ans, Paris l'a vu bombarder ses monuments.

Pendant ce temps-là, quelle était l'attitude officielle des cabinets européens? Préoccupés, avec juste raison, d'un avenir qui se présentait à eux et pour eux sous les plus sombres couleurs, ils s'efforçaient de se tenir en dehors de la lutte formidable qui allait ébranler le vieux continent. L'Autriche, la Prusse, la Russie se sentaient menacées si la France, électrisée par Bonaparte, triomphait de l'Angleterre dont la cause était celle même de l'Europe. Jalouses, d'ailleurs, les unes des autres, les puissances se renfermaient, jusqu'à nouvel ordre et en attendant l'heure de la revanche, dans une neutralité armée et par conséquent rien moins que sincère.

Cependant, le premier Consul, empressé de justifier la confiance des Français, ne se contentait pas seulement de donner de la gloire au pays, il s'attachait à encourager de tout son pouvoir le commerce et l'agriculture nationale afin de leur assurer, ainsi qu'à la population elle-même tout entière, la plus grande somme de prospérité. Se préoccupant des moindres détails, le chef de l'Etat accordait des éloges, des récompenses honorifiques, et, en parcourant les salles de l'Exposition des produits des arts et de l'industrie, il s'arrêtait pour considérer l'instrument utile employé aux usages vulgaires, mais susceptible de venir en aide au peuple; il causait avec les artistes, avec les fabricants; il s'instruisait en écoutant leurs réponses. Pour que le travail fût productif et intelligent, le premier Consul organisa des établissements d'instruction professionnelle.

De grands travaux furent ordonnés par Bonaparte; ceux du canal de Saint-Quentin, les ouvrages entrepris pour réunir l'Oise à l'Escaut, l'Escaut à la Somme; les canaux d'Arles, d'Aigues-Mortes, de la Saône et de l'Yonne; le grand canal destiné à unir la Saône au Rhin; ceux qui devaient joindre le Rhin, l'Escaut et la Meuse et unir la Manche à l'Océan; ces grandes et utiles conceptions reçurent de la volonté de Bonaparte une vigoureuse et efficace impulsion. Des sommes considérables furent affectées au dessèchement des marais de Rochefort et du Cotentin; les ports du Havre et de Cherbourg, ceux de Marseille, de Cette et de Nice virent entreprendre et continuer des travaux du plus haut intérêt; on construisit des ponts, on fit des routes. Dans la Vendée et dans la Bretagne, on jeta les fondements de villes nouvelles; des chemins de communication furent ouverts, des canaux furent creusés, le fort Boyard fut entrepris, dans le but de garantir contre les atteintes des Anglais le bassin qui s'étend entre Rochefort et la Rochelle.

Bonaparte n'avait plus que quelques degrés à franchir pour arriver au trône, objet de ses vœux constants et de ses incessants désirs, mais soit qu'il voulût tromper sur ses véritables desseins les révolutionnaires en leur donnant un suprême gage de confraternité, soit qu'il fût poussé par sa nature de Corse à une vendetta terrible contre les émigrés qui avaient juré sa perte, un grand crime, abrité sous son nom, épouvanta l'Europe et activa le zèle des partisans (j'allais dire) des complices du premier consul, qui se sentait menacé s'il ne réussissait pas immédiatement à s'emparer du pouvoir suprême. Sans nous attarder à ce récit tragique [1], voyons-en les suites et le couronnement.

Tout se préparait pour l'avènement de Bonaparte au trône; mais, en dépit de son impatience, il comprenait qu'il ne fallait rien brusquer et qu'il devait appeler la légalité à son aide, la légalité, cette arme redoutable des dictateurs de tous les temps, cette contrefaçon et cette hypocrisie du suffrage universel. Le premier Consul venait de faire communiquer au Sénat les pièces diplomatiques et les documents confidentiels qui attestaient

1. Voyez Thiers, tome IV, page 588-610. — Décrivant la physionomie du salon de la Malmaison, à la nouvelle de l'exécution du duc d'Enghien, M. Thiers dit : « Le premier Consul prononça ces paroles : « On veut détruire la Révolution en s'attaquant à ma personne : je « la défendrai, car je suis la Révolution, moi, moi... On y regardera « à partir d'aujourd'hui, car on saura *de quoi nous sommes capables.* » (Id., *ib.*, p. 608.)

l'existence de la conspiration du ministère anglais et des émigrés contre sa vie. La commission chargée d'en faire le rapport proposa de porter au chef de la république une adresse de félicitations. Fouché, toujours habile, s'écria que ce n'était point assez et qu'il fallait enfin assurer l'existence du gouvernement au delà même de la vie du premier Consul. C'était demander, en faveur de Bonaparte, l'hérédité du pouvoir ; et le Sénat prescrivit à son président, le consul Cambacérès, de présenter sans retard au chef de l'État une adresse qui renfermait les passages suivants : « A la vue d'attentats dont la Providence a sauvé un héros nécessaire à ses desseins, une première réflexion a frappé le Sénat. Quand on médite votre perte, c'est à la France qu'on en veut. Les Anglais et leurs complices disent que votre destinée est celle du peuple français. Si leurs exécrables projets avaient pu réussir, ils ne se doutent pas de la vengeance épouvantable que ce peuple en aurait tirée ! Le ciel préservera la terre de punir un crime dont les suites bouleverseraient le monde. Mais ce crime a été tenté, mais il peut l'être encore : nous parlons de vengeance, et nos lois ne l'ont pas prévue. Oui, citoyen premier Consul, le Sénat doit vous le dire. En réorganisant notre ordre social, votre génie supérieur a fait un oubli qui honore la générosité de votre caractère, mais qui augmente peut-être vos dangers et nos craintes. Toutes nos institutions, excepté celle de l'an VIII, avaient organisé ou une haute cour, ou un jury national. Vous avez eu la confiance qu'un pareil tribunal ne serait pas nécessaire ; et la postérité, qui doit vous tenir compte de tout ce que vous avez fait, vous comptera aussi ce que vous n'avez pas voulu prévoir. Mais, citoyen premier Consul, vous vous devez à la patrie ; vous n'êtes point le maître de négliger votre existence ; et le Sénat qui, par essence, est le conservateur du pacte social de trente millions d'hommes, demande de leur part que la loi s'explique sur le premier objet de cette conservation.

« Citoyen premier Consul, un grand tribunal assurera d'une part la responsabilité des fonctionnaires publics, et de l'autre il offrira aux conspirateurs un tribunal tout prêt, tout investi de la consistance et des pouvoirs nécessaires pour maintenir la sûreté et l'existence d'un grand peuple, attachées à la sûreté, à l'existence de son chef. Mais ce jury national ne suffit pas encore pour assurer en même temps et votre vie et votre ouvrage, si vous n'y joignez pas des institutions tellement combinées que leur système vous survive. Vous fondez une ère nouvelle, mais vous devez l'éterniser : l'éclat n'est rien sans la durée. Nous ne saurions douter que cette grande idée ne vous ait occupé, car votre génie créateur embrasse tout et n'oublie rien. Mais ne différez point. Vous êtes pressé par le temps, par les événements ; il faut mettre un frein aux conspirateurs, désarmer les ambitieux, tranquilliser la France entière, en lui donnant des institutions qui cimentent votre édifice, en prolongeant pour les enfants ce que vous fîtes pour les pères.

« Citoyen premier Consul, soyez bien assuré que le Sénat vous parle ici au nom de tous les citoyens : tous vous admirent et vous aiment, mais il n'en est aucun qui ne songe souvent avec anxiété à ce que deviendrait le vaisseau de la République, s'il avait le malheur de perdre son pilote avant d'avoir été fixé sur des ancres inébranlables. Dans les villes, dans les campagnes, si vous pouviez interroger tous les Français l'un après l'autre, il n'y en a aucun qui ne vous dît, ainsi que nous : « Grand homme, achevez votre ouvrage, en le rendant immortel comme votre gloire ! Vous nous avez tirés du chaos du passé, vous nous faites bénir les bienfaits du présent : garantissez-nous l'avenir ! »

« Dans les cours étrangères, la saine politique vous tiendrait le même langage. Le repos de la France est le gage assuré du repos de l'Europe.

« Telles sont, citoyen premier Consul, les observations que le Sénat a cru devoir vous présenter. Après vous avoir exprimé ce vœu national, il vous répète, en son nom et au nom du peuple français, que dans toutes les circonstances, et aujourd'hui plus que jamais, le Sénat et le peuple ne font qu'un avec vous. »

On ne pouvait plus habilement et plus clairement en

même temps traduire à Bonaparte lui-même son vœu; cependant il prit un mois pour réfléchir, puis il invita le Sénat à faire connaître sa pensée tout entière. Pendant que le Sénat, de son côté, semblait peu pressé de répondre catégoriquement, un grand mouvement était organisé dans la France entière pour exciter l'opinion publique en faveur de la même conclusion. Enfin il fut arrêté, en conseil privé, que le premier Consul prendrait le titre d'*empereur* qui, par son étymologie même, n'impliquait point une souveraineté civile, mais un vaste commandement militaire; d'ailleurs, la dignité d'empereur est compatible, au moins dans la forme, avec l'existence d'un gouvernement républicain. En vertu de ce principe, nous ne serons pas étonnés de lire d'un côté, sur les monnaies frappées alors: *Napoléon Ier, empereur*, et au revers, *République française.*

Cependant il fallait se hâter de faire passer dans l'ordre des faits ce qui n'était encore que dans celui des idées et des aspirations; au Tribunat fut réservé l'initiative de ce grave changement dans la machine politique. Dans la séance du 10 floréal (30 avril), le tribun Curée (un nom qui semble prédestiné), fit un long exposé historique des événements accomplis en France depuis quinze ans et des services que le premier Consul avait rendus au pays. En terminant, il demanda, au nom de *toute la nation*, que le trône fût relevé au profit d'une quatrième dynastie. A ces mots, le cri de : *Vive l'empereur!* retentit dans l'enceinte du palais des Tribuns pour faire écho au Sénat (mai 1804). Selon un mot célèbre : « L'Empire était fait. »

« Le régime impérial, il faut bien le reconnaître, n'était point salué avec un vif enthousiasme; dans certaines régions on se bornait à l'accepter comme offrant des garanties de plus d'ordre et de durée. La classe moyenne, naturellement frondeuse et mécontente, trouvait matière à blâmer en voyant disparaître la République dont cependant elle n'avait jamais sérieusement voulu : elle se serait épouvantée si la démocratie avait repris le pouvoir. Mais comme à toute époque il faut un aliment à ses habitudes d'opposition et de critique, elle répétait, plutôt d'instinct qu'avec intelligence, des phrases toutes faites sur les dangers de l'ambition poussée trop loin et du despotisme continu. Le peuple des ateliers et des campagnes approuvait le changement, parce que Napoléon était bien l'homme de cette portion nombreuse et puissante de la société qui ne raisonne ni son amour ni ses antipathies, et qui a toujours du sang, du courage et de la patience à mettre au service de ses affections. Napoléon n'usa que trop de cette force; il l'épuisa sans la lasser. Pour le peuple, l'élévation de Napoléon, sorti des rangs obscurs, était le triomphe de l'égalité; la cause de l'empereur était donc celle du peuple pauvre : les hommes de cette classe se montraient fiers de la grandeur de celui d'entre eux qu'ils avaient vus, peu d'années auparavant, revêtu du plus modeste uniforme ; les mères ne tremblaient point encore pour leurs enfants, et l'avènement de l'empereur leur semblait au contraire un gage nouveau du maintien de la paix. Les royalistes n'avaient point mis en oubli la mort sanglante du duc d'Enghien : ils s'indignaient de voir l'usurpation du *Corse* se consommer jusqu'au bout ; puis, la part faite aux rancunes ou à la fidélité, ils se disaient qu'après tout, puisque la Révolution triomphait d'eux-mêmes et de l'Europe, mieux valait un empereur et un empire qu'une république et un consul. C'était, à tout prendre, une quatrième dynastie, et Dieu avait sans doute ses desseins. Aussi les royalistes, bien que froids et circonspects, adhéraient en public aux derniers changements politiques. Le clergé se montrait animé de dispositions pareilles : tout ce qui pouvait ajouter à la force et à l'unité du pouvoir plaisait à ces ecclésiastiques revenus de l'exil ou sauvés des persécutions; et, sans aimer Napoléon, ils acceptaient comme une circonstance heureuse son avènement au trône. Quant à l'armée, elle ne dissimulait ni sa joie ni son triomphe. Elle avait élevé un de ses chefs sur le pavois impérial : qui oserait contredire ses vœux et refuser de plier le genou devant son idole[1]? »

1. Gabourd, tome VIII, p. 4-6.

L'Europe était loin d'avoir d'aussi bonnes dispositions à l'égard de Napoléon; les puissances continentales, jalouses de la France et de son influence sans cesse croissante, la voyaient avec déplaisir se reconstituer en monarchie : elles avaient, au contraire, espéré qu'elle touchait bientôt à sa fin, au milieu des convulsions de la démocratie. Depuis la paix de Nimègue et la paix d'Aix-la-Chapelle, le mot d'ordre des souverains et des cabinets de l'Europe était celui-ci : « Il faut que la France soit rayée du nombre des grandes puissances. » Aussi, l'Europe vit-elle avec une sorte de joie la révolution éclater dans notre pays et elle abandonna Louis XVI, sans songer qu'un jour, prochain peut-être, son heure, à elle aussi, sonnerait : l'égoïsme politique a toujours son châtiment dès ici-bas. L'Europe se trouvait, à l'avènement de Napoléon au trône impérial, en face d'un homme énergique et redoutable qui s'apprêtait à la punir de sa couardise et qui menaçait tous les rois; car, il n'avait pas craint de verser le sang d'un Condé.

L'attitude des souverains fut hostile de la part de quelques-uns, froide de la part des autres; tout annonçait une rupture prochaine, et si prévue qu'elle fût, elle n'en éclata pas moins comme un véritable coup de foudre. L'Angleterre ne cacha pas sa joie; la grande affaire de Pitt était de susciter partout à la France des ennemis et elle ne manqua pas de rester fidèle à sa mission de brandon de discorde qu'elle s'était donnée et qu'elle continuera, à toutes les époques, dans son interêt; car, la paix de l'Europe, ce serait la ruine de la Grande-Bretagne.

En vain, du fond de la Pologne, Louis XVIII protesta-t-il contre l'avènement de Napoléon au trône, les cabinets européens accueillirent froidement cet acte : les cours étrangères, malgré leur haine pour le nouvel empereur, écoutant avant tout la crainte qu'il leur inspirait, ne voulaient pas se créer une difficulté de plus.

Le règne de Napoléon s'inaugura par le procès de Moreau, de Georges Cadoudal et des auteurs de la conspiration contre les jours de Bonaparte. Ce fut un moment sinon critique, du moins difficile pour le nouveau pouvoir, dont la popularité aurait eu à en souffrir : mais, la justice devait avoir son cours. Les royalistes et les républicains formaient également des vœux pour Moreau, qui avait su mériter les sympathies générales. Une pitié profonde dominait l'auditoire ému de la fidélité des royaliste à leur cause, ainsi que de la noble et vaillante résolution de Moreau et de Georges. Le procès dura quatorze jours; la plus grande incertitude couvrait le sort de Moreau : Napoléon aurait voulu qu'une sentence de mort intervînt contre son rival, afin d'avoir la satisfaction de l'humilier et de lui offrir sa grâce. Le rapport de Thuriot insista vainement pour que la peine capitale fût prononcée contre Moreau : « C'est pour l'exemple, dit-il; je réponds que l'empereur fera grâce. — Et qui nous la fera, à nous? » répondit l'un des juges, M. Clavier, Parole sublime!... Sur quarante-sept accusés, vingt-deux seulement furent absous; les autres, à l'exception de Moreau, furent condamnés à mort: cet arrêt fut accueilli avec un sentiment de consternation par la population parisienne. Napoléon, en présence de ce témoignage de l'opinion, jugea qu'il serait politique d'inaugurer son règne par quelques actes de clémence. Il fit remise à Moreau de l'emprisonnement, accorda la vie à MM. de Polignac, de Rivière, Lajolais, Bouvet de Lozier et Russillon, aux prières de Joséphine, d'Hortense, de Caroline Murat et du général Rapp. Trois autres condamnés, MM. d'Hozier, Gaillard et de Rochelle, eurent aussi la vie sauve. On donna beaucoup de publicité à ces actes de clémence, afin d'agir sur l'opinion et de la disposer à ne voir dans Napoléon qu'un souverain miséricordieux. Quant à Georges Cadoudal et à onze de ses Bretons, ils subirent la peine capitale et moururent avec fermeté, après avoir pieusement rempli leurs devoirs religieux. (26 juin 1804.)

Moins de trois semaines après ces dramatiques événements, Napoléon, pour donner le change aux idées du peuple, fit solennellement la première distribution des insignes de la Légion d'honneur. C'était le 14 juillet. Ainsi, la commémoration de la prise de la Bastille, la première des fêtes révolutionnaires, était choisie pour inaugurer une institution monarchique. Les voûtes de l'antique cathédrale de Paris abritèrent cette cérémonie, qui s'ouvrit par la célébration de la grand'messe chantée par le cardinal-légat. Puis, le nouvel empereur se rendit au camp de Boulogne, pour y surveiller par lui-même les armements dirigés contre l'Angleterre; et afin de stimuler davantage, s'il était possible, le zele de cette vaillante armée de plus de cent mille soldats, il leur distribua, lui-même, les décorations qu'ils avaient méritées. Ami de la mise en scène et y excellant, l'empereur prit place sur le trône de fer des anciens rois mérovingiens; derrière lui était le bouclier de Bayard; le casque de Duguesclin — ce vaillant ennemi de l'Angleterre, — contenait les croix d'honneur. Napoléon voulut attacher le noble insigne sur la poitrine des braves, depuis le plus haut rang jusqu'au simple légionnaire. Cette fête devait avoir son couronnement splendide, ce fut celui même du chef de la France par le Vicaire du Christ sous les voûtes de Notre-Dame de Paris.

Mais bien des hésitations, faciles à comprendre et des plus légitimes, avaient retardé l'acquiescement du souverain Pontife au désir que lui manifestait Napoléon d'être sacré par lui, désir qui ressemblait fort à un ordre; une correspondance avait été échangée entre Pie VII et le nouvel empereur. Le pape, en homme profondément sage, entrevoyait de grands résultats pour l'Eglise dans la démarche que Napoléon réclamait de lui: c'était quelque chose que cette marque de soumission donnée à la religion par le chef de la France. Restait une difficulté, et ce n'était pas la moindre: elle tenait à la nature même du serment qu'allait prêter l'empereur et par lequel il s'engageait à faire respecter les lois du Concordat et la liberté des cultes. Pour achever de décider le Saint-Père, on lui fit valoir l'intérêt de la religion, qui avait tant à gagner de la présence du pape à Paris et en France: ce serait mettre le sceau à une réconciliation qui avait rempli d'allégresse la chrétienté tout entière. Le pape céda à d'aussi pressantes raisons et se mit en route pour la France; l'empereur envoya au-devant de Sa Sainteté le cardinal Cambacérès, le sénateur d'Aboville et le maître des cérémonies. Le voyage dura vingt-quatre jours. De Rome à Fontainebleau, les populations accoururent pour s'agenouiller sur le passage du vénérable Pie VII et lui demander sa bénédiction. Le pape applaudissait avec bonheur à cette France redevenue catholique, à ce pays naguère encore la terreur et aujourd'hui l'espérance de l'Eglise. Le 25 novembre, Napoléon vint au-devant de Pie VII à Fontainebleau; les deux souverains s'embrassèrent. Puis commencèrent les réceptions officielles; le ministre Fouché ayant demandé au pape comment il avait trouvé la France, le pontife répondit : « Béni soit le ciel! Nous l'avons traversée au milieu d'un peuple à genoux. Que Nous étions loin de la croire dans cet état! »

Le 27, Pie VII fit son entrée à Paris, il y reçut, le même jour, les grandes députations du Sénat et du Corps législatif. M. de Fontanes, président de cette dernière assemblée, adressa au Saint-Père le discours suivant, justement admiré.

« Très Saint Père,

« Quand le vainqueur de Marengo conçut, au milieu du champ de bataille, le dessein de rétablir l'unité religieuse et de rendre aux Français leur culte antique, il préserva d'une ruine entière les principes de la civilisation. Cette grande pensée, survenue dans un jour de victoire, enfanta le Concordat; et le Corps législatif, dont j'ai l'honneur d'être l'organe auprès de Votre Sainteté, convertit le Concordat en loi nationale. Jour mémorable, également cher à la sagesse de l'homme d'Etat et à la foi du chrétien! C'est alors que la France, abjurant de trop grandes erreurs, donna d'utiles leçons au genre humain. Elle sembla reconnaître devant lui que toutes les pensées irréligieuses sont des pensées impolitiques et que tout attentat contre le christianisme est un attentat contre la société. Le retour de l'ancien culte prépara bientôt celui d'un gouvernement plus naturel aux grands Etats et plus conforme anx habitudes de la France. Tout le système social, ébranlé par les opinions inconstantes de l'homme, s'appuie de nou-

6.

veau sur une doctrine immuable comme Dieu même. C'est la religion qui policait autrefois les contrées sauvages; mais il était plus difficile aujourd'hui de réparer leurs ruines que de fonder leur berceau. Nous devons ce bienfait à un double prodige. La France a vu naître un de ces hommes extraordinaires, qui sont envoyés de loin en loin au secours des empires près de tomber, tandis que Rome a vu briller sur le trône de saint Pierre les vertus apostoliques du premier âge. Leur douce autorité se fait sentir à tous les cœurs. Des hommages universels doivent suivre un pontife aussi sage que pieux, qui sait à la fois tout ce qu'il faut laisser au cours des affaires humaines et tout ce qu'exigent les intérêts de la religion. Cette religion auguste vient consacrer avec lui les nouvelles destinées de l'empire français et prend le même appareil qu'au siècle des Clovis et des Pépin. *Tout a changé autour d'elle; seule elle n'a pas changé.* Elle voit finir les familles des rois comme celles des sujets; mais, sur les degrés des trônes qui s'élèvent, elle admire toujours la manifestation des desseins éternels et leur obéit toujours. Jamais l'univers n'eut un plus imposant spectacle; jamais les peuples n'ont reçu de plus grandes instructions. Ce n'est plus le temps où le sacerdoce et l'empire étaient rivaux. Tous les deux se donnent la main pour repousser les doctrines funestes qui ont menacé l'Europe d'une subversion totale; puissent-elles céder pour jamais à la double influence de la religion et de la politique réunies! Ce vœu sans doute ne sera pas trompé. Jamais en France la politique n'eut tant de génie, et jamais le trône pontifical n'offrit au monde chrétien un modèle plus respectable et plus touchant. »

CHAPITRE SIXIÈME

Le sacre de Napoléon Ier. — Trait caractéristique. — Mécontentement des républicains. — Séjour du pape à Paris. — Belles paroles de Pie VII. — Une lettre du duc d'Orléans. — Situation de l'Italie vis-à-vis de l'Autriche. — A Milan, Napoléon ceint la couronne des rois Lombards. — Il rêve la domination universelle. — Le terrain de la nouvelle guerre contre Napoléon. — Entente des cabinets européens. — Le plan de descente en Angleterre avorte. — Troisième guerre de coalition. — Confiance et enthousiasme de l'empereur. — Forces militaires des Français et de l'ennemi. — Proclamation à l'armée. — *L'avant-garde du grand peuple.* — Allocution aux soldats bavarois — Exploits d'Excelmans. — Nouvelle proclamation. — *Mes soldats sont mes enfants.* — Désastre de la marine française, à Trafalgar. — Douleur de Napoléon et mensonges des journaux à propos de ce désastre. — Succès rapides de nos armes en Italie. — Situation intérieure de la France. — Manque de confiance et crise financière. — La guerre sans fin. — La Prusse hésite et dissimule entre la France et l'Europe coalisée. — Les Français arrivent sous les murs de Vienne. — L'Europe ne désarme pas. — Empressement imprudent des Russes à attaquer l'armée française. — Bataille et victoire d'Austerlitz. — Considérations philosophiques. — Un *combat de géants.* — Affreux spectacle du champ de bataille d'Austerlitz.

On connaît assez les détails de la cérémonie du sacre de Napoléon à Notre-Dame de Paris pour qu'il soit utile d'en faire, une fois de plus, le récit[1]; rappelons seulement qu'au moment où le pape s'avançait d'un pas grave pour placer la couronne sur la tête de Napoléon, celui-ci, d'un geste brusque, la saisit et la mit lui-même sur son front. Ce mouvement inattendu et significatif révéla au monde la pensée du nouveau César, qui semblait ne point vouloir tenir son autorité monarchique de la main de l'Eglise et ne relever que de son autorité et de sa propre force. Comme la Révolution se sentait représentée par l'homme en qui elle s'était incarnée, elle applaudit à cette bravade de l'empereur, et le pape se résigna en souriant avec une paternelle bonté. Cependant, la pompe du sacre froissa le parti républicain; il vit avec répugnance Napoléon exhumer

1. Cf. Thiers, tome V, p. 263-266.

les ornements que la Révolution avait proscrits. Plusieurs généraux, dans leur jalousie mal déguisée, s'indignèrent des pompes dont s'était entouré celui qu'ils avaient connu leur égal; on remarqua l'opposition d'Augereau et l'orgueil froissé de Bernadotte... qui depuis...

Le pape prolongea durant trois mois son séjour à Paris : ce temps fut employé, au moins en partie, à des négociations religieuses, dont la plupart échouèrent. Humble et modeste, Pie VII ne montra ni mécontentement ni dépit. On assure que l'empereur, le voyant si calme et si soumis au malheur des temps, conçut la pensée de le retenir en France et de lui assigner Paris ou Avignon pour résidence : instruit de ce projet audacieux, le pape fit cette réponse sublime : « On a répandu le bruit qu'on pourrait Nous retenir en France ; eh bien! qu'on Nous enlève la liberté : tout est prévu. Avant de partir de Rome, Nous avons signé une abdication régulière, valable, si Nous sommes jeté en prison : l'acte est hors de la portée du pouvoir des Français; le cardinal Pignatolli en est dépositaire, à Palerme; et quand on aura signifié les projets qu'on médite, il ne vous restera plus entre les mains qu'un moine misérable, qui s'appellera Barnabé Chiaramonti. »

A l'extérieur comme à l'intérieur les royalistes s'agitaient encore, mais en vain; Louis XVIII renouvelait ses protestations sans trouver d'écho, et déjà le duc d'Orléans, son cousin (depuis Louis Philippe Ier) s'enfermait dans un isolement égoïste : ce qu'il voulait, avant tout, c'était la paix, *la paix à tout prix*, qui devait être la devise de son règne. En 1804, il avait écrit ces lignes malheureuses à un haut personnage anglais : « Je ressens plus vivement que je ne le faisais, quoique cela ne soit guère possible, le bienfait de la généreuse protection qui nous est conservée par votre nation magnanime. J'ai quitté ma patrie de si bonne heure que j'ai à peine les habitudes d'un Français; et je puis dire avec vérité que je suis attaché à l'Angleterre non seulement par la reconnaissance, mais aussi par goût et par inclination. C'est bien dans la sincérité de mon cœur que je dis : « Puissé-je ne jamais quitter cette terre hospitalière ! » Le duc d'Orléans ne se doutait pas alors qu'un jour, en son extrême vieillesse, il expierait ces paroles antifrançaises, en allant demander, après Napoléon, à nos plus grands ennemis une hospitalité qui, pour être moins amère, n'en devait être que plus humiliante et dans laquelle le suivrait, à son tour, le neveu du superbe empereur... Que d'enseignements dans ces rapprochements ! Mais qui songe à les méditer ? Qui se rappelle même ces faits cependant si près de nous et en même temps si loin ? Car, comme dit la ballade d'Ulhand : « Les morts vont vite. »

Napoléon avait à se préoccuper de dangers plus graves que ceux dont pouvaient le menacer les partis politiques bien affaiblis par la marche des événements, et pendant qu'à Boulogne il préparait de vastes armements contre l'Angleterre, il songeait à organiser la république italienne contre l'Autriche. L'Italie devait devenir monarchique pour suivre la fortune de la France et lui apporter un invincible appui. Tout fut arrangé pour couvrir d'un semblant d'acclamation populaire l'origine de cette royauté nouvelle. Le 17 mars 1805, des députés de la république italienne vinrent offrir à Napoléon le titre de roi d'Italie qu'il accepta, après avoir toutefois, pour la forme, consulté ou plutôt avisé le Sénat docile à tous ses désirs et esclave soumis de ses volontés. Puis, il partit pour Milan, passa une grande revue sur le champ de bataille de Marengo et se mit enfin lui-même au front la couronne de fer des anciens rois lombards, en disant, en italien, d'une voix forte : « Dieu me la donne ; gare à qui la touche ! » C'était la répétition, à moins de six mois de distance, de l'épisode de Notre-Dame de Paris ; les deux couronnes ne devaient pas être solides sur cette tête audacieuse. En attendant, l'armée se montrait fière de son élu qu'elle appelait *Sa Majesté, l'Empereur et Roi !*

L'Europe ne pouvait pas rester indifférente à ces envahissements successifs qu'un euphémiste moderne qualifie hypocritement d'*annexions*, voire d'*unification* ; on ne sait que trop ce qu'il faut penser de ces déguisements de mots servant de masque aux plus flagrants abus du droit des gens et se résumant, en somme, dans un axiome brutal dont nous sommes bien payés pour nous souvenir : « La force prime le droit ! » L'Europe, à la vue de cette tendance à la domination universelle, ne pouvait tarder longtemps à se lever, à la voix de l'Angleterre, pour opposer une digue à l'ambition d'un seul homme qui croyait que rien n'était capable de lui résister. Napoléon comprenait ce sentiment et, pour en détourner l'effet immédiat, il chercha à temporiser jusqu'au jour où il se sentirait capable d'écraser ses adversaires. C'est dans ce but que, peu de temps après son avénement au trône, il essaya, auprès du roi d'Angleterre, une tentative demeurée stérile, comme il devait d'ailleurs s'y attendre. Les dispositions hostiles des puissances de l'Europe à l'égard de la France étaient manifestes; Pitt, notre mortel ennemi, qui rentrait au ministère en même temps que Napoléon montait au trône, avait conçu le gigantesque projet d'anéantir la puissance française, de rompre le lien qui unissait notre pays à plusieurs nations et de faire expier à l'Espagne l'alliance que nous en avions obtenue par la crainte. L'homme d'Etat anglais commença par proclamer qu'au lieu de se tenir sur la défensive, il fallait immédiatement attaquer de front la France et que, pour écarter tout danger pour la Grande Bretagne, il importait de déplacer le terrain des opérations militaires et de le porter sur le sol de l'Italie ou de l'Allemagne.

Les prétextes ne manquaient pas : l'ambition de Napoléon en avait largement fourni à l'Europe, et les principales puissances s'unissaient pour tenter un grand effort contre la France; cependant, aucune n'osait entamer la lutte, ni la Russie, ni la Prusse, ni l'Autriche. Quant à l'Espagne, elle cherchait à maintenir sa neutralité, mais en vain ; l'Angleterre, par des actes inouïs de sauvage agression, força notre alliée à prendre parti contre elle. Enfin, au printemps de 1805, les négociations activement poursuivies à Londres aboutirent à une alliance européenne menaçante pour la France. Cinq cent mille hommes (chiffre redoutable pour l'époque) devaient être mis sur pied. Suivant sa coutume, l'Angleterre payait et soudoyait nos ennemis, ne pouvant fournir par elle-même un effectif suffisant, de là l'énorme dette qu'elle contractait et sous le poids de laquelle elle demeura si longtemps comme écrasée; mais profondément menacée dans son existence et principalement dans son commerce, elle jouait le tout pour le tout.

La guerre était donc imminente, et Napoléon ne pouvait plus l'éviter; il lui fallait vaincre à tout prix, et cela semblait chimérique, en présence d'une aussi redoutable coalition. Il était cependant plein d'espoir, car son audace habituelle ne l'abandonnait pas : « Je surprendrai — disait-il à Cambacérès, — le monde par la grandeur et la rapidité de mes coups. »

Après avoir mis à l'abri de toute invasion subite nos frontières de la Lombardie, il concentra de nouvelles forces dans les places voisines de l'Adige et dans les provinces du royaume de Naples, puis il s'achemina vers l'Alsace et le Rhin avec la grosse cavalerie et l'artillerie de campagne dont il pouvait disposer. Enfin, il se rendit à Boulogne (3 août 1805). Le jour même de son arrivée, il passa en revue 112,000 hommes, vraie armée d'élite. L'enthousiasme avec lequel les soldats l'accueillirent fut pour lui l'assurance et la certitude du succès, dans la grande lutte qui était à la veille de s'ouvrir entre l'Europe et lui. Mais, une série de contre-temps ayant fait avorter le plan de descente en Angleterre, Napoléon dut immédiatement songer à une nouvelle tactique et il improvisa une combinaison dont il attendait les meilleurs résultats; c'était le plan de la célèbre campagne qu'il allait ouvrir sur les bords du Danube et dont la victoire d'Austerlitz devait être le couronnement. L'Europe, de son côté, faisait avec une fièvreuse activité ses préparatifs et elle organisait contre la France la troisième guerre de coalition [1].

Nous ne suivrons pas Napoléon dans le développement de son plan, un coup de génie que le succès aida jusqu'au bout avec une rapidité vertigineuse; la confiance

1. Thiers, tome V, p. 361 et suiv.

de l'empereur était sans bornes : « Avant quinze jours, disait-il, j'aurai battu les Russes et les Autrichiens. » Cependant la population et les grands corps de l'Etat étaient loin de partager l'enthousiasme de Napoléon et voyaient même avec plus que de la froideur surgir cette guerre dont l'issue probable n'annonçait rien de bon.

Nos armées ne perdaient pas de temps; elles s'avançaient chaque jour vers leur champ d'action où elles se massèrent bientôt en un effectif assez imposant, 186,000 hommes, 38,000 chevaux et 340 bouches à feu. Indépendamment de ces forces présentes en Allemagne, l'empereur avait en Italie 70,000 hommes bien aguerris, et les auxiliaires allemands, réunis sous nos drapeaux, s'élevaient à 33,000 combattants, pour la plupart Bavarois et Wurtembergeois. Les armées de la coalition comptaient 500,000 hommes, tant Russes qu'Autrichiens, Anglais et Suédois; mais toutes ces forces étaient loin d'entrer en ligne : la moitié de l'Europe soulevée contre la France avait cru pouvoir compter sur le temps et sur le nombre; quand elle apprit que nos armées, par une marche rapide, étaient déjà sur le sol de l'Allemagne, elle fut saisie de stupeur et sentit son étoile pâlir devant la fortune de son audacieux adversaire qui était accouru de Paris se mettre à la tête de ses troupes et les électrisait de plus en plus par sa présence.

« Nous rentrons dans la période militaire où le génie de l'empereur se révéla de la manière la plus éclatante pour les contemporains et pour la postérité. Jusqu'alors, soit comme général, soit comme consul, Napoléon n'avait eu à faire mouvoir que des armées peu considérables, à l'aide desquelles il opérait des prodiges, mais qu'il pouvait tenir facilement sous sa main : désormais, il opérera avec des masses; des marches et des contremarches, habilement ordonnées, lui livraient des provinces et des royaumes; des armées ennemies surprises par la hardiesse de ses combinaisons, poseront à terre leurs fusils, sans oser combattre; l'Europe, terrifiée par un ascendant irrésistible, subira peu à peu le joug, et les efforts, qu'elle fera pour le secouer n'aboutiront qu'à le rendre plus lourd et plus intolérable[1]...

Au moment d'engager cette partie qui devait décider du sort de la France et de sa propre fortune à lui-même, Napoléon adressa à son armée la proclamation suivante : « Soldats ! la guerre de la troisième coalition est commencée : l'armée autrichienne a passée l'Inn, violé les traités, attaqué et chassé de sa capitale notre allié ; vous-mêmes vous avez dû accourir à marches forcées à la défense de nos frontières, et déjà vous avez passé le Rhin. Nous ne nous arrêterons plus que nous n'ayons assuré l'indépendance du corps germanique, secouru nos alliés et confondu l'orgueil de nos injustes agresseurs. Nous ne ferons plus de paix sans garantie, notre générosité ne trompera plus notre politique. Soldats ! votre empereur est au milieu de vous ; vous n'êtes que l'avant-garde du grand peuple : s'il est nécessaire, il se lèvera tout entier à ma voix, pour confondre et dissoudre cette ligue nouvelle qu'ont tissue la haine et l'or de l'Angleterre. Mais, soldats, nous aurons des marches forcées à faire, des fatigues, des privations de toute espèce à endurer. Quelques obstacles qu'on nous oppose, nous les vaincrons, et nous ne prendrons pas de repos que nous n'ayons planté nos aigles sur le territoire de nos ennemis. »

Puis, s'adressant aux soldats bavarois réunis aux Français pour la même cause : « Soldats bavarois ! je viens me mettre à la tête de mon armée pour délivrer votre patrie de la plus injuste agression. La maison d'Autriche veut détruire votre indépendance et vous incorporer à ses vastes États. Vous serez fidèles à la mémoire de vos ancêtres, qui, quelquefois opprimés, ne furent jamais abattus et conservèrent toujours cette indépendance, cette existence politique qui sont les premiers biens des nations, comme la fidélité à la maison palatine est le premier de vos devoirs. En bon allié de votre souverain, j'ai été touché des marques d'amour que vous lui avez données dans cette circons-

1. A. Gabourd, tome VIII, p. 113 et 114.

tance importante. Je connais votre bravoure; je me flatte qu'après la première bataille je pourrai dire à votre prince et à mon peuple que vous êtes dignes de combattre dans les rangs de la grande armée. »

Dès ses premiers pas, l'armée francaise rencontra la victoire, qui ne cessa de lui être fidèle, depuis le commencement jusqu'à la fin de cette rapide campagne où des prodiges de valeur furent accomplis non seulement par de vieux généraux, mais même par de jeunes officiers qui recevaient le baptême du feu. A Wertingen, le chef d'escadron Excelmans, avec deux cents dragons qu'il commandait, décida le succès de la journée et fit aux Autrichiens deux mille prisonniers. Excelmans fut chargé par Murat et Lannes de porter à l'empereur les drapeaux enlevés à l'ennemi. Napoléon attacha lui même la croix d'officier de la Légion d'honneur sur la poitrine de ce jeune homme, en lui disant : « On n'est pas plus brave que vous. » C'est avec ces mots qu'il envoyait, fiers et satisfaits, ses soldats à la mort. D'ailleurs, il s'associait à toutes les fatigues de l'armée, toujours à cheval, se portant partout et se multipliant, pour ainsi dire, malgré un temps épouvantable, les soldats allaient toujours en avant, enthousiasmés par la présence et les discours de leur chef suprême qu'ils accueillaient au cri de: *Vive l'Empereur!*

Cernée dans Ulm par les Français, l'armée autrichienne, après avoir vaillamment combattu jusqu'à la dernière heure, se vit enfin contrainte à capituler. La guerre était terminee sur ce point, mais non sur les autres; aussi Napoléon, qui pensait, comme César, que rien n'était fait tant qu'il restait encore un effort suprême à tenter, adressa dès le lendemain à son armée la proclamation suivante: « En quinze jours, nous avons fait une campagne. Ce que nous nous proposions de faire est rempli... Mais, qu'importe à l'Angleterre? son but est accompli : nous ne sommes plus à Boulogne, et son subside ne sera ni plus ni moins grand. De cent mille hommes qui composaient l'armée autrichienne, soixante mille sont prisonniers. Ils iront remplacer nos conscrits dans les travaux de la campagne. Deux cents pièces de canon, tout le parc, quatre-vingts drapeaux, tous leurs généraux sont en notre pouvoir. Il ne s'est pas échappé de cette armée quinze mille hommes... Un si grand résultat ne nous affaiblit pas de plus de quinze cents hommes hors de combat

« Soldats, ce succès est dû à votre confiance sans bornes dans votre empereur, à votre patience à supporter les fatigues et les privations de toute espèce, à votre rare intrépidité. Mais nous ne nous arrêterons pas là : vous êtes impatients de commencer une nouvelle campagne. Cette armée russe que l'or de l'Angleterre a transportée des extrémités de l'univers, nous allons lui faire éprouver le même sort. A ce combat est attaché plus spécialement l'honneur de l'infanterie française; c'est là que va se décider, pour la seconde fois, cette question qui l'a déjà été une fois en Suisse et en Hollande : si l'infanterie française est la première ou la seconde de l'Europe?... Tout mon soin sera d'obtenir la victoire avec le moins possible d'effusion de sang. Mes soldats sont mes enfants. »

Un homme qui sait ainsi parler à un peuple fait pour le comprendre est comme l'habile artiste qui tire les plus brillantes harmonies d'un docile instrument. Rien ne manque dans cette proclamation, modèle du genre militaire, habile flatterie du soldat s'incarnant dans son chef comme son chef s'est identifié avec lui. Ce cri de la conclusion : « Mes soldats sont mes enfants, » soulève avec lui l'élan qui rêve et qui gagne les batailles. L'écho de ces retentissantes paroles arriva jusqu'à Paris, la capitale ne put résister au spectacle de tous les drapeaux enlevés à l'ennemi que Napoléon lui envoyait. Napoléon connaissait bien le cœur français. Aussi, l'enthousiasme fut aussi grand en France que sur le glorieux champ de bataille d'où il s'exhalait par les acclamations de l'armée toute entière, si justement fière de son chef.

Mais, tandis que l'empereur triomphait devant Ulm, l'Angleterre prenait sur les mers une éclatante revanche. La France, orgueilleuse de sa gloire, allait expier ses victoires par un revers sans égal : vaisseaux, colonies, commerce, elle devait tout perdre d'un seul coup. On pardonnera à notre patriotisme, dont la plaie saigne encore à cette heure, de ne pas évoquer une fois de plus le souvenir de Trafalgar, où tant de bravoure fut inutilement déployée et où le vainqueur, l'amiral Nelson, tomba enseveli dans son triomphe désespéré (octobre 1805). « Les ennemis, écrivait le commodore Strachan, en parlant de la conduite de la marine française au combat de Trafalgar, les ennemis se sont battus admirablement et ne se sont rendus que lorsque leurs vaisseaux étaient tout à fait hors d'état de manœuvrer. » Ce désastre consomma la ruine de la marine de France et d'Espagne ; il condamna notre pays à étouffer sur le continent et à subir, du côté de l'Océan, un blocus qui devait durer autant que le règne de Napoléon. La France cessa, pour un demi-siècle peut-être, de compter parmi les grandes puissances maritimes, et l'Espagne ne s'est point encore relevée de ce désastre. Profonde et terrible en même temps fut la douleur de l'empereur à la nouvelle de ce désastre ; en vain les journaux reçurent-ils l'ordre de garder le silence sur cette humiliante défaite, elle ne fut que trop tôt connue et ébranla singulièrement le prestige de Napoléon aux yeux de la France et de l'Europe entière.

Cependant, du côté de l'Italie, notre armée se montrait la digne émule des légions de Boulogne ; sous le commandement de Masséna, *le fils chéri de la victoire*, elle passait l'Adige (18 octobre 1805) et remportait un premier avantage, suivi bientôt des combats de San Michele, de Caldiero couronnés par la prise de Vicence et la retraite du général ennemi, le prince Charles. L'armée française continua sa marche offensive et occupa plusieurs provinces méridionales de l'Autriche. Cette courte campagne, qui se rattacha aux opérations plus vastes de la grande armée, fit honneur à Masséna.

Pendant que la guerre se poursuivait à la fois sur les mers, sur le double revers des Alpes et le long du Danube ou de ses affluents, la France se trouvait partagée entre le sentiment de ses souffrances réelles et son espérance dans le génie de Napoléon. Le gouvernement, confié à Joseph Bonaparte et à Cambacérès, ne rencontrerait aucun obstacle tant que la pensée de l'empereur dirigerait tous les actes administratifs et aussi longtemps que la victoire suivrait nos drapeaux en Allemagne. Mais, que la grande armée vint à éprouver un notable revers, que Napoléon fût enlevé par la mort, aussitôt tout cet échafaudage de gloire était à jamais ruiné ; les partis et l'Europe le savaient, et la France y pensait avec anxiété. D'ailleurs, sur quoi et sur qui compter pour le lendemain ? La confiance manquait et avec raison ; car, en somme, tout reposait sur la tête d'un seul homme. A Paris surtout, le gouvernement avait beaucoup de peine à comprimer l'opinion publique excitée par les lettres venues d'Angleterre, où ne manquaient pas les hommes habiles à nourrir la défiance ou l'irritation. Le peuple, surtout le peuple des campagnes, était tout dévoué à Napoléon ; mais, la bourgeoisie et la finance se montraient hostiles à son égard : l'enthousiasme militaire ou patriotique fut toujours rare dans ces deux classes de la société. Une crise financière pesait sur le pays, la Banque de France se trouvait dans une fâcheuse situation, elle avait épuisé ses réserves afin de fournir des subsides à l'empereur, à la veille de son départ pour la guerre. On eut alors recours à des expédients dont le résultat est toujours fâcheux, remède pire que le mal qu'il a la prétention de combattre. On comptait sur la fin d'une difficulté que la guerre avait fait naître et qu'une paix glorieuse, conquise par l'empereur, devait tôt ou tard terminer.

Cependant, la guerre qui semblait s'acheminer vers une heureuse conclusion, ne tarda pas à se rallumer par la force même des choses ; la lutte, une fois engagée avec l'Europe, ne devait plus cesser jusqu'à épuisement complet de forces d'un côté ou de l'autre. Les prétextes ne manquaient pas à la Prusse pour une rupture prochaine et à peu près immédiate ; Frédéric-Guillaume avait souvent dit qu'il se prononcerait contre la première des puissances belligérantes qui attaquerait sa neutralité, et c'est ce qu'avait fait dans la guerre présente l'armée française : l'Autriche, l'Angleterre et la Russie le sommèrent de tenir parole. Mais, comme en présence des avantages sans cesse croissants de Napoléon en Allemagne, le roi de Prusse n'osait pas encore se déclarer ouvertement, il fit un traité secret avec le czar, dans une entrevue qu'il se ménagea à Postdam (3 novembre 1805.) En vertu de cette convention, la Prusse s'engageait à intervenir, comme médiatrice armée, entre la France et les puissances coalisées: avant d'en venir aux hostilités, elle devait soumettre à Napoléon un plan de pacification générale, basé en partie sur les dispositions du traité de Lunéville... Le 15 décembre, si Napoléon n'avait point accédé à ces propositions, la Prusse se joindrait à la coalition contre la France. Ce terme était encore éloigné ; en six semaines, les progrès de Napoléon au centre de l'Autriche pouvaient produire des résultats incalculables ; mais, le roi de Prusse comptait sur l'imprévu et il espérait, sans le dire, que d'ici là les événements de la guerre auraient tranché la question entre la France et la coalition européenne. En attendant, la Prusse forma trois armées principales : l'une, de vingt mille hommes dans la Westphalie ; la seconde, en Franconie, de soixante mille hommes ; la troisième, de cinquante mille hommes, avait pour objet de protéger la basse Saxe. Le comte de Haugwitz fut chargé de se rendre au quartier général de Napoléon, à l'effet de lui notifier les bases de pacification proposées par le roi de Prusse ; mais les prétentions de la Prusse, d'après les instructions dont était muni ce diplomate, devaient suivre le mouvement descendant ou ascendant de la position où se trouverait Napoléon. Celui-ci embrassa d'un coup d'œil les difficultés de la situation et conçut immédiatement un plan à la fois habile et hardi, où son génie se révéla une fois de plus, à la honte des ennemis de la France et à la gloire de nos armes. Voyant que la Prusse avait peur et ne cherchait, en fin de compte, qu'à gagner du temps pour se dérober à la coalition où on voulait la pousser, il continua la campagne commencée, en manœuvrant pour détruire l'un après l'autre tous ses ennemis avant qu'ils eussent eu le temps de concentrer leurs forces contre lui. Il se dit que plus il couvrirait de terrain, plus il envahirait de provinces, plus aussi il faudrait d'efforts à la Prusse pour neutraliser ses conquêtes. Il continua donc tous ses efforts contre Vienne, et il eut raison. Les conquêtes s'opéraient au pas de course, on peut le dire. Immenses étaient les fatigues de nos soldats dans une saison déjà avancée, pluvieuse et froide (on était en novembre); mais l'ardeur des Français ne faiblissait pas; ils voyaient leur chef partager leurs épreuves, et ils les supportaient gaîment. L'empereur d'Autriche se résolut alors à demander un armistice qui lui fut refusé; Napoléon comprenait que l'ennemi voulait gagner du temps pour permettre à ses renforts d'arriver; il répondit avec fermeté que le chef d'une armée de deux cent mille hommes, victorieuse sur tous les points, ne traitait pas d'armistice avec le chef d'une armée vaincue et fugitive. L'empereur François se vit alors réduit à quitter Vienne que les Français menaçaient. Mais, avant d'entrer dans cette capitale, sous les murs de laquelle tant de hauts et mémorables faits d'armes s'étaient produits dans les deux derniers siècles, l'armée française eut à lutter contre les Russes accourus au secours de l'Autriche et dont l'infanterie était justement renommée pour sa force et sa solidité inébranlable.

Enfin, le 13 novembre, Napoléon entra triomphalement dans Vienne; mais il ne fit qu'y passer et alla s'établir non loin de là, au palais de plaisance de Schœnbrunn. Les arsenaux de la ville renfermaient des approvisionnements immenses : munitions, canons, fusils, tout tomba au pouvoir de la grande armée. Peu de jours après, ne cessant de poursuivre le cours des opérations militaires, Napoléon s'établit à Brünn, capitale de la Moravie; ce fut là que deux envoyés de l'empereur d'Autriche vinrent le trouver et lui soumettre de nouvelles propositions de paix. Napoléon ne s'y refusait pas, mais les conditions qu'il posait étaient des plus dures : il exigeait que les Etats vénitiens fussent détachés de l'Autriche et réunis au royaume d'Italie; de plus, il faisait clairement pressentir la nécessité impérieuse d'agrandir les Etats des électeurs de Wurtemberg, de Bavière et de Bade. Ce n'était pas sans raison que Napoléon se montrait aussi exigeant; il comprenait très bien que l'ennemi voulait trainer en longueur, et il ne s'était pas trompé, car immédiatement l'empereur Alexandre pressait le roi de Prusse de venir en aide à ses alliés, sous peine de les voir écrasés l'un après l'autre par l'armée française dont les victoires successives doublaient l'importance et la force déjà si redoutable. En conséquence, il demandait d'abord au roi de Prusse dix mille hommes de troupes auxiliaires. Avec cent cinquante mille dont il pouvait disposer, Frédéric-Guillaume, s'il avait eu plus d'énergie, pouvait venir à bout des Français qui avaient déjà à lutter contre deux armées russes et deux armées autrichiennes. On perd tout à ajourner, en pareille circonstance : tiède vis-à-vis de ses alliés en même temps que mal disposé pour la France, le roi de Prusse n'avait à espérer aucun avantage d'un côté ni de l'autre. Toujours attendre et essayer de lutter de ruse avec un homme qui les connaissait si bien, telle avait été la tactique de l'Autriche d'abord, puis maintenant celle de la Prusse, elle ne devait pas plus lui réussir. Au lieu de se laisser leurrer par l'envoyé de Frédéric-Guillaume, ce fut Napoléon qui l'endormit par ses remises calculées d'audiences. Pendant ce temps-là, retournant contre ses ennemis leur méthode, il envoyait le général Savary auprès du czar pour l'entretenir, à son tour, dans une fausse sécurité. Ce fut une lutte de courtoisie apparente entre Alexandre et son partenaire pour le moins aussi fort que lui, et ce n'est pas peu dire, sur le terrain de la diplomatie. Comme on devait s'y attendre, il ne sortit rien de décisif de cette entrevue ; Savary fut de nouveau envoyé auprès du czar, afin de brusquer, sous un semblant de prudence, la situation qui pouvait s'aggraver pour nos armes en se prolongeant. Savary était chargé de demander un armistice de vingt-quatre heures que Napoléon se doutait bien qu'on lui refuserait, parce qu'on n'y voudrait voir qu'un aveu de crainte ; mais, plus Napoléon paraîtrait vouloir éviter une bataille, plus les Austro-Russes devaient se croire assez forts pour l'écraser par un grand coup. Immédiatement et sans attendre le retour de son envoyé, Napoléon fit prendre à son armée une contenance timide : il donna l'ordre de replier les lignes à trois lieues en arrière et de faire des dispositions comme si l'on était résolu à opérer la retraite.

Il arriva ce que Napoléon avait prévu, en présence de ce mouvement stratégique dont l'ennemi fut dupe, les dispositions les plus belliqueuses se manifestèrent dans l'entourage d'Alexandre, surtout parmi les jeunes nobles qui formaient sa garde. En vain, les vieux généraux tentèrent-ils de modérer cette confiance qu'ils étaient loin de partager, à cause de leur expérience même des surprises de la guerre. Au lieu d'attendre les contingents de la Prusse, les alliés se déterminèrent à courir le hasard d'une bataille décisive et dont le succès, à leurs yeux, était immanquable. Cependant, Alexandre, voulant bien se rendre compte de l'état moral des Français et du découragement de leur chef, envoya à Napoléon le prince Dolgorouki, avec la mission apparente de s'entendre sur les conditions de la paix. Le spectacle qu'il eût sous les yeux et la multiplicité des mesures défensives prises par les Français trompa complètement le présomptueux officier qui allait au-devant de son illusion et prenait ses rêves pour la réalité. La bataille que Napoléon affectait de redouter était le plus ardent de ses souhaits; déjà elle lui semblait gagnée. Le simulacre de retraite des Français donna tellement le change à l'ennemi qu'il croyait que rien ne serait plus facile que de couper le chemin à notre armée, de la tourner et de la forcer à déposer les armes. Il est vrai que les généraux autrichiens ne partageaient pas cette superbe confiance; peines perdues, les Russes les raillaient de ce qu'ils appelaient leurs craintes. La lutte s'engagea en Moravie, vaste contrée couverte de montagnes et de bois; c'est là qu'à trois lieues de Brünn s'élève Austerlitz, petite ville dont le nom, obscur jusqu'alors, allait devenir fameux par la plus terrible des batailles comme aussi par la plus éclatante victoire que jamais peut-être il eût été donné à l'armée française de remporter.

Placé sur une hauteur et dominant un vaste horizon, Napoléon jugeait par lui-même et par les fréquents rapports qui lui étaient adressés le plan d'attaque de ses adversaires; habitué à pénétrer la pensée de son ennemi, il voyait que les Austro-Russes voulaient tourner sa droite, couper ses communications avec la capitale de l'Autriche et le jeter dans les montagnes de la Bohême où il n'eût pas tardé à rencontrer l'armée prussienne qui aurait achevé sa ruine. C'était le plan que l'on imposait à Kutusoff; l'empereur d'Autriche laissait faire ses alliés, en souhaitant peut-être lui-même qu'une défaite humiliât l'orgueil et l'ignorance des conseillers d'Alexandre. Quant aux vieux généraux russes, ils obéissaient aux ordres qu'on leur imposait, mais ils voyaient avec satisfaction pour leur honneur que la responsabilité de la défaite pèserait sur d'autres. Tels furent les préludes de la bataille d'Austerlitz.

Le 1er décembre 1805, Napoléon pouvait compter autour de lui soixante-dix mille hommes présents sous les armes : quant à l'armée austro-russe, elle atteignait le chiffre de près de cent mille hommes. L'empereur, à la vue du mouvement qu'exécutait l'ennemi pour tourner la droite des Français, comprit que la partie était d'avance gagnée pour lui et il dit à Berthier : « Avant demain au soir, toute cette armée est à moi. » Sentant qu'il allait jouer une partie décisive et voulant mettre le moral de ses soldats au niveau de la situation, la veille de la bataille il adressa la proclamation suivante à l'armée française : « L'armée russe se présente devant vous pour venger l'armée autrichienne d'Ulm; ce sont ces mêmes bataillons que vous avez battus à Hollabrünn et que depuis vous avez poursuivis constamment. Les positions que nous occupons sont formidables; et, pendant qu'ils marcheront pour tourner ma droite, ils me présenteront le flanc. Soldats! je dirigerai moi-même vos bataillons; je me tiendrai loin du feu, si, avec votre bravoure accoutumée, vous portez le désordre et la confusion dans les rang ennemis. Mais, si la victoire était un moment indécise, vous verriez votre empereur s'exposer aux premiers coups; car la victoire ne saurait hésiter dans cette journée surtout, où il y va de l'honneur de l'infanterie française, qui importe tant à l'honneur de toute la nation...

« Cette victoire finira notre campagne, et nous pour

rons reprendre nos quartiers d'hiver, où nous serons joints par les nouvelles armées qui se forment en France; et alors la paix que je ferai sera digne de mon peuple, de vous et de moi. »

Ces paroles étaient bien le langage qu'il fallait adresser à des hommes pour qui la patrie disparaissait devant leur chef et son insatiable ambition plus forte encore que l'amour de la gloire; la guerre était, à la fois, pour Napoléon une passion et une nécessité : il ne pouvait conserver son prestige que par elle, et le jour où il voudrait sincèrement s'arrêter, sa déchéance commencerait immédiatement. Aussi n'était-il pas le moins du monde désireux de la paix. Joueur enfiévré, il ne voulait ni ne pouvait s'arrêter, une fois lancé dans les terribles hasards que lui avait faits sa rapide élévation au sommet de l'Europe qui le craignait trop pour ne pas chercher à l'écraser par tous les moyens possibles.

La veille de cette suprême partie qu'il allait jouer sur le champ de bataille d'Austerlitz, Napoléon — différent en cela d'Alexandre et de Turenne en semblable occurrence, — ne dormit pas. Le lendemain, 2 décembre (un anniversaire que la France a bien expié depuis lors,) le soleil, par un éclat incacoutumé, sembla offrir un glorieux augure à l'armée française.

On allait avoir affaire à de braves et solides soldats, tant les Russes que les Autrichiens, mais les nôtres étaient leurs dignes émules, et ce fut un véritable *combat de géants*, comme le disait Napoléon, au moment où la lutte s'engageait. Les cavaliers de la garde furent épiques dans leur choc avec la garde impériale russe. Les empereurs de Russie et d'Allemagne, debout sur le plateau d'Austerlitz, contemplaient cet immense désastre, tandis que, de son côté, Napoléon, entouré de son état-major, reconnaissait que sa vieille garde venait de consommer en un moment la ruine de l'ennemi dont la déroute fut navrante. Les débris de l'armée austro-russe se jetèrent sur la glace des étangs; mais cette surface, affaiblie par la chaleur de la journée, ne put supporter le poids des hommes, elle se rompit, et ils disparurent sous les eaux : pendant toute la nuit on entendit les cris des malheureux qui périssaient, sans qu'il fût possible de les sauver. Vingt mille hommes tués ou noyés ; un nombre égal de prisonniers ; le reste de l'armée fuyant dans la plus complète déroute : tel fut le désastre de nos ennemis. Parmi les prisonniers, on comptait neuf généraux, vingt officiers supérieurs et huit cents officiers de tout grade. Les Français avaient pris quarante-cinq drapeaux, cent quatre-vingt-six pièces de canon, quatre cents voitures d'artillerie et les bagages de l'armée russe. Notre perte ne s'élevait, dit-on, qu'à sept mille hommes tués ou blessés. Le champ de bataille, sur deux lieues d'étendue, présentait un affreux spectacle dont la gloire ne pouvait étouffer l'horreur ; les gémissements des blessés et les clameurs des mourants couvraient les cris de triomphe de l'armée victorieuse.

Une brillante proclamation couronna cette victoire à jamais mémorable ; elle se terminait ainsi : « Soldats ! lorsque tout ce qui est nécessaire pour assurer le bonheur et la prospérité de notre patrie sera accompli, je vous ramènerai en France. Là, vous serez l'objet de mes tendres sollicitudes ; mon peuple vous reverra avec joie, et il vous suffira de dire : « J'étais à la bataille d'Austerlitz, » pour qu'on vous réponde : « Voilà un brave ! »

CHAPITRE SEPTIÈME

Entrevue de l'empereur d'Autriche et de Napoléon Ier. — Dures paroles de Napoléon à l'envoyé de la Prusse. — Haine de Napoléon contre la Prusse. — Considérations historiques. — Ce que doit être l'Autriche. — Manque d'esprit politique et de prévision de l'avenir chez Napoléon. — Agrandissement démesuré de l'empire français. — Retour triomphal à Paris. — Erection de la colonne de la place Vendôme. — L'empereur rêve de recommencer Charlemagne. — Il bat monnaie pour parer au déficit menaçant. — Mort de Pitt. — Vain espoir fondé sur Fox. — Napoléon essaie de rétablir à son profit l'empire d'Occident. — Il se crée des vassaux dans sa famille et parmi ses généraux. — Confédération du Rhin, couronnement de l'édifice impérial. — Efforts gigantesques de l'Europe pour lutter contre l'ambition de Napoléon. — Enthousiasme militaire en Prusse. — Joie du czar à ce spectacle. — Nouveaux démêlés avec Rome. — L'empereur essaie, en vain, de faire casser les mariages de ses frères, Jérôme et Lucien. — Hypocrisie de Napoléon. — Il s'empare d'Ancône et menace les Etats pontificaux. — Ses prétentions dynastiques. — Fermeté de Pie VII. — Sa réponse aux exigences illégitimes de l'empereur. — *La force prime le droit.*

Vers la pointe du jour, l'empereur d'Autriche envoya le prince Jean de Lichstenstein auprès de Napoléon pour solliciter une entrevue : il fut convenu qu'elle aurait lieu au bivac de l'armée des Français. En attendant, nos divisions poursuivaient sans relâche les débris de l'armée austro-russe, leur enlevant à chaque pas des hommes, des canons et des bagages. Les forces de l'ennemi s'élevaient à peine à trente mille soldats découragés et hors d'état de résister. Napoléon aurait pu cerner cette armée fugitive et faire prisonniers les empereurs de Russie et d'Autriche; il aima mieux donner aux peuples l'exemple du respect pour la majesté royale et il accorda une suspension d'armes à l'ennemi. Quelques heures après, l'empereur François II était introduit sous la tente de

Napoléon; les deux souverains arrêtèrent en peu d'instants les bases de la paix. François II ne stipula que pour la monarchie autrichienne; mais il obtint de Napoléon que l'armée française suspendrait ses mouvements et permettrait au czar et à son armée de rentrer en Russie. Napoléon, pour donner au czar un témoignage particulier de sa sympathie, lui renvoya tous les prisonniers de la garde noble russe et le prince Repnin, colonel des gardes.

De retour au palais de Schœnbrunn, Napoléon y reçut le comte de Haugwitz, l'envoyé de la Prusse, et il ne cacha pas à ce diplomate son ressentiment contre la conduite de son souverain. « Il eût été, lui dit-il, plus honorable pour votre maître de m'avoir déclaré ouvertement la guerre; il aurait servi ses nouveaux alliés; j'y aurais regardé à deux fois avant de livrer bataille. Mais vous voulez être les alliés de tout le monde, cela n'est pas possible; il faut opter entre eux et moi. Je veux de la sincérité, ou je me sépare de vous. Je préfère les ennemis francs à de faux amis. »

Les conditions imposées à la Prusse par Napoléon furent dures. Sans doute les territoires abandonnés par la Prusse étaient de peu d'étendue, et leur cession ne faisait naître aucune difficulté; tandis que la possession du Hanovre, acceptée par la Prusse, équivalait, de la part de cette puissance, à une déclaration de guerre signifiée à la Grande-Bretagne. Mais la victoire et la haine avaient endurci le cœur de Napoléon et il ne gardait aucun ménagement pour la Prusse. Ce fut une faute qu'il paya plus tard et bien chèrement. A Presbourg, l'influence française ne se montra pas moins puissante et obéie. Napoléon voulait humilier et amoindrir l'Autriche, et il était le plus fort. « Une politique plus prévoyante et plus large dans ses conceptions aurait conseillé à Napoléon d'adopter, à l'égard de l'empereur François II, un autre système.

« La France représente dans le monde le dernier rempart qui reste à la civilisation et au catholicisme contre l'invasion des Scythes. A toutes les époques de l'histoire, depuis les Huns et les Avares, les races de l'Asie ont cherché à déborder sur l'Europe, et toujours elles y ont réussi, s'avançant, rétrogradant, revenant peu à peu, et gagnant enfin du terrain qui ne leur a plus été disputé. Lorsque Pierre le Grand a émancipé son peuple; lorsque les Russes ont pris, grâce à son génie, une place dans la famille européenne, les nations de l'Occident ont entrevu pour l'avenir un immense danger. Un demi-siècle ne s'était point écoulé après la mort de cet homme illustre, que déjà la barrière slave, l'une des trois puissantes lignes que la Russie est condamnée à franchir, avait été entamée et rompue par la chute ou le partage de la Pologne ; la barrière germanique restait entière et nous séparait seule de la Russie : on avait bien vu, aux jours de la république française, les Russes intervenant dans les luttes de l'Occident et faisant la guerre en Italie et en Suisse, et ces graves symptômes avaient révélé l'étendue du péril ; on savait que les Russes menaçaient la Turquie, en Asie et en Europe : il importait donc, avant tout, de les retenir bien loin de l'Allemagne et de donner à la barrière germanique une force de résistance si considérable que jamais elle ne pût être amoindrie ou rompue, du côté de l'Orient. Ce point d'appui une fois obtenu, l'Occident pouvait attendre l'occasion favorable pour un partage de la Turquie d'Europe et le saisir pour reconstituer la barrière slave, en réorganisant dans toute sa force l'antique Pologne et la nationalité lithuanienne. En agissant ainsi, l'Europe aurait fait reculer les Cosaques de plus de cent ans.

« Pour le succès de cette combinaison, il faut que l'Autriche soit forte en Orient et faible en Occident : notre droit, notre mission perpétuelle, depuis les Hohenstauffen, est de lui enlever l'Italie et de lui laisser prendre en Allemagne tout le terrain, toute la force dont nous la dépouillons du côté des Alpes. En agissant ainsi, nous abritons l'indépendance de l'Italie, de la France, de l'Espagne et des Etats situés aux bouches du Rhin, derrière la puissance teutonique, appuyée sur la ligne slave. En suivant une marche opposée, nous condamnons la Pologne, la Hongrie, la Turquie à périr, l'Autriche à disparaître peu à peu, resserrée entre la Russie et la France, et les nations catholiques de l'Occident à subir l'outrage certain d'une nouvelle invasion des Barbares orientaux; nous laissons à la puissante Angleterre le soin de sauver du naufrage les débris des nationalités vaincues et d'offrir un asile précaire à l'Eglise [1]. »

En vertu de ce manque d'esprit politique et de prévision de l'avenir qui caractérise la plupart des conquérants, l'Autriche humiliée se vit réduite à subir les désastreuses conditions du traité de Presbourg. Elle perdit Venise et ses provinces de terre ferme, qui furent réunies au royaume d'Italie, vassal de la France. Exclue de l'Italie, l'Autriche n'y posséda plus rien, si peu que ce fût. Le Tyrol et le Voralberg furent détachés de l'Autriche et réunis à la Bavière. Tous les territoires que l'Autriche possédait en Souabe lui furent enlevés au profit des électeurs de Bavière, de Wurtemberg et de Bade. L'électeur de Bade reçut le titre de grand duc ; les électeurs de Wurtemberg et de Bavière, alliés et presque vassaux de la France, prirent le titre de rois. Par ce traité, qui fut comme un second remaniement de l'Allemagne, les rapports de l'Empire furent gravement modifiés. Une dernière clause imposa l'obligation de payer à la France une indemnité de cent quarante millions de francs, destinés à couvrir les frais de la guerre.

Ainsi l'Autriche perdait treize cent quarante-cinq milles carrés, quatorze millions de florins de revenus, et près de trois millions d'habitants : l'Allemagne devenait en partie vassale de Napoléon et, pour les deux tiers, réduite à la condition de puissance humiliée et vaincue. L'empire français, au contraire, reculait sa frontière jusqu'à l'Illyrie ; il s'appuyait, au delà des Alpes et du Rhin, sur trois Etats agrandis, devenus ses satellites et emportés dans son évolution. La Russie, la Suède et la Prusse étaient réduites à la plus complète impuissance, tandis que la haute Italie, la Suisse, la Hollande et l'Espagne subissaient les lois de la France.

1. A. Gabourd, tome VIII, p. 237 et 238.

L'Angleterre seule restait debout et ne songeait qu'à faire expier à Napoléon une grandeur si redoutable à l'Europe.

En présence de tant de ruines, le conquérant orgueilleux n'eut pas une étincelle de ce sentiment généreux qui arrachait des larmes au grand Scipion entrant vainqueur à Carthage; il ne pensait pas, que bientôt peut être, ce serait aussi son tour et celui du pays qu'il entraînait à sa suite dans un dédale inextricable d'aventures, où la fortune, capricieuse qu'elle est, pouvait cesser de le suivre et de le couronner de ses dons.

Les premiers jours de l'année 1806 virent le retour triomphal de Napoléon; sur toute sa route, en Allemagne, les manifestations officielles ne manquèrent pas, mais elles furent plus bruyantes que sincères; la curiosité et la stupéfaction poussaient les foules sur les pas du conquérant; seule, la jeunesse nourrissait en son âme le désir de la revanche pour tant d'humiliations infligées à la mère-patrie. En France, l'enthousiasme fut immense et sincère; on espérait qu'enfin une paix durable et féconde allait être le prix de tant de victoires. Napoléon avait envoyé en France les drapeaux pris sur l'ennemi; l'inauguration de ces trophées eut lieu le 1er janvier avec pompe. Les corps de l'Etat, pour ne pas rester en arrière de l'enthousiasme public qu'ils avaient largement contribué à surexciter, proposèrent l'érection d'une colonne surmontée de la statue du souverain, avec cette inscription : A NAPOLÉON LE GRAND, LA PATRIE RECONNAISSANTE.

Tant de témoignages d'admiration achevèrent d'enivrer le glorieux parvenu et, rétrogradant par la pensée jusqu'au IXe siècle, il rêva de recommencer Charlemagne, en imitant son organisation politique. C'était une folie; les temps n'étaient plus les mêmes, et le pastiche que Napoléon voulait réaliser péchait par la base, cette œuvre devait à peine durer autant que son auteur. Restaurer le passé, si grand qu'il ait pu être, c'est chose impossible, et ce fut pour avoir profondément méconnu cette vérité que Napoléon accéléra sa chute et, ce qui est plus douloureux, notre amoindrissement et notre isolement au milieu de l'Europe dont nous avions été si longtemps l'arbitre respecté et bienveillant.

Pour arriver à ses fins et refaire à son profit la féodalité, Napoléon dut entreprendre de nouvelles expéditions, et la guerre poursuivit plus que jamais son cours désastreux ; un torrent débordé ne rentre pas de lui-même dans son lit, surtout lorsque ses nombreux affluents lui apportent sans cesse le tribut de leurs ondes déchainées.

Cependant des soins pressants appelaient l'attention de l'empereur, à son retour en France ; les finances avaient beaucoup souffert de la guerre dont les frais énormes en avaient compromis la solidité. Au début de la campagne, Napoléon s'était emparé du fonds de réserve de la Banque de France : les cinquante millions de dépôt, échangés forcément contre les valeurs du trésor, avaient manqué comme gage de circulation aux billets, et l'inquiétude s'était répandue subitement parmi les détenteurs de ces titres.

Pour faire face le plus rapidement possible à ces difficultés qui paralysaient les transactions. Napoléon eut recours aux grands moyens et alla au plus pressé : il exigea de l'Espagne des remboursements considérables ; il accéléra la rentrée des tributs qu'il avait imposés à l'Autriche ; il soumit à des impositions exorbitantes quelques villes allemandes, surtout celle de Franfort. Avec tout cela il fonda un *trésor de l'armée*, auquel on ne devait toucher sous aucun prétexte et dont les opérations ou les avances venaient en aide au trésor public et au gouvernement. La Banque de France fut réorganisée ; on lui accorda les privilèges les plus étendus ; son papier fut considéré comme monnaie, mais on ne lui attribua pas un cours forcé.

La situation intérieure de l'empire se présentait sous un aspect à la fois glorieux et rassurant, tant étaient nombreuses les améliorations dues à l'impulsion du chef de l'Etat. Aussi, le discours d'ouverture de la session du Corps législatif (2 mars 1806), valut-il à son impérial auteur et orateur un vif succès de la part de l'Assemblée. La France espérait qu'il serait possible de réaliser enfin la promesse pacifique introduite à la fin de l'allocution officielle : l'Angleterre venait de perdre, dans la personne de Pitt, son plus vaillant champion, comme aussi la France son plus implacable ennemi, que la nouvelle de la paix de Presbourg avait frappé au cœur.

Fox, qui succédait à Pitt, était loin de le remplacer. Connaissant les idées du chef du cabinet britannique, la France et l'empereur espéraient une solution pacifique : mais les éléments du nouveau cabinet étaient peu favorables à Napoléon et profondément patriotes. Fox essaya de lutter contre l'esprit de ses collaborateurs et prit sur lui d'ouvrir des négociations avec la France ; il fit dire à M. de Talleyrand que Sa Majesté britannique désirait la paix mais une paix sûre et durable et non une trêve incertaine et par cela même inquiétante pour l'Europe. De nombreux tiraillements signalèrent ces négociations pendant lesquelles mourut Fox, tandis que tout était encore en question et que la guerre menaçait plus que jamais de se réveiller en Europe ; les puissances alliées ne cherchaient qu'à tromper la vigilance de Napoléon et à l'endormir, mais il n'était pas dupe de ce manège qu'il avait plus d'une fois employé lui-même avec un si grand succès.

Il se préoccupait activement d'établir son système fédératif qui, seul, pouvait donner à ses efforts la consécration de la stabilité, et, quoiqu'il ne se dissimulât pas les difficultés inhérentes à son œuvre, il n'en poursuivait pas moins activement la réalisation des idées qui tendaient à reconstituer, à son profit, cette vaste agglomération d'Etats et de peuples qui, réunis en faisceau, constituaient autrefois l'empire d'Occident. Fa san servir sa nombreuse famille, frères et sœurs, et ses généraux les plus dévoués, à l'établissement de son œuvre gigantesque et se réservant de les tenir toujours sous sa main comme des vassaux ; il commença par instituer douze grands fiefs, qu'il érigea en duchés, la Dalmatie, l'Istrie, le Frioul, Cadore, Bellune, Conegliano, Trévise, Feltre, Bassano, Vicence, Padoue et Rovigo.

Puis il institua Joseph Bonaparte roi de Naples, Murat fut nommé duc de Berg et de Clèves, Pauline Bonaparte eut la principauté de Guastalla, celle de Neufchâtel, en Suisse échut à Berthier. Talleyrand et Bernadotte furent nommés princes, le premier de Bénévent, le second de Ponte Corvo. Enfin, la Hollande fut érigée en royaume, au profit de Louis Bonaparte. Cette vaste organisation, qui devait durer si peu, fut couronnée par l'établissement de la confédération du Rhin, sous la suzeraineté de la France (1er août 1806) pour servir d'avant-garde à la France contre la Prusse et l'Autriche.

François II accepta avec résignation le nouvel ordre de choses, ne se sentant pas assez fort pour lutter; quant aux autres puissances, elles semblaient disposées à moins de complaisance, la Prusse surtout se prépara à tenter la résistance la plus désespérée. Le roi Frédéric-Guillaume chercha d'abord à faire entrer dans une confédération séparée, placée sous l'influence de la Prusse, les Etats de Mecklembourg, le prince de Hesse-Cassel, l'électeur de Saxe, le roi de Danemarck et les villes anséatiques. En même temps il n'épargnait rien de ce qui pouvait développer l'état militaire de son royaume. Depuis la campagne d'Austerlitz, il avait fait des préparatifs secrets, en vue d'une lutte qu'il sentait devoir être prochaine. L'armée prussienne était bien disciplinée et bien organisée. Les troupes manœuvraient habilement sous des chefs instruits dans l'art de la guerre, populaires et aimés du soldat. L'infanterie prussienne n'avait point d'égale dans la science des exercices militaires, la cavalerie était magnifique, l'artillerie était renommée en Europe pour l'admirable justesse de son tir. Entouré de généraux habiles et dévoués, le roi de Prusse pouvait surtout compter sur Blücher. Tous ensemble, et à leur tête le prince Louis de Brandebourg, cousin du roi; le prince Henri, frère du roi; et Louise de Meklembourg-Strelitz, reine de Prusse, voulaient énergiquement la guerre, comme le seul moyen pour sortir de l'humiliation et de l'esclavage que Napoléon leur imposait.

1. Thiers, tome VI, p. 370-563.

La Prusse et l'Angleterre s'entendaient secrètement, tandis que Frédéric-Guillaume semblait se faire petit devant Napoléon ; mais l'heure ne devait pas tarder à sonner où il jetterait enfin le masque de la dissimulation. La Suède, l'Angleterre et la Russie, qui venait de rompre de nouveau avec la France, apportaient à la Prusse et à ses alliés une force redoutable qui promettait de triompher enfin de Napoléon. Cependant, comme ces préparatifs trainaient en longueur, Napoléon sut en profiter pour entraver de sa volonté puissante la formation de cette nouvelle ligue germanique. Il invita le roi de Danemarck à résister aux sollicitations de Frédéric-Guillaume ; il détermina le prince archiduc de Würtzbourg à entrer dans la confédération du Rhin. Puis, sans attendre que la Prusse eût pu tenter le moindre mouvement, il cerna les Etats de Fréderic-Guillaume sur tous les points de la frontière occidentale. Frédéric eut des regrets d'avoir montré trop tôt une attitude belliqueuse, mais il ne pouvait plus s'arrêter dans la voie qu'il avait ouverte lui-même et où le poussait le peuple allemand décidé à vaincre ou à mourir.

Napoléon devait expier les fautes de la Révolution française dont il avait recueilli l'héritage en l'incarnant dans sa personnalité ; les idées de liberté proclamées par la démocratie de notre pays avaient trouvé de l'écho en Allemagne : les poètes, les étudiants des Universités, la presse, tout formait un vaste concert de colère et de menaces contre Napoléon. Pour dompter cette liberté qui lui était plus dangereuse que toutes les armées du monde, Napoléon, dans sa colère, eut recours à des mesures violentes qui suscitèrent l'opinion allemande contre lui. Deux libraires qui s'étaient distingues par leur ardeur à imprimer et à répandre avec profusion des brochures hostiles à l'empereur furent arrêtés, jugés et exécutés militairement. L'enthousiasme militaire de la Prusse ne connut plus de bornes et l'aveugla sur les dangers d'une situation qu'elle osait braver si follement. Frédéric-Guillaume fut débordé par le mouvement national à la tête duquel son épouse s'était mise ; on la voyait distribuer aux régiments des drapeaux brodés de ses mains: elle passait en revue des corps d'armée, ayant le casque en tête et le corps revêtu d'une cuirasse. Dans les concerts, dans les lieux publics, au théâtre, des chants patriotiques appelaient la nation aux armes.

L'empereur Alexandre éprouva la joie la plus vive en apprenant les dispositions belliqueuses de la Prusse, il promit l'envoi immédiat d'un contingent de soixante-dix mille hommes et il annonça qu'il marcherait bientôt lui-même au secours de son allié, à la tête d'une armée nombreuse et choisie. L'Autriche, très affaiblie, ne put sur le moment promettre un concours actif à la Prusse; elle l'assura de ses sympathies et chercha à dissiper les inquiétudes de la France, en multipliant les protestations pacifiques auxquelles l'empereur ne se fiait, avec raison, qu'à demi. D'ailleurs, à Berlin ainsi qu'à Paris, on cherchait à gagner du temps et à se tromper mutuellement. En attendant, on se préparait des deux côtés, et le 21 septembre le roi de Prusse prenait le commandement de son armée. Napoléon, trois jours après, partait pour Mayence. Poussé à bout par l'arrogance des prétentions que produisit Frédéric-Guillaume en guise d'ultimatum, l'empereur ordonna immédiatement la marche en avant.

Arrêtons-nous un instant, et, jetant nos regards en arrière, mentionnons quelques faits de la politique générale qui montrent à quel point Napoléon poussait ses prétentions despotiques dans le domaine des idées religieuses. A son retour à Rome, Pie VII, qui avait pu étudier le caractère du nouvel empereur, avait compris les difficultés que l'ambition du conquérant ferait surgir lorsque les droits de la papauté lui sembleraient un obstacle; de son côté, l'empereur cherchait à réduire Rome sous ses lois tyranniques. Une affaire de famille fut le signal des premières épreuves; le 24 mai 1805, Napoléon écrivait à Pie VII: « J'ai parlé plusieurs fois à Votre Sainteté d'un jeune frère de dix-neuf ans que j'ai envoyé en Amérique et qui, après un mois de séjour, s'est marié à Baltimore, quoique mineur, avec une protestante, fille d'un négociant des Etats-Unis. Il vient de rentrer: il sent toute sa faute. J'ai renvoyé Mlle Patterson, sa soi-disant femme, en Amérique. Suivant nos lois, le mariage est nul. Un prêtre esgagnol a assez oublié ses devoirs pour lui donner la bénédiction. Je désirerais une bulle de Votre Sainteté qui annulât ce mariage ... Il me serait facile de le faire casser à Paris, l'Eglise gallicane *reconnaissant* (déclarant) ces mariages nuls. Il me paraîtrait mieux que ce fût à Rome, ne fût-ce que pour l'exemple des maisons souveraines qui contracteront un mariage avec une protestante. Que Votre Sainteté veuille bien faire cela sans bruit : ce ne sera que lorsque je saurai qu'elle veut le faire que je ferai la cassation civile. Il est important, pour la France même, qu'il n'y ait pas aussi près de moi une fille protestante... »

Ce scrupule ressemble fort à de l'hypocrisie, comme nous aurons occasion de nous en convaincre bientôt; le prétexte était trop grossier pour tromper le pape; aussi répondit-il qu'il avait lui-même examiné cette affaire et qu'il s'était convaincu de la validité du mariage du prince Jérôme. Dès lors, le souverain pontife, enchaîné par les lois de l'Eglise, ne pouvait déclarer nul un acte religieux que, selon la déclaration de Dieu aucune puissance humaine n'avait le droit de détruire. Napoléon reconnut qu'il ne lui était pas possible de triompher d'un refus aussi formel; il passa outre, mais peu de mois après il essaya de prendre sa revanche en arrangeant quelques affaires ecclésiastiques du royaume d'Italie, sans tenir compte des droits que le Concordat avait réservés au Pape. Pie VII fit entendre des réclamations toutes paternelles, qui n'amenèrent aucun résultat.

Un autre incident s'était produit presqu'en même temps dans la famille impériale, à cause du mariage de Lucien Bonaparte et de l'asile qu'il avait trouvé à Rome. Lucien avait épousé, en 1802, Mme Jouberthon, veuve d'un agent de change mort à Saint-Domingue; son frère, parvenu au trône, lui avait conseillé de divorcer, mais Lucien s'y était énergiquement refusé, puis il s'était retiré en Italie et, en ces derniers temps, il résidait à Rome, où le pape l'avait acccueilli avec bienveillance. « Rome disait Pie VII, le refuge ordinaire des rois légitimes, doit l'être aussi d'une victime de ces fortunes inattendues qui font trembler le monde. » Napoléon dut s'incliner devant Pie VII, mais ses convoitises se fixèrent de plus en plus ardentes sur la ville éternelle.

L'empereur avait fait occuper Ancône par ses troupes peu de temps avant la bataille d'Austerlitz, et le souverain pontife avait protesté contre cette violation de la neutralité du domaine de Saint-Pierre. Napoléon, dans sa réponse au chef de l'Eglise, oubliant toute réserve et même se montrant arrogant, disait à Pie VII : « L'occupation d'Ancône est une suite immédiate et nécessaire de la mauvaise organisation de l'état militaire du Saint Siège. Votre Sainteté avait intérêt à voir cette forteresse plutôt dans mes mains que dans celle des Anglais ou des Turcs. Votre Sainteté se plaint de ce que depuis son retour de Paris elle n'a eu que des sujets de peines : la raison en est que depuis lors tous ceux qui craignaient mon pouvoir et me témoignaient de l'amitié ont changé de sentiment, s'y croyant autorisés par la force de la coalition et que, depuis le retour de Votre Sainteté à Rome, je n'ai éprouvé que des refus de sa part sur tous les objets, même sur ceux qui étaient d'un intérêt du premier ordre pour la religion, comme, par exemple, lorsqu'il s'agissait d'*empêcher le protestantisme de lever la tête en France*. Je me suis considéré, ainsi que *mes prédécesseurs de la deuxième et de la troisième race*, comme fils aîné de l'Eglise, comme ayant seul l'épée pour la protéger et la mettre à l'abri d'être souillée par les Grecs et les Musulmans. Je protégerai constamment le Saint Siège, malgré les fausses démarches, l'ingratitude et les mauvaises dispositions des hommes qui se sont démasqués pendant ces trois mois. Ils me croyaient perdu : Dieu a fait éclater par les succès dont il a favorisé mes armes la protection qu'il a accordée à ma cause. Je serai l'ami de Votre Sainteté toutes les fois qu'Elle ne consultera que son cœur et les vrais amis de la religion. Si Votre Sainteté veut renvoyer mon ministre, elle est libre d'accueillir de préférence et les Anglais et le calife de Constantinople.... »

L'hypocrisie éclate autant que l'orgueil dans cette lettre pleine d'invectives contre le souverain pontife.

Comme orgueil, Napoléon se porte en héritier direct de Charlemagne et de Hugues Capet; comme hypocrisie, la prétention de faire cesser le mariage de Jérôme avait (dit-il), pour but d'*empêcher le protestantisme de lever la tête en France*; c'est ainsi qu'il se met, lui, au rang des *vrais amis de la religion*. Tout cela est, à la fois, outrecuidant et par trop grossier.

Pie VII se hâta de répondre, en conservant dans son langage toute la dignité de sa position et de ses droits. Napoléon ne se montra que plus arrogant encore: « *Toute l'Italie sera soumise à ma loi*, disait-il au pape. Je ne toucherai en rien à l'indépendance du Saint Siége... mais mes conditions doivent être que Votre Sainteté aura pour moi, dans le temporel, les mêmes égards que je lui porte dans le spirituel et qu'elle cessera des ménagements inutiles envers des hérétiques ennemis de l'Eglise et envers des puissances qui ne peuvent lui faire aucun bien. *Votre Sainteté est souveraine de Rome, mais je suis l'empereur : tous mes ennemis doivent être les siens*. Il n'est donc pas convenable qu'aucun Anglais, Russe ni Suédois réside à Rome ou dans vos Etats, ni qu'aucun bâtiment appartenant à ces puissances entre dans vos ports. Comme chef de notre religion, j'aurai toujours pour Votre Sainteté la déférence filiale que je lui ai montrée dans toutes les circonstances; mais je suis comptable envers Dieu, qui a bien voulu se servir de mon bras pour rétablir la religion. Et comment puis-je, sans gémir, la voir compromise par les lenteurs de la cour de Rome, où l'on ne finit rien, où, pour des intérêts mondains, de vaines prérogatives de la tiare, on laisse périr les âmes, le vrai fondement de la religion? Ils en répondront devant Dieu, ceux qui laissent l'Allemagne dans l'anarchie; ils en répondront devant Dieu, ceux qui mettent tant de zèle à protéger des mariages protestants; il en répondront devant Dieu, ceux qui retardent l'expédition des bulles de *mes* évêques et qui livrent *mes* diocèses à l'anarchie. Il faut six mois pour que les évêques puissent entrer en exercice, et cela peut être fait *en huit jours*. »

« Ainsi l'homme qui avait relevé l'autel cherchait déjà à

en ébranler la pierre fondamentale : les vapeurs de la victoire avaient obscurci sa foi et exalté son orgueil. Il voulait que l'Eglise fût sa vassale et Rome un fleuron de sa couronne. Il osait prendre en main, contre le pape lui-même, les intérêts de la religion et ceux du monde catholique, et il ne s'apercevait pas qu'au fond de cette déclaration superbe il n'y avait que révolte et impiété [1]. »

L'effet suivit de près la menace ; l'envoyé de France à Rome s'empressa de demander officiellement à Pie VII que l'on expulsât les Russes, les Suédois et les Anglais de Rome et des États pontificaux (1806). Le pape répondit avec dignité à cette injonction brutale et il ajouta avec une généreuse indignation : « Sire, levons le voile. Vous dites que vous ne toucherez pas à l'indépendance de l'Eglise ; vous dites que nous sommes le souverain de Rome ; vous dites dans le même moment que *toute l'Italie sera soumise sous votre loi*. Vous nous annoncez que si nous faisons ce que vous voulez, vous ne changerez pas les apparences : mais si vous entendez que Rome, comme faisant partie de l'Italie, soit sous votre loi, si vous ne voulez conserver que les apparences, le domaine temporel de l'Eglise sera réduit à une condition absolument *lige et servile*, la souveraineté et l'indépendance du Saint-Siège seront détruites. Et pouvons-nous nous taire ? Pouvons-nous, par un silence qui nous rendrait coupable de prévarication dans notre office devant Dieu et nous accablerait d'opprobre devant toute la postérité, dissimuler l'annonce de mesures de cette nature ?

« Votre Majesté établit en principe qu'elle est *l'empereur de Rome*. Nous répondrons avec la franchise apostolique que le souverain pontife, qui est tel, depuis un si grand nombre de siècles qu'aucun prince régnant ne compte une ancienneté semblable à la sienne ; qu'aucun empereur n'a aucun droit sur Rome. Vous êtes immensément grand, mais vous avez été élu, sacré, couronné, reconnu empereur des Français et non de Rome. Il

1. A. Gabourd, tome VIII, p. 331.

n'existe point d'empereur de Rome, il n'en peut pas exister, si on ne dépouille le souverain pontife du domaine absolu et de l'empire qu'il exerce seul à Rome. Il existe bien un empereur des Romains; mais ce titre est reconnu par toute l'Europe et par Votre Majesté elle-même, dans l'empereur d'Allemagne. Ce titre ne peut appartenir, en même temps, à deux souverains, il n'est qu'un titre de dignité et d'honneur, lequel ne diminue en rien leur dépendance réelle et apparente du Saint-Siège. L'étendue des Etats acquis par Votre Majesté ne peut lui donner aucun nouveau droit sur nos *domaines* temporels. Vos acquisitions trouvent le Saint-Siège en possession d'une souveraineté absolue et indépendante, possession continuée pendant tant de siècles et reconnue par tous, et elles doivent le laisser dans cette même possession... Ou il n'y a plus de droit de souveraine indépendance, ou le droit de la souveraineté pontificale indépendante ne peut être altéré en aucune partie.

« Nous ne pouvons admettre la proposition suivante: que nous devons avoir pour Votre Majesté, dans le temporel, les mêmes égards qu'elle a pour nous dans le spirituel. Cette proposition a une extension qui détruit et altère les notions de nos deux puissances. Un souverain catholique n'est tel que parce qu'il professe reconnaître les *définitions* du chef visible de l'Eglise et le regarde comme le *maître de la vérité* et le seul vicaire de Dieu sur la terre: il n'y a donc pas d'identité ni d'égalité entre les relations spirituelles d'un souverain catholique avec le suprême *hiérarque* et les relations temporelles d'un souverain avec un autre souverain. Vous dites encore que vos ennemis doivent être les nôtres: cela répugne au caractère de notre divine mission, qui ne connaît pas d'inimitiés, même avec *ceux qui se sont éloignés du centre de notre union*. Ainsi donc, toutes les fois que Votre Majesté serait en guerre avec une puissance catholique, nous devrions nous trouver en guerre avec cette puissance? »

Napoléon ne répondit pas à Pie VII; il rappela en France le cardinal Fesch, son oncle, ambassadeur à Rome et le remplaça par Alquier, ancien conventionnel.

et régicide : un tel choix indiquait le programme révolutionnaire que l'empereur voulait inaugurer dans la ville éternelle. Le nouvel ambassadeur, quoique avec des formes polies, présenta au pape les exigences de son maître ; Pie VII lui répondit avec calme : « Vous êtes les plus forts, vous serez, quand vous le voudrez, les maîtres de nos États. Dans ce moment même nous feignons d'ignorer que vous faites fabriquer au milieu de Rome des poudres de guerre pour le siège de Gaëte et des brûlots à quelques milles de notre capitale. Sa Majesté peut, quand elle le voudra, exécuter ses menaces et nous enlever ce que nous possédons. Nous sommes résigné à tout et prêt, si elle le veut, à nous retirer dans un couvent ou dans les catacombes de Rome, à l'exemple des premiers successeurs de saint Pierre. »

CHAPITRE HUITIÈME

La guerre reprend son cours. — Forces respectives des puissances belligérantes. — Imprudence de la Prusse. — Ce qu'elle aurait dû faire. — Napoléon trompe l'ennemi par un faux mouvement. — L'armée française arrive devant Iéna. — Leipsick menacé. — Double bataille. — Fatal dilemme. — Victoire d'Iéna complétée par celle d'Auerstaedt. — Mauvais vouloir de Bernadotte. — Bravoure héroïque de Davoust et de son corps d'armée. — Découragement profond de la Prusse. — Erfurth, Weimar, Magdebourg, et Leipsick se rendent successivement aux Français — L'armée française abat la colonne de Rosbach. — Napoléon, à Postdam. — Parallèle entre Fréderic et Napoléon. — Trophées envoyées à Paris. — Clémence et tyrannie de Napoléon. — Mort du duc de Brunswick. — Trève. — La guerre de Pologne, à l'horizon. — *Le temple de la gloire.* — Ce qu'est devenu ce monument. — L'orgueil et la haine aveuglent de plus en plus Napoléon. — Formidables levées d'hommes, en France et en Europe — L'entrée en Pologne. — Le rêve des Polonais et le but de Napoléon. — Plan d'opération des Russes. — Terrible bataille d'Eylau. — Le siège de Dantzig.

On sait que la captivité et l'exil furent le partage du saint Pontife, captivité et exil de cinq années. Mais, en attendant que le moment soit venu, dans ce livre même, de raconter ces douloureuses choses, reprenons le cours des événements par lesquels allait s'ouvrir la nouvelle campagne de la grande armée, en Allemagne.

Voici quelles étaient les forces respectives et les dispositions des puissances belligérantes au début de cette guerre si formidable. Aux cent vingt mille hommes de l'armée prussienne, Napoléon, dès les premiers jours, en opposait cent quatre vingt mille, l'élite des soldats de la France, et près de cinquante mille Allemands levés et équipés par les princes de la confédération du Rhin. Que pouvait devenir la Prusse, dans cette lutte inégale? Et cependant elle n'avait pas même songé à armer sa landwehr. Entraîné par ses imprudents conseillers, Frédéric-Guillaume n'attendit pas les secours de la Russie; l'orgueil d'un patriotisme exalté lui persuada qu'il serait assez fort pour battre un ennemi colossal qui avait, de son côté, le nombre, le génie et l'audace.

Ce qu'aurait dû faire la Prusse, dans la situation difficile où elle s'était engagée par sa présomption autant que par son imprudence, le voici : pour sortir victorieuse de cette lutte inégale, il fallait que ses armées, au lieu de se porter en avant pour tout risquer dans une bataille générale, s'efforçassent, au contraire, de disputer pied à pied le territoire du royaume. L'on aurait ainsi donné à la Russie le temps nécessaire pour entrer en ligne et opérer sa jonction avec les troupes du roi Frédéric-Guillaume. Mais, quand la Prusse comprit ce qu'elle aurait dû faire, il était malheureusement trop tard.

Cependant, l'armée prussienne avait quitté Berlin, ayant à sa tête son roi et sa chevaleresque et belle reine, le casque en tête et revêtue d'une cuirasse en argent; on eût dit la Muse de la patrie. A l'énergique proclamation du vieux duc de Brunswick, chef de l'armée prussienne, Napoléon opposa un de ses manifestes retentissants, comme il savait les faire, et qui transformait les soldats français en héros.

Trompant encore une fois l'ennemi par un faux mouvement, Napoléon gagna tout ce que les Prussiens perdirent de temps en marches et en contre-marches; il importait au succès de la campagne qu'il arrivât sur l'Oder avant l'heure où l'armée russe pourrait s'y porter; maître de ce point, Napoléon se trouvait en mesure de couper en deux les forces de la coalition, de vaincre les Prussiens à gauche et de contenir les Russes sur la droite, de battre séparément ses ennemis. C'était le plan de campagne d'Austerlitz.

Le combat de Saalfeld (10 octobre 1806) et les premiers avantages de l'armée française jetèrent un profond découragement dans les rangs de l'armée prussienne, et déjà l'ennemi déplorait la guerre qui ne faisait cependant que de commencer. Marchant de succès en succès, nos soldats arrivèrent devant Iéna, trois jours après. Opérant un vaste mouvement de conversion sur sa gauche, Napoléon se disposait à surprendre et à envelopper l'armée prussienne tout entière. A la veille d'engager une lutte décisive, Napoléon adressa à Frédéric-Guillaume l'une de ces lettres d'apparat, à l'aide desquelles il essayait de faire croire au monde que ses intentions étaient toutes pacifiques et qu'il avait à cœur d'épargner à l'Allemagne les maux inséparables de la guerre. Chose remarquable et qui n'était peut-être pas tout à fait l'œuvre du hasard, cette missive impériale ne parvint à Frédéric-Guillaume qu'après que la combat fut engagé.

Trop tard le duc de Brunswick, en voyant Leipsick menacé par les Français, comprit qu'il avait fait une fausse manœuvre en refusant de se retirer derrière la ligne de l'Elbe; toutefois il essaya de réparer ce qui était perdu. Cependant Napoléon ignorait ce mouvement; il croyait avoir en face de lui l'ensemble des forces ennemies, tandis qu'il n'allait avoir à combattre que l'une des ailes de l'armée prussienne. Le prince de Hohenlohe ne se faisait point une idée exacte de la situation: loin de croire à la possibilité d'une attaque vigoureuse dirigée contre lui par Napoléon et la masse de ses forces, il était convaincu que le mouvement tenté sur Iéna n'était qu'une fausse démonstration imaginée afin de cacher la marche de la grande armée sur Leipsick. Tout se disposait donc pour que les Français fussent vainqueurs à Iéna et vaincus à Auerstaedt; et ce résultat aurait permis au roi de Prusse d'effectuer à temps son mouvement de retraite. Les deux batailles s'engagèrent le même jour, à cinq lieues de distance.

Le 14 octobre, Napoléon, ayant sous ses ordres plus de quatre-vingt mille hommes, se trouva face à face avec l'aile droite de l'armée prussienne qui comptait cinquante mille soldats. Les positions de l'armée française étaient excellentes; de son côté, l'armée prussienne était décidée à se battre bravement, sa cavalerie et son artillerie étaient sans rivales. La lutte fut chaude et le combat meurtrier; on sentait que la partie qui se jouait en ce moment était décisive pour les Français aussi bien que pour les Prussiens. Ce fut alors que le prince de Hohenlohe reconnut, pour la première fois, qu'au lieu d'avoir à contenir une aile de notre armée, il avait en face de lui Napoléon et la masse des troupes françaises. Le combat redoubla d'intensité et continua avec une ardeur égale des deux côtés. Plus de vingt mille hommes et de nombreuses batteries tombèrent au pouvoir des nôtres; le carnage était affreux. L'armée ennemie ne formait qu'une masse d'hommes fuyant au hasard, poursuivis de près, sabrés et fusillés. Le désastre de l'ennemi fut complet. D'Iéna à Weimar, le champ de bataille était couvert de morts : en outre, deux cents pièces de canon étaient tombées en notre pouvoir; les bagages, les magasins, les hôpitaux de l'ennemi étaient devenus la proie des Français.

Telle fut la bataille d'Iéna, si fatale à la Prusse; comme effet moral, cette victoire eut une grande portée : elle contribua à exalter l'ardeur de nos troupes et à frapper de consternation les ennemis de la France. Comme opération militaire, elle n'eût été qu'une action isolée quoique glorieuse, si une victoire bien autrement mémorable, la bataille d'Auerstaedt, n'avait, le même jour et à la même heure porté un coup mortel à la puissance de la maison de Brandebourg.

Le maréchal Davoust, qui eut la gloire de diriger cette affaire, avait sous ses ordres vingt mille hommes, et on lui annonçait l'arrivée soudaine de près de soixante-dix mille adversaires ; Bernadotte, il est vrai, était là avec trente mille hommes, et Davoust espérait que ces forces réunies aux siennes, pourraient contre-balancer les efforts de l'armée ennemie. Aussi s'empressa-t-il de se rendre auprès de Bernadotte et de lui demander son concours, et comme une rivalité profonde séparait ces deux hommes, Davoust, dans l'intérêt du succès de l'armée française, invita Bernadotte à prendre le commandement général et il lui promit de combattre sous ses ordres. C'était patriotique et chevaleresque, et Bernadotte aurait dû consentir; mais, plein de jalousie et de haine contre Davoust, il allégua que l'empereur lui prescrivait de se porter à deux lieues plus loin et qu'il ne savait qu'obéir.

Il s'éloigna donc avec ses troupes, nourrissant en son cœur le secret espoir de voir bientôt Davoust écrasé par les troupes ennemies ; ce triste calcul de la rancune fut trompé et Davoust, abandonné à lui-même, se couvrit d'une brillante gloire.

Davoust avait un double but à atteindre : vainqueur de l'armée qui se déployait sur la rive gauche de la Saale, il devait se porter au secours de Napoléon et terrasser avec lui les forces prussiennes établies entre Iéna et Weimar ; vaincu, il comptait bien que lui et ses gens se feraient tuer jusqu'au dernier homme, afin de retarder et de déjouer les manœuvres de l'ennemi et d'empêcher le duc de Brunswick de tourner la grande armée et de placer, à Iéna, Napoléon entre deux feux. Le 14 octobre, Davoust donna l'ordre à ses lieutenants de se porter en avant de Koesen, sur la rive gauche de la Saale, et de manœuvrer résolument dans la direction où devait se trouver l'empereur. Un premier engagement annonçait une bataille qu'il n'était plus au pouvoir des Français de retarder, malgré l'infériorité évidente du nombre. Ils étaient à peine vingt-six mille hommes contre soixante-dix mille, et ils croyaient avoir affaire à une armée bien autrement considérable. La lutte devint de plus en plus sérieuse. L'infanterie française se forma en trois carrés et présenta partout à l'ennemi un front hérissé de baïonnettes. Chaque fois que Blücher et ses masses de cavalerie chargeaient cette valeureuse infanterie, nos troupes laissaient l'ennemi s'avancer jusqu'à portée de pistolet ; puis, au moyen d'une fusillade vive et sûre, elles jetaient dans les rangs prussiens la confusion et la mort, et l'ennemi, contraint de se replier, abandonnait sur le terrain des multitudes d'hommes et de chevaux qui formaient un rempart de plus au-devant de nos soldats. Malgré son ardeur et son énergie, Blücher se vit contraint de battre en retraite et de renoncer à entamer nos carrés. Comme la cavalerie prussienne, décimée et découragée, se retira t en désordre, les escadrons de la division Gudin, jusqu'alors soigneusement tenus en réserve, la chargèrent vigoureusement et lui infligèrent de grandes pertes.

Partout l'armée ennemie, vaincue et saisie de stupeur,

se repliait fugitive devant nos troupes. Il était cinq heures du soir; la victoire d'Auerstaedt était complète, et lorsque l'ennemi, fuyant dans la direction de Weimar, rencontra les divisions de Bernadotte, la présence du corps d'armée suffit pour déterminer plusieurs milliers de Prussiens à mettre bas les armes. L'armée prussienne cependant continua son mouvement de retraite à la faveur de la nuit, cherchant à se rallier aux colonnes du prince de Hohenlohe dont elle ignorait la défaite. Mais lorsqu'en se rapprochant de Weimar, elle rencontra les restes épars de l'armée qui avait été défaite à Iéna, la cruelle vérité apparut à tous les yeux et l'épouvante fut portée à son comble; les ennemis fuyaient à travers champs, jetant leurs armes et courant au hasard. Pour rendre compte à la Prusse de la double bataile qui anéantissait toutes les ressources militaires de la patrie, la *Gazette officielle de Berlin* se borna à ce bulletin d'une navrante concision : « L'armée du roi a été vaincue hier à Auerstaedt. »

Par un injuste oubli, oubli volontaire qui l'empêchait d'associer un de ses généraux à sa gloire, Napoléon ne parla que d'Iéna dans ses bulletins et laissa Auerstaedt dans l'ombre; mais l'admiration publique vengea Davoust, et l'empereur, deux ans après, en créant duc d'Auerstaedt l'illustre maréchal, chercha à réparer une regrettable injustice [1].

Les Allemands furent alors obligés de reconnaître, par une cruelle expérience, que, pour vaincre sur un champ de bataille, le patriotisme et le dévouement ne suffisent pas et qu'il faut, de plus, s'être façonné au rude métier des armes. Les généraux surtout manquèrent à la Prusse; elle ne vit à la tête de ses armées aucun homme doué du génie militaire, aucun capitaine initié à la science moderne des combats.

Des armées prussiennes qui avaient combattu à Iéna et à Auerstaedt, c'est à peine s'il restait sous les armes un corps de quinze mille hommes de toutes armes. Outre ses morts, ses blessés et ses prisonniers, l'ennemi laissait

1. Thiers, tome VII, p. 206 *passim*.

sur les deux champs de bataille trois cents pièces de canon, soixante drapeaux, d'immenses magasins. L'infanterie française s'était couverte de gloire, et la journée du 4 octobre avait suffi pour détruire le prestige qui entourait la cavalerie prussienne. Parmi les prisonniers figuraient six mille Saxons, dont trois cents officiers; Napoléon, qui voulut se ménager l'amitié de l'électeur de Saxe, lui renvoya ses soldats, après leur avoir fait jurer que jusqu'à la paix ils ne porteraient plus les armes contre la France. C'était un acte de générosité habilement calculé pour calmer les colères du patriotisme germanique.

Successivement Erfurth, Weimar, Magdebourg et Leipzick se rendirent aux Français qui, poursuivant leur marche, arrivèrent sur le champ de bataille de Rosbach où s'élevait un monument de notre défaite, au siècle dernier. Ce monument fut enlevé par ordre de Napoléon et transporté en France; c'était une réparation donnée à notre patriotisme, mais elle pouvait provoquer plus tard des représailles : on doit toujours respecter les trophées de l'ennemi.

Passant l'Elbe (20 octobre), l'empereur ne cessa de faire poursuivre les Prussiens pour empêcher leur jonction avec les Russes. On était au cœur de l'Allemagne; les circonstances et les lieux permettaient de remonter la cavalerie et de former de vastes dépôts où les conscrits et les régiments en marche seraient exercés et pourvus de tout ce qui leur manquait.

La Saxe venait d'abandonner la cause du roi de Prusse; elle se montrait reconnaissante de ce que ses enfants lui avaient été renvoyés libres. Ce pays était entre les mains de Napoléon contre la Prusse ce que la Bavière avait été contre l'Autriche. Privée de cet appui, la Prusse se trouvait hors d'état de résister à nos armes.

Le 25 octobre, l'empereur arrivait à Postdam et y établissait son quartier; le soir même il visitait avec curiosité cette demeure, toute pleine des souvenirs de celui qu'on a appelé *le grand Frédéric*.

« Napoléon et Frédéric, deux hommes qui croyaient plus à la force qu'à la pensée, deux rois soldats qui plaçaient leur confiance dans le sabre : que de souvenirs réveillés! que d'enseignements perdus!

« L'un avait couvé et fait éclore la grandeur de la monarchie prussienne. . Il avait ébranlé l'Europe et déplacé l'influence en Allemagne; il avait tenu tête à la France, à l'Autriche, à la Russie; et la guerre de Sept-Ans, moins étonnante sans doute que la première campagne de Bonaparte en Italie, avait montré au monde ce que peuvent l'intelligence et le courage élevés au plus haut degré. D'une province sans frontières, sans défense naturelle, sans ressources, il avait fait le troisième royaume du continent, l'une des grandes puissances de l'Europe... Mais ces merveilles obtenues par le calcul et l'épée exaltèrent l'orgueil de Frédéric : loin de faire remonter vers le ciel l'hommage et l'encens et de reconnaître en Dieu la source de sa puissance, il se coalisa avec les athées et les philosophes du siècle pour disputer à ce Dieu l'adoration et la prière des hommes. Il crut qu'avec un peu de fer allongé en forme de bayonnettes il parviendrait toujours à garantir la Prusse de la contagion des idées fausses, et il se mit à déchaîner sur les nations catholiques l'impiété et l'incrédulité, instruments ordinaires de leur décadence ou de leur ruine. Profondément convaincu de ce qu'il y avait de trompeur et de dissolvant dans la philosophie voltairienne, il se mit à l'attiser, à l'honorer, à décupler sa force, et il eut le triste honneur de léguer à l'Autriche le faux libéralisme de Joseph II, et à la France les germes de la doctrine de Chaumette et d'Hébert. Lorsqu'il mourut, la Prusse était un assemblage de régiments, parfaitement disciplinés et pourvus d'une caisse bien garnie : ce n'était ni un peuple ni une patrie. Comme elle ne reposait que sur le maintien de la règle militaire, et non sur une idée ou sur une croyance, elle avait besoin de la victoire, de la guerre et surtout de la fortune... Mais, au milieu de ses plus vastes sacrifices, comme elle manquait de foi, elle ne devait jamais lutter que pour sa propre grandeur.....

« Plus illustre capitaine, plus fécond organisateur, plus roi que Frédéric le Grand... quand Napoléon apparut au monde, ce n'était qu'un soldat; et peu de jours après, il dépassait de quinze coudées la taille de ses contemporains. La miséricorde de Dieu visitant la France au milieu des misères de la première révolution, Napoléon fut *suscité de l'Egypte*, et il vint parmi nous accomplir sa mission qui était de rétablir le culte et de réorganiser l'ordre social; il termina l'anarchie et releva les autels en ruines. Quand il eut achevé son œuvre, il la dépassa : destiné à être la consolation de sa patrie, il aima mieux être contre l'Europe un instrument de colère. La France s'était réfugiée sous la protection de son génie : elle eut à se repentir de cet abandon et de cette confiance...[1]. »

Dans ce parallèle entre Frédéric et Napoléon, tracé en 1851, — il y a plus de trente ans, — que de choses sont restées vraies et ressortent même davantage qu'à cette époque par les rapprochements que les événements et les perplexités de ce temps-ci ont fait naître presqu'involontairement et maintiennent avec une logique implacable ! L'énigme subsiste toujours, la providence peut seule nous en donner le mot, mais au prix de quelles épreuves à subir encore...!

A Postdam, Napoléon trouva l'épée de Frédéric et le grand cordon des ordres de ce prince; il s'en saisit, en disant : « J'aime mieux cela que vingt millions. Je les enverrai à mes vieux soldats des campagnes de Hanovre; j'en ferai présent au gouverneur des Invalides, qui les gardera comme un témoignage mémorable des victoires de la grande armée et de la vengeance qu'elle a tirée des désastres de Rosbach. » Les destins sont changeants. Vint le jour de nos revers, et l'armée prussienne, campée dans Paris, voulut à son tour détruire un des ponts jetés sur la Seine, parce qu'il portait le nom d'Iéna, et ce ne fut pas Napoléon qui conserva ce monument à la capitale.

Il entra à Berlin avec tout le faste d'un triomphe sans égal et, plein de rancune jusqu'à la fin, il ne craignit pas de livrer aux sarcasmes de ses bulletins l'héroïque reine de Prusse et le vieux duc de Brunswick expirant

1. A. Gabourd, tome VIII, p. 395-398.

en parlant de la noblesse prussienne qui s'était montrée si vaillante, il osa dire: « Je rendrai cette noblesse si petite qu'elle sera obligée de mendier son pain. » C'était volontairement amoindrir sa gloire que de la compromettre par de tels actes et de telles paroles, tant il est vrai de dire qu'il est difficile de triompher avec modération. Un acte de clémence honora cependant Napoléon peu de jours après; il pardonna au prince de Hatzfeld, gouverneur de Berlin, que son patriotisme avait poussé à tenir l'armée prussienne au courant de nos mouvements stratégiques. En agissant ainsi, Napoléon fut surtout clément pour lui-même ; il cherchait l'occasion de faire taire les haines de l'Allemagne. Mais, il substitua violemment le droit de conquête au droit des gens; il imposa aux employés publics et aux magistrats l'obligation de prêter serment d'obéissance à l'empereur des Français. Quelques années plus tard, lorsque les étrangers triomphèrent dans Paris, ils respectèrent mieux la dignité des citoyens français. Bientôt mourait le duc de Brunswick, fugitif et dépossédé de ses Etats par Napoléon ; le fils du vieux général, sous le coup d'une douleur immense, jura de venger son père, et depuis il tint parole, à la tête des hussards de la Mort, de si redoutable souvenir.

Cependant les places les plus fortes étaient obligées de se rendre l'une après l'autre. Spandau, Stettin et Custrin nous livrèrent tout leur matériel de guerre. Blücher, après des prodiges de valeur, dut mettre bas les armes, et Magdebourg ne tarda pas à capituler avec ses vingt deux mille défenseurs. La guerre de Prusse était terminée : il ne restait plus à Frédéric-Guillaume qu'à se rendre et à implorer la paix. Cette paix fut à peine une trêve, car la guerre de Pologne s'annonçait et se dressait devant Napoléon et ses armées. Jusqu'au terme assigné à la carrière de Napoléon, il en devait toujours être ainsi dorénavant; comme le proscrit de l'antique légende, l'empereur entendait une voix menaçante qui lui criait sans cesse: « Marche! marche!... »

En attendant la campagne de Pologne dirigée contre Napoléon par la Russie, regardons l'armée prussienne, si redoutable aux premiers jours, forte de cent soixante mille hommes et à présent détruite, dispersée ou prisonnière. La monarchie du grand Frédéric était sous les pieds de l'empereur; l'une des plus redoutables puissances militaires de l'Europe avait cessé d'exister. Qui pourrait donc désormais assigner une limite aux envahissements de Napoléon? Ce fut au milieu de ces triomphes inouïs que l'empereur conçut pour la première fois le projet de faire élever, sur l'emplacement de la Madeleine où l'on se proposait alors de construire la Bourse, un vaste et magnifique monument qui devait s'intituler *le temple de la Gloire*. Des statues, des tables de marbre, d'immenses bas-reliefs devaient représenter les hauts faits des deux dernières campagnes. Ainsi, l'empereur méditait de doter la France d'un Parthénon et de renouveler, en l'honneur de ses soldats, les traditions du paganisme grec. Aujourd'hui, le temple de la Gloire a été achevé, mais il est consacré au Dieu des chrétiens, sous l'invocation de l'humble pécheresse à qui il fut beaucoup pardonné parce qu'elle avait beaucoup aimé l'auteur de la seule vraie gloire.

L'orgueil et la haine aveuglèrent Napoléon, à Berlin comme à Vienne. Après Austerlitz, il aurait pu détruire la monarchie autrichienne ou la consolider pour le salut de l'Occident; il se borna à l'humilier, à l'affaiblir et à susciter en elle des ressentiments implacables. Maître de la Prusse, la politique lui conseillait de détruire l'œuvre du grand Frédéric, il aima mieux la dégrader, et ce fut une faute dont les conséquences se sont fait cruellement sentir à la France et à l'Europe tout entière. Mais, c'était surtout l'Angleterre que l'empereur voulait détruire, en la mettant elle et son commerce au ban des nations, entreprise gigantesque où il devait user ses forces et se briser lui-même pour finir par mourir prisonnier de sa terrible rivale. Menant de front les plus vastes entreprises, l'empereur se disposait alors à entrer en Pologne, où de vives sympathies accueillaient d'avance nos armes, en ce noble pays qui avait applaudi aux victoires de la France et dont les chefs patriotes s'étaient rendus à Berlin pour solliciter le vainqueur d'Iéna de venir délivrer leur sol partagé entre trois puissances jalouses: la Prusse, l'Autriche et la Russie. L'entreprise était périlleuse; car, outre les rigueurs du climat glacial qu'elle allait affronter, notre armée laissait derrière elle l'Allemagne vaincue et brûlant de prendre sa revanche. L'Angleterre épiait tous nos mouvements, et sa haine active pouvait nous susciter mille embarras, tant en Espagne qu'en Italie, en Belgique qu'en Hollande et surtout en Autriche: cette nouvelle campagne s'engageait en quelque sorte sur un coup de dé, un défi audacieux jeté à la fortune des armes. Après avoir paré à toutes les difficultés probables, Napoléon augmenta l'effectif de son armée : il porta à cinq cent quatre-vingt mille hommes les troupes dont il pouvait disposer et il appela sous les drapeaux près de cent mille conscrits de la classe de 1807: c'était une levée par anticipation, et plus tard on suivit un pareil précédent. Le 21 novembre 1806, Napoléon adressa au Sénat un message où éclatait l'implacable résolution de persister jusqu'au bout dans la politique de la guerre. L'empire n'avait pas de plus grand ennemi que la paix; sa vie, sa durée, sa force dépendaient de la guerre et de la guerre seule.

De vastes préparatifs eurent lieu en même temps avec cette activité dévorante, fièvreuse, qui caractérisait Napoléon et que l'ivresse de l'ambition surexcitait encore chez lui; ce n'était pas un accident, mais l'état normal de sa constitution politique: tout par la guerre et pour la guerre! Jamais on n'avait vu une si forte armée. Pour subvenir à de tels apprêts, sans écraser d'impôts la France, des contributions énormes furent prélevées sur la Prusse, la Hesse, la Flandre, le Hanovre, le Mecklembourg et les villes anséatiques, sans compter les chevaux enlevés dans les pays conquis et ceux que l'on fit venir, en plus grand nombre encore, du royaume de Naples et du Milanais.

De son côté, le czar leva quatre cent mille hommes et se prépara à défendre son empire contre un aussi redoutable ennemi dont il comptait bien avoir raison. Cependant les principaux corps de notre grande armée s'acheminaient vers la Pologne, et Napoléon faisait transporter, à la suite des corps expéditionnaires, des quantités considérables d'armes et de munitions destinées à la Pologne, dans le cas où cette nation se soulèverait contre les puissances dont elle subissait le joug odieux. C'était une guerre se compliquant d'un vaste appel à l'insurrection. Ce n'était pas uniquement la sympathie qu'excite d'ordinaire un peuple chevaleresque et opprimé qui guidait Napoléon dans cette entreprise où les Polonais ne voyaient que l'indépendance de leur pays. Affranchir la Pologne et annuler les déplorables partages de 1772 et de 1793, c'était, d'un trait de plume, relever le peuple polonais et conjurer contre la France, la Russie, la Prusse et l'Autriche; or, en présence de ce redoutable résultat, Napoléon s'arrêtait à mi-chemin, et, avant de servir la Pologne, il voulait d'abord s'en servir, sans se lier à elle par aucune promesse.

Les premières marches de notre armée dans ce pays froid, par la boue et la neige, furent semées de fatigues et de découragement; les Russes, par une habile tactique, reculaient toujours et ruinaient partout le pays; c'était un essai anticipé de la stratégie désastreuse de 1813. Au milieu de ces inextricables marécages, ils ne cessaient de harceler nos troupes, d'inquiéter nos convois et de faire sur nos flancs des charges de cavalerie dont les bulletins impériaux cherchaient sous des formes dédaigneuses à déguiser les désastreux effets. L'ennemi avait contre nous un puissant auxiliaire contre lequel ni le nombre ni la force ne pouvaient rien, le froid et les intempéries multipliées de l'hiver tour à tour glacial et pluvieux. Les Français n'avançaient que très lentement et au prix des plus rudes fatigues. Cependant, toujours braves, déterminés, héroïques, ils appelaient de tous leurs vœux la bataille. Après le succès de Pultusk, il fallut songer à prendre les quartiers d'hiver; Napoléon s'établit à Varsovie où il se proposait de rester jusqu'au printemps. On touchait aux premiers jours de 1807.

Avec l'activité qui ne l'abandonna jamais, Napoléon, campé à l'extrémité de l'Europe, gouvernait toujours la France qui commençait cependant à se lasser de la guerre dont rien ne lui faisait prévoir le terme. Pour conjurer le danger qui pouvait résulter pour lui de ces dispositions dont il ne se dissimulait pas la gravité, l'empereur espérait qu'avec des bulletins pompeux, expédiés du quartier général, on serait toujours en mesure de contenir l'esprit public.

L'armée russe, quoique retenue un moment dans ses quartiers, ne cessait de harceler nos troupes; la situation devenait de plus en plus critique, car l'ennemi manœuvrait pour nous chasser de nos cantonnements et pour rouvrir la campagne, ne voulant pas laisser aux soldats français, à peine remis de leurs fatigues, le temps de prolonger la trêve et de se mettre ainsi en état de recommencer la lutte.

Le plan d'opération des Russes s'appuyait sur deux places importantes, Dantzick et Kœnigsberg, que les Français menaçaient ou tenaient assiégées; Ney et Bernadotte résistaient, mais ils réclamaient en même temps des renforts. Napoléon, qui ne croyait pas qu'il fût possible à un ennemi de le prévenir, ne voulait voir dans les mouvements de l'armée russe que des excursions de Cosaques. Il lui fallut pourtant se rendre à l'évidence et, grâce à d'énergiques manœuvres, on put forcer l'ennemi à se retirer sur Eylau (février 1807), où une grande bataille se prépara immédiatement.

L'armée française ne comptait, à l'heure présente, que cinquante-cinq mille hommes, tandis que la Russie mettait en ligne quatre-vingt mille combattants; les dispositions de l'empereur étaient à peine prises que l'ennemi ouvrit le feu contre les Français qui avaient établi leurs positions dans l'intérieur même de la ville d'Eylau. Des deux côtés, la lutte fut égale et acharnée, et l'artillerie fit d'épouvantables trouées. Le plateau qui domine Eylau fut pris, et trois fois l'ennemi essaya de nous l'enlever : trois fois ses efforts échouèrent. Les deux armées étaient décimées et épuisées, le champ de bataille couvert de morts et de mourants; les cris des blessés se mêlaient au bruit du canon et de la fusillade. Des deux côtés on songeait à mourir courageusement, et l'on ne comptait plus sur la victoire. Enfin, la partie fut abandonnée par le général russe fatigué de tant d'inutile carnage et la victoire — victoire douteuse, stérile et cruellement achetée, — resta aux Français. Le champ de carnage était hideux à voir, et ce spectacle était déjà un châtiment pour Napoléon. Des deux côtés on s'attribuait la victoire, et les Russes, en entrant à Kœnigsberg, firent retentir des accents de triomphe; ils avaient eu, pour leur compte, trente mille hommes tués ou blessés. Notre perte était moindre, mais les souvenirs de la guerre, depuis deux cents ans, ne nous avaient point encore habitués à ces effroyables hécatombes humains[1].

A la suite de cette victoire si péniblement arrachée à l'ennemi, l'armée française épuisée dut reprendre ses quartiers; elle ne pouvait songer à attaquer l'ennemi, qui s'était retranché devant Kœnigsberg. Cependant l'hiver n'avait point entièrement suspendu les opérations militaires; après divers combats acharnés, l'événement le plus important fut le siège de Dantzick, à la suite duquel le général Lefebvre, qui y avait pris la plus glorieuse part, fut fait duc; cet événement inaugura le rétablissement des titres de noblesse dans le régime impérial.

1. Thiers, tome VII, p. 207 à 432 *passim*.

CHAPITRE NEUVIÈME

Situation de l'armée française. — Symptôme marqué de décadence. — Aveux de Napoléon. — Ses occupations au cœur du Nord. — Nouvelles levées d'hommes. — Duplicité du czar. — Friedland. — Terrible bataille et sanglante victoire. — La grande armée se porte sur le Niémen. — Armistice de Tilsitt. — Création du grand duché de Varsovie. — Etat de l'opinion publique en France. — Sombre tableau. — Espérances bientôt déçues. — Réveil de l'opposition. — Les charmes de la paix opposés à la gloire des armes. — Irritation de Napoléon. — L'hiver de 1807. — Invincibles pressentiments. — L'empereur rêve une vaste coalition contre l'Angleterre. — Disgrâce de Talleyrand. — Imprudence de l'empereur. — Mesures de plus en plus arbitraires. — Le pays et les grands corps de l'Etat complices de Napoléon. — Basses flatteries et mensonges officiels. — La surface aux dépens de la profondeur. — L'Europe subit en frémissant le joug de l'empereur. — Duel opiniâtre entre la France et l'Angleterre. — Le décret de Milan. — Paroles prophétiques de Lucien Bonaparte. — Pie VII, défenseur du droit. — Outrecuidance des prétentions de Napoléon sur les Etats romains. — Une prophétie involontaire. — Orgueil et impiété. — Napoléon rêve de réunir sur sa tête le pouvoir despotique et la suprématie pontificale. — L'armée française envahit Rome. — Frémissement d'indignation de l'Europe. — Napoléon, instrument inconscient des idées révolutionnaires. — Assez de gloire! — Jalousie des généraux français. — *Robespierre à cheval.* — Réveil de l'Allemagne.

Napoléon ne retourna point à Varsovie : il avait fixé son quartier à Osterode, puis à Finkenstein. A ce moment, voici quelle était la situation de l'armée française; l'ensemble se composait de trois cent mille hommes, dont soixante mille Italiens, Allemands et Polonais, plus un nombre immense de maraudeurs, à peu près soixante mille, qui vivaient aux dépens des pays qu'ils désolaient et rançonnaient. Le soldat ne se faisait plus scrupule de s'enrichir des dépouilles des vaincus; il y avait évidemment là un symptôme bien réel de décadence qu'expliquait cependant, jusqu'à un certain point, sans le légitimer cependant, l'état pitoyable de dénûment où se trouvait l'armée française et que Napoléon, les généraux et les officiers partageaient avec courage. Peu de jours après la bataille d'Eylau, l'empereur écrivait à son frère Joseph : « Les officiers d'état-major ne se sont point déshabillés depuis deux mois, et quelques-uns depuis quatre... Nous sommes au milieu de la neige et de la boue, sans vin, sans eau-de-vie, sans pain, mangeant des pommes de terre et de la viande, faisant de longues marches et contre-marches et nous battant à la bayonnette et sous la mitraille, les blessés obligés de se retirer en traineau, en plein air, pendant cinquante lieues. »

A Osterode, à Finkenstein, Napoléon continuait de gouverner la France par ses dépêches. Instruit que le récit de la bataille d'Eylau avait causé une consternation profonde, il n'épargnait rien pour raffermir l'esprit public et ranimer la confiance. Il voulait qu'on sentît sa main partout et toujours; des bords de la Vistule, il s'occupait des moindres détails de l'administration française : il censurait des pièces de théâtre, il surveillait les feuilletons du *Journal de l'Empire*, il revisait des décisions de bureau relatives aux ballets de l'Opéra : son orgueil et sa politique trouvaient leur compte à de pareils soins.

En même temps il veillait à toutes les éventualités d'une nouvelle guerre, très prochaine et, en semblant prêter l'oreille aux propositions pacifiques dont l'Autriche se faisait l'intermédiaire entre la Russie et la France, il ordonnait de nouvelles levées d'hommes pour développer encore ses forces militaires. Grâce à l'appel par anticipation de la classe de 1808, l'armée française devait être portée à six cent cinquante mille hommes, indépendamment des contingents fournis par la confédération du Rhin et par les puissances alliées. Napoléon voulait ainsi imposer à l'Autriche et déclarer à l'Europe que la France était résolue à armer jusqu'à son dernier citoyen. Ce fut un signal de désolation pour notre pays, mais aussi une intimidation pour le cabinet de Vienne.

Cependant il ne négligeait rien pour déterminer le czar à écouter des propositions pacifiques; il désirait vivement épargner à son armée une deuxième journée d'Eylau. Tout en ayant l'air d'écouter Napoléon, le czar, en secret, s'unissait à la Prusse, et l'Angleterre promettait à ces deux puissances vingt-cinq millions de subside. Soudain, au milieu des négociations commencées entre l'empereur et le czar, les Russes attaquèrent l'armée française; mais ils furent, à diverses reprises, battus et mis en déroute : ces avantages coûtèrent cher à nos troupes, obligées d'aller sans trêve de l'avant et de vaincre ou mourir, Une nouvelle bataille allait s'engager dans la plaine de Friedland (juin 1807). Le 14 juin, un soleil magnifique luisait dès le matin : « Voici un beau jour! dit l'empereur, c'est l'anniversaire de Marengo! » Ces mots, répétés sur toute la ligne, électrisèrent les soldats et les remplirent de confiance.

Comme à Eylau l'armée russe opposa à la fougue française une fermeté et une bravoure à toute épreuve; c'était un rempart de fer que ces hommes, que rien ne déconcertait et qui, un moment entamés, se ralliaient aussitôt; il fallut l'acharnement de Ney, d'Oudinot, de Victor et d'autres encore pour emporter de haute lutte un avantage chèrement acheté. Napoléon donna les plus vifs témoignages d'admiration à ses généraux, dans cette journée mémorable : « C'est un lion! » s'écria-t-il en face de la vigueur audacieuse de Ney, et il dit à Oudinot : « Vous vous êtes surpassé. Partout où vous êtes, je n'ai à craindre que pour vous. »

A onze heures du soir, la victoire était complète : vingt mille cadavres russes couvraient le champ de bataille; le nombre des prisonniers et des blessés était immense. Comme à Eylau, la grande armée venait d'apprendre une fois de plus à respecter et à honorer le courage des Russes. Nos pertes s'élevaient à près de huit mille hommes, tués et blessés[1]. Dans la place de Kœnigsberg qui s'était rendue au maréchal Soult, on trouva cent mille fusils envoyés par l'Angleterre.

1. Thiers, tome VII, p. 591-615.

La grande armée, après quelques jours de repos, se porta sur le Niémen, aux extrémités orientales de la Prusse, et aucun obstacle ne retarda sa marche. Les débris de l'ennemi s'étaient réfugiés derrière ce fleuve, et les deux armées se trouvèrent en face l'une de l'autre; à quelques lieues de là commençait la Russie, et Napoléon ressentait quelque inquiétude de porter peut-être si loin la guerre. Aussi accueillit-il avec plus d'empressement qu'il n'en voulait montrer la proposition d'une suspension d'armes qui lui fut faite par le roi de Prusse et par l'empereur de Russie. Cet armistice, précurseur de la paix, fut signé des deux côtés à Tilsitt, le 22 juin. Ce fut l'objet d'une proclamation adressée par Napoléon à son armée, dans le style plein de faconde dont il avait le secret et qu'il savait si bien employer. Voici la seconde partie et la péroraison de cette pièce d'éloquence à la méridionale : « Français, vous avez été dignes de vous et de moi! Vous rentrerez en France couverts de lauriers et après avoir obtenu une paix glorieuse qui porte avec elle la garantie de sa durée. Il est temps que notre patrie vive en repos, à l'abri de la maligne influence de l'Angleterre... »

Certes, la paix et le repos étaient deux biens après lesquels soupirait notre pays épuisé par tant de sacrifices, mais il ne pouvait nous les donner l'ambitieux empereur qui, parvenu par la guerre, ne se maintenait que par elle et qui condamnait ainsi la France à ne plus s'arrêter dans la voie fatale où il l'avait entraînée à sa suite.

En s'abordant, Napoléon et le czar s'étaient embrassés; aussi grands comédiens l'un que l'autre, cette accolade fraternelle était peu sincère de leur part, et chacun d'eux disait, avec le poète :

> J'embrasse mon rival, mais c'est pour l'étouffer.

La paix fut signée à Tilsitt, le 6 juillet : Napoléon consentit à rendre au roi de Prusse une partie de ses Etats. Les provinces qui, avant 1772, formaient le royaume de Pologne et qui, depuis, étaient tombées, à différentes époques, sous la domination prussienne, furent détachées de cette monarchie et devinrent un Etat particulier, sous le nom de grand-duché de Varsovie; il fut stipulé que ce grand-duché appartiendrait au roi de Saxe et serait gouverné d'après une constitution qui garantirait sa liberté et ses privilèges. Ce fut là tout ce que Napoléon fit pour la Pologne; il la changea seulement de maître. En somme, il faut reconnaître que si le traité de Titsitt fut avantageux à la France, il profita surtout, en réalité, aux intérêts et à la prépondérance de la Russie dont le souverain, quoique vaincu et réduit à demander la paix, obtint de pouvoir ajouter à son vaste empire la Finlande, objet des convoitises de Catherine II.

Puis, ayant pris congé du czar et du roi de Prusse, Napoléon revint en France méditer de nouvelles entreprises contre les peuples.

Arrêtons-nous un moment et laissons à un historien de nos jours le soin de nous tracer de main de maître l'état de l'opinion publique, à l'époque mémorable de la paix de Tilsitt. Ces pages, écrites à la veille de la résurrection du deuxième empire dans notre pays, empruntent à cette date même, à plus de trente ans de distance, une saveur toute particulière, et, en condamnant le système de la guerre à outrance suivi par Napoléon Ier, elles donnent d'avance un solennel démenti à la déclaration pompeuse de Napoléon III : « L'Empire, c'est la paix! »

« En France, dit M. Gabourd, on s'accoutume à tout, même à la gloire : les campagnes de Marengo et d'Austerlitz avaient habitué le peuple à la confiance : et quand Napoléon le Grand partait pour se mettre à la tête de ses armées, tout le monde s'attendait à voir publier, au bout de quelques jours, ces bulletins plus nombreux que sincères, qui racontaient en peu de mots les victoires gagnées, les villes prises, les provinces devenues tributaires. Aussi, quand la nouvelle des batailles d'Iéna et d'Auerstaedt parvint à Paris, on demeura fier, mais on accueillit ces triomphes comme des événements prévus et naturels. La vanité nationale fut flattée d'apprendre que nos drapeaux flottaient à Berlin ; et cependant quelque inquiétude vague commença à se manifester, lorsqu'on sut que cet événement ne mettait pas encore fin à la guerre. Le caractère français est frondeur. La bourgeoisie se montrait saturée de gloire et fort avide de sécurité et de transactions commerciales. Elle battait des mains lorsqu'un acteur, faisant lever le rideau des entr'actes, venait donner lecture du nouveau bulletin de la grande armée ; mais, en rentrant au logis, elle regrettait que l'industrie fût bloquée par l'Angleterre et que la continuation indéfinie des hostilités paralysât l'essor du négoce. La gloire nationale était donc pour elle un merveilleux spectacle dont malheureusement la mise en scène ruinait le pays. Puis les familles tremblaient d'avoir à contribuer pour leur part à ces hécatombes toujours offertes au dieu de la guerre. Il n'était point de foyer où ne se trouvât une place vide, celle du père ou du fils, alors exposé au fer ennemi, à la fatigue des marches, aux intempéries du Nord, à la fièvre des hôpitaux. Aussi que d'angoisses lorsqu'un courrier apportait la nouvelle d'une de ces batailles décisives qui coûtaient tant de sang ! On vivait dans l'anxiété la plus vive, en attendant que des nouvelles souvent tardives émanassent du quartier général et fissent connaître les noms des morts et des blessés. Quel bonheur lorsqu'aucun nom chéri ne figurait sur la fatale liste ! Quel désespoir lorsqu'on apprenait que l'objet de tant de sollicitudes avait succombé devant l'ennemi ! et que les cœurs aimants et les filles en deuil trouvaient peu de consolation lorsque, le bulletin impérial daignait dire en style héroïque : *Il est mort en brave !*

« Tant que les luttes de la grande armée coûtèrent peu de sang, ces inquiétudes des familles n'éclatèrent point assez au grand jour pour attrister le pays ; mais le jour funeste où parvint à Paris le récit de la boucherie d'Eylau, une consternation profonde saisit les cœurs. Vainement le lecteur officiel cherchait-il à enfler sa voix en parlant du dévouement admirable de nos troupes ; le frisson se glissait dans les âmes à mesure qu'on entendait les détails sinistres de la lutte, les charges à la bayonnette, les épouvantables canonnades, la mêlée dans les ténèbres et au milieu de la rafale, les longues files de cadavres à demi couverts de blancs flocons et les blessés criant sur la neige quarante-huit heures après le combat, sans qu'il fût encore possible de les secourir. Alors, si quelques hommes à la poitrine de bronze imposaient silence à leurs émotions et ne trouvaient de paroles que pour acclamer César, les malédictions des sœurs et des mères, quoique toujours comprimées par la peur, se manifestaient sourdement et condamnaient les jeux des conquérants [1]. »

Dans cette disposition des esprits, on salua avec ivresse l'annonce de la paix de Tilsitt et l'on se plut à y voir le gage d'un repos si chèrement acheté; tous les cœurs s'ouvrirent, de nouveau, à l'enthousiasme pour la grande armée et pour son glorieux chef.

Cependant l'opposition n'était pas morte; en dépit de la surveillance active et des rigueurs tyranniques de la police, aux mains du régicide Fouché, elle avait choisi l'arme la plus sûre et la plus dangereuse contre Napoléon; elle vantait les charmes de la paix, déclamait contre la manie des conquêtes, gémissait sur la tyrannie de la conscription. Toutes ces insinuations allaient d'autant mieux à leur adresse qu'elles étaient discrètes et révélaient un caractère de commisération aux douleurs du pays. Le Sénat lui-même se fit l'écho de ces plaintes, au nom de l'humanité; en dépit des formes élogieuses dont ce corps de l'Etat enveloppa ses espérances à Napoléon, celui-ci s'en montra froissé et s'irrita de tant d'audace qui lui dictait sa conduite.

L'hiver de 1807 fut particulièrement triste, non seulement en province, mais encore à Paris; en vain, engageait-on le pays à se distraire, des choses que l'on ne pouvait lui cacher l'entretenaient dans les plus sombres préoccupations. Sur les routes on rencontrait de longues chaînes de conscrits arrachés bien jeunes au foyer de la famille et conduits, la corde au cou et les fers aux mains, à ce qu'on appelait la gloire et qui n'était qu'une cruelle boucherie. On savait que plusieurs

1. A. Gabourd, tome IX, p. 1-3.

de ces infortunés, dans leur désespoir, s'étaient mutilé la main pour échapper au service militaire. Les murs étaient couverts de décrets menaçants contre les conscrits en fuite, contre les réfractaires; les prisons, les bagnes étaient pleins de déserteurs condamnés au boulet; la guerre dépeuplait la campagne, et l'agriculture manquait de bras.

En résumé et en dehors de ces douloureux spectacles, il y avait comme un pressentiment, au fond de toutes les âmes que ce qui se passait, cette gloire, ces victoires, ces conquêtes ne pouvaient pas durer toujours; seul, Napoléon, de plus en plus aveuglé par des succès cependant si coûteux et par lui-même, ne partageait nullement cette inquiétude importune qu'il regardait comme séditieuse au premier chef même dans ses manifestations les plus timides, mais qui n'en étaient pas moins réelles et allaient toujours croissant chaque jour.

A peine arrivé en France, l'esprit ardent et actif de l'empereur s'occupait immédiatement de la réalisation de son vaste système politique, immense conspiration contre l'Europe. Il voulait coaliser tous les intérêts européens et toutes les forces continentales contre l'Angleterre et ruiner sa redoutable puissance maritime. En attendant, les marchandises anglaises continuaient d'être rigoureusement saisies, et le blocus devenait pour la Grande-Bretagne une redoutable réalité. C'était là cependant un danger plutôt qu'un avantage. Plus l'Angleterre était mise au ban des nations, plus la France déclarait la guerre aux intérêts commerciaux de l'Europe entière.

Parmi les changements que Napoléon introduisit dans le ministère, il faut mettre en première ligne celui de M. de Talleyrand, qui avait vu avec déplaisir et ne s'en était pas caché, prévaloir le système de la guerre à outrance, le blocus continental. L'empereur profita de la mort de M. Portalis, ministre des cultes, pour réduire ce ministère à une simple direction générale, en haine de la résistance du pape à ses caprices et pour ne point élever le clergé catholique au rang de puissance officielle.

Le Tribunat fut aussi supprimé, et dès lors la dictature

impériale ne devait plus rencontrer de contre-poids; Napoléon voulut que dorénavant le nom de *république* fût effacé de la monnaie française, où il se lisait encore. Puis, au moyen d'un sénatus-consulte, il procéda à l'épuration de la magistrature sur tout le territoire de l'Empire; c'était violer d'une manière flagrante le principe de l'inamovibilité judiciaire, proclamé par la constitution de l'an VIII; mais le despote attendait moins des *arrêts* que des *services* de la magistrature française. Et cette conduite n'a rien qui doive surprendre de la part de Napoléon; il était et il devait rester toujours le représentant, que dis-je? l'incarnation des idées républicaines-révolutionnaires dont, à son insu, il n'était que le docile instrument: aussi, les souverains de l'Europe ne s'y trompèrent-ils pas.

Mais, ce qui poussait surtout cet homme dans une voie si désastreuse pour le pays et pour lui, c'était le pays même qui lui prodiguait, par la voix des corps de l'État, les adulations les plus excessives. « Sire, lui disait M. Séguier, premier président de la cour d'appel, sire, il est une chose plus extraordinaire que *les prodiges de Votre Majesté* : c'est que vous résistiez à la fortune qui affecte pour vous l'empire de la terre; que vous soyez moins ambitieux de vaincre que de vous réconcilier... *Napoléon n'a jamais voulu que la paix du monde*... Napoléon est au delà de l'histoire humaine; il appartient aux temps héroïques; il est au-dessus de l'admiration; *il n'y a que l'amour qui puisse s'élever jusqu'à lui.* » Ceci n'est qu'un faible spécimen du grossier encens dont s'enivrait Napoléon.

Il est certain que l'empire français présentait alors un aspect bien fait pour séduire l'esprit des masses irréfléchies, aux yeux desquelles la surface l'emportera toujours sur la profondeur et la solidité des institutions. Ainsi, la France, à l'heure présente, comptait cent dix départements, parmi lesquels le Hainaut, la Flandre autrichienne, le Brabant, le pays de Liège et les autres provinces belges en formaient neuf. Sur la rive gauche du Rhin, Aix-la-Chapelle, Trèves, Coblentz et Mayence étaient les chefs-lieux d'autant de préfectures; Clèves et

Cologne étaient des sous-préfectures, etc. L'Europe presqu'entière, du nord au midi, subissait le joug, mais le détestait tout bas. Venise, Gênes, Mantoue, qui avaient de si brillants souvenirs dans le passé, se sentaient humiliées de n'être que des préfectures.

Cependant, au milieu de son orgueil, Napoléon comprenait qu'à côté de la conquête il doit y avoir place pour le progrès; des améliorations notables se produisirent au moyen de lois nouvelles. Il n'oubliait rien non plus de ce qui pouvait flatter l'insatiable soif de distinctions et de titres qui, de tout temps, a caractérisé les républicains et spécialement les révolutionnaires même les plus farouches. Aussi les vieux démagogues de 1792, les ex-conventionnels, les mitrailleurs de Toulon et les démolisseurs de Lyon, les régicides de toutes les classes s'empressèrent-ils d'accueillir avec bonheur les titres nobiliaires dont les affubla Napoléon et avec lesquels il les musela.

Pour revenir à l'état des affaires extérieures, en vain la Russie intervint-elle comme médiatrice entre la France et l'Angleterre, le cabinet britannique se montra plus disposé que jamais à continuer énergiquement la lutte et chercha à répondre par des représailles au blocus continental (1807). Pour s'étourdir sur ces graves difficultés qui ne pouvaient avoir, désormais, d'autre issue que la chute de Napoléon ou celle de l'Angleterre, l'empereur entreprit un voyage d'apparat et s'organisa des ovations officielles en Italie. Puis, de Milan même il publia un trop célèbre décret destiné à compléter et à rendre plus formidable encore le blocus continental, déjà commencé et organisé par le décret de Berlin. Le décret de Milan était un défi de plus renvoyé à l'Angleterre par la France, dans la question de la liberté des mers. C'était assujétir l'Europe à des privations inouïes et imposer aux alliés et même aux neutres une solidarité de haine et d'attaques qui les compromettait vis-à-vis de la Grande-Bretagne et les excitait à secouer le joug intolérable de la France.

A moins de sept ans de distance devaient s'accomplir les paroles prophétiques qu'autrefois Lucien Bonaparte avait adressées à son frère : « Cet empire que vous élevez par la force, que vous soutiendrez par la violence, eh bien ! il sera abattu par la violence et la force ; et vous-même vous serez brisé. »

En attendant, un spectacle plus grand que celui des victoires et des triomphes militaires de Napoléon était donné au monde par le vicaire de Jésus-Christ, le vénérable Pie VII luttant contre la force au nom du devoir et du droit et opposant la patience à la fougue de son adversaire impérial.

Ivre d'orgueil et ne connaissant plus de bornes à son insatiable ambition, l'empereur, qui rêvait la monarchie absolue, aurait voulu, comme les antiques Césars, réunir en sa personne le pontificat et les honneurs de la divinité. « Je ne suis pas né à temps, disait-il à M. de Fontanes. Voyez Alexandre : il a pu se dire fils de Jupiter, sans être contredit ; moi, je trouve dans mon siècle un prêtre plus puissant que moi, car il règne sur les esprits, et je ne règne que sur la matière. »

On a déjà parlé des difficultés qui s'étaient élevées contre Pie VII et Napoléon au sujet de la neutralité politique que le vénérable pontife, père des fidèles, voulait garder au milieu des conflits des puissances belligérantes. L'empereur avait déclaré que si le pape persistait à ne pas fermer ses ports au commerce anglais et à ne pas éloigner de Rome les ambassadeurs des puissances ennemies de la France, il ferait occuper militairement les Etats pontificaux. Pie VII n'avait pas cédé, et vers le même temps circulaient dans le monde catholique des bruits d'excommunication qui excitèrent chez l'empereur un profond ressentiment. Ce fut alors qu'il écrivit à Beauharnais, son beau-fils, vice-roi d'Italie : « Sa Sainteté croirait-elle donc que les droits du trône sont moins sacrés aux yeux de Dieu que ceux de la tiare? *Il y avait des rois avant qu'il y eût des papes*... Ils veulent me dénoncer à la chrétienté ; cette ridicule pensée ne peut appartenir qu'à une profonde ignorance du siècle où nous sommes : il y a une erreur de mille ans de date. Le pape qui se porterait à une telle démarche cesserait d'être pape à mes yeux ; je ne le considérerais que comme l'*Antechrist* envoyé pour bouleverser le monde et faire du mal aux hommes, et je remercierais Dieu de son impuissance. Si cela était ainsi, je séparerais mes peuples de toute communion avec Rome, et j'établirais une telle *police* qu'on ne verrait plus circuler ces pièces mystérieuses ni provoquer ces réunions souterraines qui ont affligé quelques parties de l'Italie et qui n'avaient été imaginées que pour alarmer les âmes timorées.... Que veux faire Pie VII, en me dénonçant à la chrétienté ? Mettre mon trône en interdit, m'excommunier ? Pense-t-il alors que *les armes tomberont des mains de mes soldats ?* Pense t-il mettre le poignard aux mains de mes peuples pour m'égorger ? Il ne lui resterait plus alors qu'à essayer de me faire couper les cheveux et de m'enfermer dans un monastère..... Le pape actuel *s'est donné la peine* de venir à mon couronnement à Paris : j'ai reconnu à cette *démarche* un *saint prélat*. Mais il voulait que je lui cédasse les légations : je n'ai pu ni voulu le faire. Le pape actuel est *trop puissant* ; les prêtres ne sont point faits pour gouverner... Pourquoi le pape ne veut-il pas rendre à César ce qui est à César ? Est-il sur la terre plus que Jésus-Christ ? Peut-être le temps n'est pas loin, si l'on veut continuer à troubler les affaires de mes Etats, où je ne reconnaîtrai le pape que comme évêque de Rome, comme égal et au même rang que les évêques de mes Etats. Je ne craindrai pas de réunir les Eglises gallicane, italienne, allemande, polonaise dans un concile, pour *faire mes affaires sans pape*... Dans le fait, ce qui peut sauver dans un pays peut sauver dans un autre : les droits de la tiare ne sont au fond que des devoirs, s'humilier et prier. Je tiens ma couronne de Dieu et de mes peuples ; je n'en suis responsable qu'à Dieu et à mes peuples. Je serai toujours Charlemagne pour la cour de Rome, et jamais Louis le Débonnaire... Jésus-Christ n'a pas intitué un pèlerinage à Rome comme Mahomet à la Mecque. Tels sont mes sentiments, mon fils. J'ai jugé important de vous les faire connaître ; je n'autorise plus qu'une seule lettre de vous à Sa Saintelé, pour lui faire connaître que je ne puis consentir à ce que les évêques italiens aillent chercher leur institution à Rome. »

Y a-t-il rien de plus absurde, de plus illogique que de pareils raisonnements ? N'est-ce pas le comble de la déraison ? L'audace de Napoléon cachait mal la crainte qu'il avait de l'excommunication ; il avait assez lu l'histoire pour savoir quels avaient été, aux différentes époques, l'effet de cette mesure énergique sur l'esprit des peuples. Ce qui troublait le bon sens de l'empereur, c'était le souvenir de l'organisation religieuse en Russie, dont il rêvait l'application dans l'ancien royaume très chrétien, chez la fille aînée de l'Eglise catholique ; à ce point de vue, comme dans l'empire des czars, la religion, ayant pour chef suprême le souverain politique de la nation, n'aurait plus été désormais qu'un instrument de règne ou plutôt d'épouvantable tyrannie.

Pour éviter un schisme et peut-être, pis encore, Pie VII consentit à ouvrir de nouvelles négociations avec Napoléon ; mais l'empereur maintenant avec opiniâtreté ses injustes exigences, le pape, de son côté, persista avec raison dans ses refus ; alors l'empereur fit occuper les Etats pontificaux. Ce fut le 2 février 1808 que nos soldats entrèrent dans Rome. Le pape protesta avec sérénité, mais avec courage, contre l'occupation de ses domaines par l'étranger ; il déclara qu'il se regardait comme prisonnier. En ce moment, en Europe et dans le monde entier, rien de plus grand que ce pauvre vieillard, victime et martyr du droit; mais rien aussi de plus mesquin que le guerrier brutal et violateur du plus sacré des droits.

Cette grande faute, ce crime de la politique de Napoléon avait eu pour préface la déloyale et sauvage invasion de l'Espagne (novembre 1807). Tout se tient ici-bas, le mal comme le bien. En Espagne, les excès et les sacrilèges des armées impériales préparaient la terrible revanche que le ciel en devait tirer quelques années plus tard dans la campagne de Russie qui vengea à la fois la violation des droits de la religion, à

Rome, et celle d'une antique nationalité, en Espagne.

Rome et l'Espagne avaient créé à Napoléon des embarras assez sérieux pour qu'il omît d'en parler dans son discours, à l'ouverture de la session législative (25 octobre 1808). Sous ce silence, la malignité publique se plut à voir des symptômes de difficultés et des inquiétudes pour l'avenir ; ce qui n'empêcha pas que, suivant son habitude, le Corps législatif présentât au maître une adresse louangeuse et hyperbolique, comme cela devait être dans l'ordre des choses. Ce fut vraiment l'enthousiasme du servilisme et de la peur.

Cependant, dès l'année 1809, un sourd mais réel mouvement d'opposition contre le système impérial commença à se produire de tous les points de la France, au centre surtout, à Paris ; l'Europe ne pouvait d'ailleurs se montrer indifférente aux outrages prodigués au chef de l'Église, à l'arbitre universel et pacifique, au père commun des chrétiens. Le clergé s'alarmait avec raison du spectacle de la corruption des mœurs et du triste avenir que réservait à la France la jeunesse des lycées, formée aux doctrines d'une philosophie desséchante et dégradée par l'incrédulité ou les plaisirs. C'était là le fruit du despotisme militaire, opprimant à la fois l'idée et l'intelligence sous la toute-puissance de la consigne, sous l'abus de la force matérielle. Les cours étrangères et les peuples tant de fois vaincus obéissaient à la France et la maudissaient. De tous les côtés, les regards étaient fixés sur l'Espagne : il y avait là un peuple qui montrait aux autres le chemin de la délivrance, une race d'hommes qui savait combattre et mourir.

« Quand de pareils symptômes se manifestaient en Europe, la révolution française reconnaissait qu'elle n'était pas morte ; elle se prenait à rêver l'affranchissement et le triomphe des principes de 1789 ; elle ignorait que, sous ses apparences et sous sa réalité de despote et de chef absolu, Napoléon résumait mieux que la Convention elle-même le génie et l'idée de la France révolutionnaire ; que sa royauté, sa noblesse, ses codes n'étaient assis que sur des bases essentiellement démocratiques ; que ses expéditions aventureuses et ses conquêtes démesurées n'étaient, à l'insu de l'empereur et de la France, que des moyens rapides de propager dans toutes les contrées lointaines ces idées redoutables, ces doctrines du XVIIIe siècle et du *Contrat social*, dont nous avons fait la première expérience, et que toutes les nations paraissent condamnées à subir. Dans ce sens, nul ne représentait mieux la révolution que l'empereur, son fils oublieux, qui la reniait sans relâche et lui servait providentiellement de marteau et d'épée. La France et Napoléon étaient peut-être les seuls à l'ignorer[1]. »

Ce qu'il y a de certain, c'est que la France était lasse de la guerre, en dépit de la gloire des armées du pays ; il fallait payer cher ces succès éphémères par des hécatombes de conscrits condamnés à la mort en marchant au combat et que le peuple, dans son énergique langage, appelait *la chair à canon*. Des symptômes d'opposition se manifestaient dans les assemblées législatives jusqu'alors si bassement serviles. Napoléon ne pouvait donc compter que sur l'armée enivrée de ses victoires, et cependant il y avait un ferment de révolte latente chez quelques-uns de ses généraux, même les plus comblés d'honneurs, de distinctions et gorgés de riches dotations. Les uns avaient assez des fatigues de la guerre et désiraient se reposer ; les autres, comme Brune, Augereau, Jourdan, Masséna, jalousaient la fortune de Napoléon sorti, ainsi qu'eux, des rangs de l'armée républicaine et qui leur faisait trop sentir le joug. En général, les maréchaux étaient jaloux de Murat et des frères de l'empereur qui étaient devenus rois : ils se comparaient à ces monarques d'hier et se trouvaient sans peine plus grands. L'opposition gagnait jusque dans les plus humbles rangs, et l'empereur envoyait loin de Paris les bataillons et les régiments que sa police militaire lui signalait comme suspects.

Des ennemis plus dangereux, parce qu'ils étaient plus habiles, menaçaient Napoléon ; on a nommé Talleyraud

1. A. Gabourd, tome IX, p. 234 et 235.

Fouché, Barras, Mme de Staël qui appelait l'empereur : *Robespierre à cheval.*

Et par-dessus tout cela, compliquant de plus en plus une situation déjà extrêmement tendue, la guerre renaissait sur tous les points de l'Europe; c'était comme une traînée de poudre. L'Allemagne était à la veille de recommencer la lutte contre Napoléon : les merveilleux récits des luttes de Saragosse lui dictaient de nouveau son devoir. La Prusse était trop épuisée pour entreprendre le moindre effort; elle manquait de soldats et d'armes, elle parvenait à peine à payer à la France les énormes contributions qu'on avait exigées à Tilsitt; mais il se faisait dans ce pays écrasé un travail mystérieux de révolte et de délivrance.

CHAPITRE DIXIÈME

Situation de l'Autriche. — Embarras de Napoléon. — Une proclamation du maître. — Les Français entrent à Vienne. — Attitude expectante de la Russie et de la Prusse. — Wagram. — La confédération du Rhin est ébranlée. — Perfidie de Fouché. — Attentat contre la vie de l'empereur. — Paix de Vienne. — Article secret. — Wellington se révèle comme général en Espagne et en Portugal. — Héroïsme de la population espagnole. — Barbarie de Napoléon et d'Augereau. — Le pape prisonnier dans Rome. — Insulte de l'empereur au Saint-Père. — Bulle d'excommunication lancée contre Napoléon. — Pie VII est emmené en France. — Le cortège du vénérable captif. — Belle protestation du cardinal Fesch. — Audace de Napoléon. — Fouché lui conseille le divorce. — Scène violente et douleur de Joséphine. — Elle se retire à la Malmaison. — Sympathies de l'opinion à l'égard de l'impératrice. — Napoléon se hâte d'épouser Marie-Louise. — Le ministère de la police générale. — Belle conduite du roi de Hollande, Louis Bonaparte. — Déclaration insensée et orgueilleuse de Napoléon. — Confiscation du domaine de Saint-Pierre. — Bernadotte est appelé au trône de Suède. — L'Europe attend le salut de l'Espagne. — Apogée de la puissance impériale. — L'adulation déborde de plus en plus. — Huit Bastilles au lieu d'une. — Passion de l'empereur pour le gigantesque. — Prestige de Napoléon aux yeux du soldat. — Sa superstition. — Une parole caractéristique de Madame mère. — La littérature et l'esprit public sous l'Empire. — Naissance du *Roi de Rome*. Le pape captif à Savone. — Il refuse de reconnaître le cardinal Maury pour archevêque de Paris.

L'Autriche seule pouvait entreprendre la guerre; elle disposait de forces immenses et, profitant des embarras graves où se trouvait Napoléon en Espagne, elle résolut d'entrer en ligne, au nom de l'Allemagne tout entière, et de rompre violemment les traités que lui avait imposés Napoléon. L'Autriche pouvait disposer de cinq cent cinquante mille hommes. L'Angleterre insistait pour qu'on n'attendît pas davantage. De son côté, l'empereur, obligé de maintenir en Espagne de nombreuses armées, ne pouvait mettre sur le Rhin, que deux cent mille hommes. Les approvisionnements manquaient: Napoléon dut pourvoir aux lacunes du service de l'administration militaire, en faisant à la fois les fonctions de munitionnaire et celles de général. Le 9 avril 1809, l'Autriche commençait les hostilités contre l'empereur qui, pour la première fois, se trouvait pris au dépourvu; mais sa fortune le servit encore avec un bonheur inespéré: en cinq jours, qui virent autant de batailles gagnées par l'armée française, toutes les espérances de la maison d'Autriche étaient détruites. Jamais Napoléon ne s'était montré plus actif et plus habile. Dans l'ivresse du triomphe, il adressa à son armée la proclamation suivante où respirent sa faconde habitude et une érudition douteuse : « Vous avez justifié mon attente; vous avez suppléé au nombre par la bravoure; vous avez glorieusement marqué la différence qui existe entre les soldats de César et les cohues armées de Xercès. En peu de jours, nous avons triomphé dans les trois batailles de Tann, d'Abensberg, d'Eckmühl, dans les combats de Peising, de Landshut et de Ratisbonne... Avant un mois nous serons à Vienne. »

Moins de quinze jours après (12 mai), les Français faisaient leur entrée triomphale dans la capitale de l'Autriche. Cependant, la situation de Napoléon, au cœur de l'Autriche, était loin d'être assurée. Sans doute, on gardait Vienne et les places fortes du haut Danube; mais on avait plutôt traversé l'Autriche qu'on ne l'avait conquise. La Moravie et la Bohême demeuraient fidèles. Des soulèvements patriotiques se produisaient de toutes parts, en Allemagne. Le Tyrol se distinguait par une généreuse résistance; de tous les pays allemands qui servirent de théâtre à la campagne de 1809, le Tyrol fut le seul où les aigles de Napoléon reculèrent devant l'ennemi, ainsi qu'on venait de le voir en Espagne, tant est grande la puissance du véritable patriotisme. L'empereur ne pouvait sortir de si nombreuses difficultés qu'à coup de batailles et de victoires, si l'on peut s'exprimer ainsi.

La Russie et la Prusse, dans une attitude expectante, attendaient le moment favorable pour prendre leur re-

10

vanche des humiliations que Napoléon leur avait fait subir. Tout se disposait pour une bataille décisive entre l'armée française et l'armée autrichienne qui s'efforçait en vain de couper le passage du Danube à nos troupes (4-5 juillet 1809). La sanglante victoire de Wagram sauva Napoléon [1], mais il y avait perdu quelques-uns de ses plus braves officiers. Aussi, quoiqu'on l'engageât à continuer la guerre, il répondit : « Non, non ; il y a assez de sang versé ! » Heureux s'il était resté sous l'impression de ce sentiment, et que ce cri involontaire eût eu un écho plus prolongé. Ce qu'il y a de certain, c'est qu'il ne pouvait se dissimuler les difficultés de sa situation. On n'était plus aux jours d'Ulm et d'Austerlitz. L'Espagne, à elle seule, attirait une partie importante de nos ressources militaires. Qu'une seule bataille engagée contre l'empereur rappelât la journée indécise d'Essling, et la Prusse, encore hésitante, prêterait la main à l'Autriche ; tous les peuples de la confédération du Rhin forceraient leurs princes à secouer un joug odieux. Que deviendrait alors l'alliance déjà douteuse et marchandée de l'empire de Russie? Il y avait, on le voit, de quoi faire réfléchir Napoléon. Tout en négociant avec lui, pour gagner du temps, on se préparait activement à une nouvelle lutte. Les Anglais ne restaient pas en repos un seul instant ; tour à tour, ils firent des tentatives contre le royaume de Naples et dans les Pays-Bas ; leurs efforts n'aboutirent pas, mais ils éclairèrent d'une sombre lumière les espérances que nourrissaient les vieux républicains, et Napoléon fut surtout inquiet en lisant, dans une proclamation du perfide Fouché, cette phrase qui lui donna fort à penser : « Montrons à l'Europe que si le génie de Napoléon donne de la gloire à la France, sa présence n'est pas nécessaire pour la mettre en état de chasser ses ennemis de son sol. » Rien n'était plus vrai, et c'est pour cela que Napoléon s'en montra offensé ainsi que de l'attitude de Bernadotte en cette circonstance.

Fouché, c'était vraiment l'ennemi pour Napoléon ; à

1. Thiers, tome X, p. 471-479.

genoux devant la force, sa ruse essayait par tous les moyens tortueux de ruiner et, au besoin, de faire disparaître un maître qui le gênait. Les mécontents de l'armée, et ils étaient nombreux, s'abouchaient avec le traître ministre de la police qui ne craignait pas d'insinuer que c'était aux chefs républicains à prendre eux-mêmes l'initiative, en jetant Napoléon dans le Danube. Mais, d'autres périls plus prochains étaient suspendus sur la tête de l'empereur, au milieu même du pays lointain où il trônait orgueilleusement. Un jour qu'à Schœnbrunn il passait la revue de sa garde, il fut abordé par un jeune homme aux allures mystérieuses qui disait vouloir lui parler ; on s'aperçut qu'il était armé d'un couteau, on l'arrêta et Napoléon voulut lui-même l'interroger. Le jeune homme avoua que son intention bien arrêtée était de tuer celui qu'il regardait, disait-il, comme le fléau de l'humanité. « Si je vous pardonnais, lui dit l'empereur, seriez-vous fâché de votre crime? — Je ne veux pas de pardon ; j'éprouve le regret le plus vif de n'avoir pas réussi, et je ne vous en tuerais pas moins. » Condamné à mort, ce malheureux, qui se nommait Stabs, s'écria d'une voix forte : « Vive la liberté ! Vive l'Allemagne ! Mort à son tyran ! » Et il tomba criblé de balles[1].

La tentative de Stabs eut une influence marquée sur les concessions que fit l'empereur à l'Autriche ; il craignait que ce patriote ardent n'eût des imitateurs et il pressa la marche des négociations pacifiques. La paix, après d'assez longues conférences, fut signée à Vienne, le 14 octobre de la même année. Par un article du traité demeuré secret, il fut stipulé que Napoléon obtiendrait la main de l'archiduchesse Marie-Louise, la nièce de l'infortunée Marie-Antoinette.

Cependant, en Portugal et en Espagne le mouvement de résistance aux envahissements français s'accentuait de plus en plus ; les Anglais prêtaient main-forte à ces vaillantes nations que soutenait dans leur lutte patriotique le dévouement du clergé et des moines, qui se montrèrent autant de héros, malgré le sort cruel que leur

1. Thiers, tome XI, p. 293-296.

réservait le vainqueur irrité, la mort infamante du gibet. Parmi les généraux Anglais qui se signalèrent dans cette guerre de géants, le nom de Wellington acquit tout d'abord une célébrité qui devait grandir de plus en plus.

Redoublant d'héroïsme ardent et tenace, la population espagnole fit des prodiges de valeur et, à Gironne comme à Saragosse, rappela l'antique Numance. Les femmes, les enfants, les vieillards, les soldats combattirent sur la brèche ; les Français perdirent beaucoup de monde dans ces nombreux assauts où l'on se prenait corps à corps comme dans les guerres antiques. Le siège de Gironne coûta vingt mille homme à Napoléon ; cette cité héroïque avait reçu soixante mille boulets et vingt mille bombes. Napoléon et Augereau souillèrent par leur barbarie une victoire si chèrement achetée (decembre 1809).

Déjà s'était accomplie, sur un autre point de l'Europe, une usurpation qui avait pour but de consommer la ruine de l'indépendance de Rome et l'asservissement de l'Eglise. Par ordre de l'empereur, les troupes française étaient entrées dans Rome, le 2 février 1808. Dès ce jour la terreur fut organisée au sein de la ville éternelle par les agents de Napoléon et par ses ordres ; exils, emprisonnements, confiscations, les mesures les plus violentes se succédaient avec rapidité. Pie VII, sollicité de se dérober par la fuite à de cruels outrages, s'y refusa énergiquement. Il y avait, en effet, plus de dignité et de courage à attendre jusqu'au bout et à rendre plus odieux encore, par sa présence à Rome, les attentats commis au nom de la France.

L'année 1808 vit se poursuivre une série d'outrages calculés contre Pie VII, mais il était réservé aux premiers jours de l'année suivante d'assister à la barbare outrecuidance de Napoléon, écrivant en style de corps de garde à son ministre des affaires étrangères : « Le pape est dans l'usage de donner des cierges aux différentes puissances : vous écrirez à mon agent à Rome que je n'en veux pas. *Le roi d'Espagne n'en veut pas non plus.* Ecrivez à Naples et en Hollande pour qu'on les refuse. Il ne faut pas en recevoir, parce qu'on a eu *l'insolence* de n'en pas donner l'année dernière. Voici comme j'entends que l'on se conduise à cet égard. Mon chargé d'affaires fera connaître que, le jour de la Chandeleur, je reçois des cierges bénits par mon curé ; que ce n'est ni la pourpre ni la puissance qui donnent de la valeur à ces sortes de choses. Il peut y avoir en enfer des papes et des curés : ainsi, le cierge bénit par mon curé peut être une chose aussi sainte que celui du pape. Je ne veux pas recevoir ceux que donne le pape, et tous les princes de ma famille doivent en faire autant...

« NAPOLÉON ».

Le 17 mai, Napoléon, de son camp de Vienne, rendit, le décret qui mettait le comble à ses entreprises contre l'indépendance de l'Eglise catholique, en réunissant les Etats romains à l'empire français.

Depuis longtemps le pape avait songé à se servir, contre Napoléon, des armes spirituelles réservées à l'Eglise. Une bulle d'excommunication, préparée en secret, mais rédigée avec toute la maturité de réflexion que comportait un sujet aussi grave, fut soumise à l'approbation de Pie VII ; mais la publication de cet acte fut retardée.

Le 10 juin 1809, à dix heures du matin, le général Miollis fit exécuter le décret de l'empereur ; la réponse de Pie VII à cet acte odieux fut l'ordre de publier immédiatement la bulle d'excommunication. La nuit suivante, elle fut placardée sur les murs de Rome et affichée, en outre, dans les basiliques de Saint-Pierre, de Sainte-Marie-Majeure et de Saint-Jean de Latran. Puis, le pape attendit. Le général Miollis prescrivit au général Radet, placé sous ses ordres, de s'emparer de la personne du pape et de le conduire en France. Le général Radet hésita : il craignit d'assumer sur lui la responsabilité d'une telle entreprise, il demanda qu'on lui signifiât au moins l'ordre par écrit. Pie VII s'était retiré au fond du Quirinal dont il avait fait fermer les portes ; elles furent enfoncées à coups de hache par une tourbe de repris de justice et de la lie des faubourgs, à la solde du général Miollis. Le pontife était entouré de ses cardinaux et d'un petit nombre de ses serviteurs fidèles. Radet, la figure pâle,

10.

la voix tremblante, et pouvant à peine trouver quelques paroles, dit au pape qu'il avait à remplir une mission pénible, mais qu'ayant juré fidélité à l'empereur, il ne pouvait se dispenser d'exécuter son ordre. Le pape répondit avec dignité et assurance : « Si vous avez cru devoir exécuter de tels ordres de l'empereur, parce que vous lui avez fait serment de fidélité et d'obéissance, pensez de quelle manière nous devons, nous, soutenir les droits du saint-siège, auquel nous sommes liés par tant de serments. Nous ne devons pas, nous ne pouvons pas, nous ne voulons pas... »

Radet accorda à Pie VII d'emmener avec lui le cardinal Pacca. Une voiture attendait l'auguste pontife, il y monta et se dirigea hors de Rome : le soir même, des mains hardies inscrivaient sur les murs de la ville éternelle cette apostrophe sublime du Dante, protestant contre l'attentat d'Anagni : « Je vois le Christ captif en son vicaire; je le vois encore une fois moqué; je le vois encore abreuvé de vinaigre et de fiel. »

Sur tout le parcours du cortège qui rappelait les heures douloureuses du chemin de la croix, les populations s'empressèrent de venir donner au vicaire du Christ le témoignage de leur amour et de leurs larmes. Comme on approchait de Grenoble, la vaillante garnison de Saragosse, prisonnière dans cette ville, obtint la permission d'aller au-devant du martyr du droit et se prosterna pour recevoir sa bénédiction. C'était à Grenoble même qu'une résidence avait été assignée au saint-père; à peine y était-il arrivé que le cardinal Fesch, oncle de l'empereur, archevêque de Lyon, lui envoya ses grands vicaires et des traites pour cent mille francs. Ainsi, dans la famille même de Napoléon, on protestait contre son crime. De Grenoble Pie VII fut transféré à Valence, puis à Avignon, à Nice, et enfin sa résidence fut fixée à Savone, ville voisine de Gênes.

Pour donner une idée des procédés outrageants dont le vénérable vieillard était l'objet de la part de l'empereur, voici le texte littéral d'une note signifiée au pape par le préfet du département de Montenotte, et qui avait été rédigée par Napoléon : « Le soussigné, d'après les ordres émanés de son souverain S. M. I. et R. Napoléon, etc., est chargé de notifier au pape Pie VII que défense lui est faite de communiquer avec aucune église de l'empire ni aucun sujet de l'empereur, sous peine de désobéissance de sa part et de la leur; qu'il cesse d'être l'organe de l'Eglise catholique celui qui prêche la rébellion et dont l'âme est toute de fiel; que puisque rien ne peut le rendre sage, il verra que S. M. est assez puissante pour faire ce qu'ont fait ses prédécesseurs, pour déposer un pape [1]. » (Juillet 1809.)

A partir de ce moment, cet

> Esprit de vertige et d'erreur,
> De la chute des rois, funeste avant-coureur,

s'abat et pèse de plus en plus sur Napoléon et lui inspire des mesures à la fois tyranniques et profondément impolitiques. L'empereur sentait bien qu'en dépit des serviles flatteries dont l'entouraient ses courtisans, l'opinion publique se refroidissait singulièrement à son égard ; on osait douter de la constance de ses succès militaires que l'on trouvait d'ailleurs payés bien cher. Comme tous les parvenus, il était le premier et semblait devoir être le dernier de son nom; il n'avait pas d'héritier pour lui succéder, c'était là ce qui assombrissait son avenir. Fouché, qui sentait son crédit gravement ébranlé auprès du maître, se montra l'écho habile et empressé de cette pensée qui était celle de la nation et qui formait la base des espérances des ennemis de l'empire. Fouché conseilla à Napoléon de divorcer et il n'eut pas de peine à le persuader, car depuis cinq ans le maître y songeait. Le divorce fut arrêté du jour où Napoléon fit demander en secret pour lui la main d'une archiduchesse d'Autriche.

Dès son retour à Fontainebleau, Napoléon témoigna une telle froideur à Joséphine qu'elle entrevit dès lors la vérité; le 30 novembre, à la suite d'une scène violente et douloureuse, son sort lui fut annoncé par son époux, et la pauvre femme se soumit à cette dure décision dont

1. Thiers, tome XI, p. 300-315.

l'union publique, dans tous les rangs de la société française, se montra vivement affectée. La France avait de grandes et légitimes sympathies pour Joséphine. Jamais divorce de souverain ne déplut davantage à un peuple. La France aimait l'impératrice pour sa bonté et son affabilité; elle avait beaucoup contribué à rendre populaire le pouvoir de Napoléon, parce qu'elle avait su tempérer la violence du caractère de ce prince. Joséphine, aux yeux de la France, était comme le bon génie, comme l'étoile de l'empereur : il semblait que le divorce allait briser le talisman mystérieux auquel on croyait attachée la fortune de cet homme extraordinaire. Superstition, si l'on veut, mais superstition à laquelle la suite des événements sembla donner pleine et complète raison.

Joséphine se retira dans le domaine de la Malmaison à Rueil; elle y passa les dernières années de sa vie entre les distractions des arts et des actes nombreux de bienfaisance, entourée de fidèles amitiés dans tous les rangs de la société.

Quant à Napoléon, il se hâta de conclure la nouvelle union qu'il avait rêvée dans l'intérêt de son ambition et pour affermir à tout jamais sa dynastie sur le trône impérial; il demanda la main d'une archiduchesse d'Autriche, et son choix se fixa sur Marie-Louise, nièce de Marie-Antoinette et de Louis XVI. M. de Metternich, alors ministre dirigeant des affaires d'Autriche, vit dans cette alliance un moyen de mettre à couvert la monarchie autrichienne, toujours menacée par la France, et il conseilla à l'empereur François de donner sa fille à Napoléon. Elevée dans l'horreur du nom de Bonaparte, Marie-Louise se résigna, mais avec terreur; elle allait régner sur un peuple qui avait livré au bourreau sa tante Marie-Antoinette. La première entrevue de Napoléon et de Marie-Louise fut signalée par la brusquerie du maître de l'Europe qui s'installa dans la voiture de la princesse, sans se nommer et dans un costume des plus modestes, la fameuse redingote grise. Le mariage civil fut célébré le 1er avril à Saint-Cloud dans la galerie du château, et le lendemain les deux époux firent leur entrée solennelle à Paris. Dans le salon carré du Louvre qu'on avait disposé en chapelle, la messe fut dite par le cardinal Fesch, oncle de l'empereur, qui donna aux époux la bénédiction nuptiale. Un voyage dans les départements du Nord et des fêtes à Paris remplirent les premiers jours de cette union qui s'annonçait sous les plus froids auspices.

Au commencement de 1810, Napoléon opéra d'assez importantes modifications dans le ministère et dans le personnel des hauts emplois. Mais le changement le plus important qui s'effectua alors dans le gouvernement de l'intérieur, fut l'avènement de Savary, duc de Rovigo, au ministère de la police générale, si longtemps occupé par Fouché, duc d'Otrante. Les deux hommes politiques les plus capables de ce règne, Talleyrand et Fouché, avaient été successivement éloignés des affaires. On peut bien se priver du concours de pareils ministres, mais on ne les annule pas: quand on les repousse, on les a contre soi. L'un et l'autre reparurent dans les mauvais jours, et chacun d'eux, à son tour, contribua à la ruine de Napoléon.

La fortune de l'empereur essuya d'abord un premier échec du côté de la Hollande et de la part d'un de ses frères, Louis, qu'il avait établi roi de ce pays. Louis n'avait pas voulu se résigner à n'être qu'un préfet couronné, un proconsul de la France; il ne s'était prêté qu'avec une répugnance marquée à servir d'instrument au système continental imposé à ses sujets, et il avait encouru, en prenant les intérêts de la Hollande, le blâme et le courroux de son frère. Il aimait son peuple, il écoutait ses plaintes, il s'en faisait l'interprète et souvent il n'hésitait pas à enfreindre les volontés rigoureuses de Napoléon. Celui-ci, ne pouvant plier son frère à son joug despotique, fit envahir la Hollande; Louis abdiqua en faveur de son fils Napoléon-Louis et, à défaut de ce prince, en faveur de Charles-Louis-Napoléon, son second enfant [1], puis il partit pour l'Autriche et se rendit aux eaux de Tœplitz, où l'appelait le soin de sa santé (Juillet 1810).

1. Ce fut depuis Napoléon III.

Furieux de l'abdication de son frère, Napoléon fit appeler le prince Napoléon-Louis, encore enfant et lui dit : « Venez, venez, mon fils ! Je serai votre père ; vous n'y perdrez rien. La conduite de votre père afflige mon cœur : sa maladie seule peut l'expliquer. Quand vous serez grand, vous paierez sa dette et la vôtre. N'oubliez jamais, dans quelque position que vous placent ma politique et l'intérêt de mon empire, que *vos premiers devoirs sont envers moi, vos seconds envers la France. Tous vos autres devoirs, même ceux envers les peuples que je pourrais vous confier, ne viennent qu'après.* » Déclaration insensée et orgueilleuse, qui révélait à l'Europe le renversement des principes, la déchéance des peuples et l'abaissement des rois.

Une grande iniquité était déjà consommée par rapport aux Etats de l'Eglise ; un sénatus-consulte, rendu sur la proposition de Napoléon confisquait, au profit de l'empire tout ce qui restait du domaine de Saint-Pierre. L'héritier de la couronne impériale devait porter le fastueux titre de *roi de Rome*. Les papes, rangés au nombre des évêques de l'empire, étaient tenus désormais, lors de leur exaltation, de prêter serment de ne jamais rien faire contre les propositions de l'Eglise gallicane, arrêtées dans l'assemblée du clergé, en 1682.

L'Europe gardait le silence, et la France considérait sans étonnement et sans surprise l'extension démesurée donnée à ses domaines. Cependant, quelques hommes de sens disaient que plus on ajoutait à la masse du colosse, plus elle tendait à s'écrouler ; comme dans la vision du prophète, les pieds du colosse impérial étaient vraiment d'argile.

Un événement, qui semblait avoir peu d'importance, vint profondément irriter Napoléon ; le vœu des Suédois appela au trône Bernadotte, un des ennemis de l'empereur et dont le passé était des plus révolutionnaires. Pendant quelques années il avait été gouverneur du Hanovre et de la Poméranie ; les peuples de ces contrées avaient rendu justice à la douceur et à la sagesse de son administration, il était populaire dans le Nord. Napoléon dissimula mal sa colère d'un tel choix, mais il rut devoir céder, et Bernadotte monta sur le trône de Suède (21 août 1810).

L'Espagne continuait, à elle seule, à tenir en échec la puissance et les armées de Napoléon qui d'ailleurs souffraient énormément d'un climat brûlant et sous un ciel de feu, sur un sol stérile, au milieu des montagnes qui servaient d'asile et de rempart aux plus redoutables tireurs du monde; sans le courage de Ney, sans les talents de Masséna, aucun soldat de l'armée française autrefois si brillante n'aurait pu revoir la patrie. Ainsi, la campagne de 1810 et les premiers mois de celle de 1811 n'avaient point répondu à l'attente de Napoléon. L'Europe, attentive aux grands événements de la guerre d'Espagne, ne se croyait point encore affranchie, mais elle espérait sa délivrance.

C'était cependant le moment où la puissance de Napoléon avait atteint ses plus extrêmes limites. Jamais, depuis l'époque de Charlemagne, une monarchie aussi colossale n'avait été offerte en spectacle au monde. L'empire français et le royaume d'Italie comprenaient à eux seuls cent cinquante-quatre départements. Le territoire napoléonien était borné au nord par la mer Baltique et le Danemark, au midi par le royaume des Deux-Siciles et la Turquie d'Europe; trente-deux princes allemands, rois et ducs, se rangeaient parmi les vassaux de la France. La Suisse, enclavée dans l'empire, obéissait à Napoléon; les rois de Naples et d'Espagne n'étaient que deux proconsuls; la Prusse et l'Autriche tremblaient devant cet homme... On parlait quatre langues dans l'étendue de l'empire.

Plus de liberté; qui l'aurait défendue? Le Sénat et le Corps législatif ne se composaient que de complaisants ou de muets. Une police aussi puissante que ténébreuse enveloppait comme d'un réseau les pouvoirs publics, l'armée et les fonctionnaires, et pénétrait jusque dans dans le for intérieur des familles. Les louanges décernées au maître dépassaient l'hyperbole et atteignaient au blasphème. Un préfet osait dire : « Dieu fit Napoléon et se reposa ; » et le président d'une assemblée législative, comparant la mère de l'empereur à celle de Dieu, adressait à la princesse ces paroles : « La conception que vous avez eue, en portant dans votre sein le grand Napoléon, n'a été assurément qu'une inspiration divine... » L'empereur était à lui-même sa propre idole.

1789 avait vu s'écrouler une Bastille : Napoléon en rétablit huit, sous le nom de prisons d'Etat ; ce furent les châteaux de Saumur, de Ham[1], d'If, de Lands-Krown, de Pierre-Châtel, de Fénestrelle, de Campiano et de Vincennes. Outre cela, les lettres de cachet avaient revu le jour dans les ordres d'exil qui en plaçaient les victimes soit en France soit au dehors, sous la surveillance de la haute police. Il était dangereux de ne point aimer ouvertement l'empereur ; c'est assez dire qu'il ne supporta jamais la contradiction. Après une séance du Conseil, dans laquelle un de ses interlocuteurs avait chaudement soutenu une opinion opposée à la sienne, il lui dit à demi-voix : « Comment avez-vous pu parler avec cette opiniâtreté ? Je me suis surpris portant ma main à la tempe, et c'est un signe terrible : prenez-y garde. »

Il affectionnait les grands monuments, les travaux gigantesques. Sa pensée enfantait sans relâche des édifices et des créations dont l'accomplissement dépassait souvent la limite du possible. Sans les guerres incessantes qui remplirent son règne agité, il eût renouvelé la face de la France. Les monuments furent de tout temps la monnaie avec laquelle les souverains absolus cherchèrent à payer la liberté dont ils dépouillaient les peuples. Les hommes consentent assez volontiers à ce genre d'échange ; leur vanité l'emportant le plus souvent sur leur humeur.

On ne peut expliquer l'immense prestige exercé par Napoléon sur le soldat qui fut sa grande force que par le système d'éloges constants dont il sut toujours l'entourer ; personne ne sut mieux peut-être que l'empereur toucher avec adresse et faire vibrer la corde sensible de ces hommes naïfs et impressionnables comme toutes les natures rustiques. Napoléon, qui connut et

1. Où celui qui fut depuis Napoléon III passa quelques années prisonnier.

savoura les adulations les plus hyperboliques était le courtisan assidu de l'armée. De là son immense popularité et la légende qui a si longtemps conservé son nom dans les chaumières. Au moment d'une revue, il se faisait donner par le colonel le nom et le numéro de chaque militaire reconnu pour le plus brave de sa compagnie ; il ordonnait qu'on y ajoutât une note succincte sur la famille et les services de cet homme. Puis, lorsqu'il était muni de ces renseignements, il s'approchait du soldat désigné, l'appelait par son nom, lui demandait des nouvelles de son vieux père, lui citait les occasions dans lesquelles il avait fait éclater son courage ; et le soldat de s'exalter jusqu'au délire pour son empereur, et le reste de la troupe d'admirer comment il pouvait se faire que Napoléon les connût tous par leur nom et n'oubliât pas leurs traits de bravoure. On conçoit quelle influence de pareilles scènes exerçaient sur le moral de l'armée. Mais ces excitations ne s'adressaient pas seulement aux simples militaires : les régiments en avaient leur part. Après chaque victoire, on décorait l'aigle du corps qui s'était le plus distingué, et les régiments les plus intrépides recevaient ces glorieux surnoms : *Un contre dix*, *le Terrible*, *l'Invincible*, *l'Indomptable*[1].

Superstitieux à l'excès, il comptait sur sa fortune et aimait à s'entendre appeler *l'homme du destin*. Il croyait à son *étoile*. Un jour, il discutait l'un des plus hasardeux desseins qu'il eût projeté et ne pouvait parvenir à convaincre son interlocuteur de la réussite de ses plans ; il ouvrit alors une fenêtre, montra le ciel et dit à son contradicteur : « Voyez-vous cette étoile? — Non, reprit l'autre. — Voyez-vous cette étoile? répéta-t-il encore. — Non, sire. — Eh bien! je la vois, moi qui vous parle. » Et il ne donna plus d'autre raison, si toutefois c'en était une que celle-là. Il attachait un grand prix à des rapprochements de date et s'imaginait avoir des jours heureux et malheureux.

Napoléon avait le grand tort de fermer les yeux sur

1. A. Gabourd, tome IX, pages 473 et 474.

les exactions odieuses que ses généraux et ses traitants commettaient en pays conquis ou allié : c'était même pour lui un moyen de grossir son propre trésor. Lorsqu'un financier ou un fournisseur s'était beaucoup enrichi, l'empereur le sommait de lui remettre un certain nombre de millions, et le parvenu était obligé d'obéir, quoi qu'il en eût. Il en agissait de même avec ses maréchaux et ses proconsuls dilapidateurs ; mais, les victimes des uns et des autres n'en souffraient pas moins.

Au milieu des triomphes de son fils, Madame mère, qui avait connu la gêne, amassait des ressources pour l'avenir qu'elle prévoyait devoir être sombre, et elle disait : « Qui sait? Dans quelques années j'aurai peut-être sur les bras une demi-douzaine de rois qui me demanderont du pain. » Moins de cinq ans s'étaient écoulés que ses prévisions étaient devenues pour elle une triste réalité. Entre elle et Napoléon les rapports étaient assez tendus ; l'exil de Lucien en était la cause. On sait qu'il avait dit à l'empereur comment il finirait, par l'abus même de la force.

La personne de Napoléon, si ami de la grandeur ou plutôt du faste, était un mélange de petitesse et de majesté, d'inconvenance et de dignité, mais la gloire couvrait tout chez cet illustre parvenu. D'ailleurs, son éducation avait été fort négligée et les guerres sans trève qu'il avait eu à soutenir ne lui avaient pas laissé le temps de s'instruire, l'instinct chez lui suppléait, en littérature, à l'étude : il aimait Homère et admirait Corneille ; il éprouvait une vive répulsion pour Voltaire, Rousseau, et généralement pour toute l'école philosophique du siècle dernier.

En fait d'écrivains, sauf Bernardin de Saint-Pierre, Delille et Ducis qui achevaient leur carrière, le groupe des littérateurs ne présentait rien de bien remarquable. Mais, à Volney et à Dupuis qui essayaient de battre en brèche la foi chrétienne, l'Église opposait déjà l'abbé Frayssinous, qui rassemblait à ses conférences l'élite de la société de Paris et de l'empire. Vers ce même temps, MM. Guizot, Chateaubriand, le comte J. de Maistre se révélaient au monde. Étouffé sous le joug d'une police minutieuse, l'esprit public s'était réfugié au théâtre, se passionnant pour tel ou tel acteur, pour telle ou telle pièce; un feuilleton de Geoffroy suffisait à détourner pour un jour l'attention que sollicitaient les événements militaires et politiques de cette époque enfiévrée.

Le 20 mars 1811, jour anniversaire de la mort du duc d'Enghien, date fameuse que l'on ne tardera pas à voir reparaître plus significative encore, un grand mouvement se produisit aux Tuileries. Marie-Louise mit au monde un enfant qui porta dès sa naissance le titre fastueux de roi de Rome. Ce fut un immense joie pour Napoléon, un gage d'avenir pour les masses; mais, cet enfant ne devait pas plus régner que Louis XVII et d'autres après lui, sur la tête desquels on avait fait reposer tant d'espérances.

Cependant, le pape continuait à être captif à Savone, et toute communication était interdite entre lui et les sujets de l'empereur: il fallait pourtant que les Eglises de France et d'Italie pourvussent à la vacance des sièges épiscopaux. Voulant se passer du consentement du souverain pontife, Napoléon, de sa propre autorité, réunit un concile composé de tous les évêques de l'empire et du royaume d'Italie, sous la présidence du cardinal Fesch, son oncle, et archevêque de Lyon. Pour la seconde fois, le cardinal fit preuve d'un véritable courage; à l'ouverture du concile, il se leva et prononça à haute voix le serment prescrit par la bulle de Pie IV (1564), et qui commence en ces termes : « Je jure et promets une véritable obéissance au pontife romain. » Ainsi, en face de la puissance impériale et malgré la terreur qu'elle inspirait, le clergé français repoussait l'idée du schisme et demeurait uni de cœur à l'Eglise universelle.

Cependant il fallait s'adresser au pape pour en obtenir quelques concessions indispensables et un bref en forme; des évêques craintifs se chargèrent de cette mission difficile, et Pie VII consentit à une partie de ce qu'on lui demandait; mais Napoléon ne se montra pas satisfait de la condescendance du souverain pontife, et les négociations en restèrent là. Il y avait urgence à pourvoir à la vacance de l'archevêché de Paris; Napoléon choisit le cardinal Maury; le pape refusa énergiquement l'institution canonique à ce personnage dont les mœurs étaient plus que douteuses. L'empereur n'en persista pas moins dans son choix et le cardinal Maury dans son acceptation.

CHAPITRE ONZIÈME

Asservissement de l'enseignement. — Organisation des *lycées*. — Le militarisme poussé à ses dernières limites. — L'exploitation morale de l'homme par l'homme. — La question des aumôniers. — Persécution contre l'Église de France. — Disette et famine, en 1811 et 1812. — La guerre se réveille entre la France et la Russie. — Apprêts immenses de Napoléon. — Épuisement du pays. — Départ pour la Russie. — Les forces militaires de part et d'autre. — Le plan de Napoléon. — La grande armée franchit le Niémen. — La Lithuanie et la Pologne vis-à-vis de l'empereur. — Tactique terrible des Russes. — Partout le désert et la dévastation systématique. — Faute immense commise par l'empereur. — L'hiver moscovite, le plus grand ennemi de l'armée française. — Les Russes organisent une résistance désespérée. — Entrevue importante du czar avec Bernadotte et l'ambassadeur d'Angleterre. — Désastres sur désastres. — Les Russes manœuvrent pour attirer les Français sur Moscou. — Le général Kutusoff, l'idole des Russes. — Bataille de la Moscowa. — Encore une proclamation de Napoléon. — Horrible victoire. — De Marengo à la Moscowa. — Dévouement de Rostopchine pour le salut de la Russie. — Il rêve et organise l'incendie de Moscou. — Aveuglement de Napoléon. — Complète démoralisation de l'armée française. — Folie de l'empereur et bravades à l'opinion publique. — La paix à tout prix! — Trop tard.

Il y avait déjà longtemps que Napoléon songeait à prendre des mesures pour asservir l'enseignement et l'arracher à la surveillance de la religion; il avait commencé à proscrire, par de rigoureux décrets, les congrégations d'hommes que tant de services avaient recommandées à la reconnaissance des familles et dont lui-même avait reçu le double bienfait de l'éducation et de l'instruction. Désormais, les jeunes générations, parquées dans ces casernes que l'on décorait du nom de *lycées*, étaient soustraites à l'influence de la famille et à celle des ministres de Dieu. Le despotisme militaire avait voulu courber sous son joug toutes les classes de la société; on fit la première expérience de ce système d'écrasement et d'étouffement sur l'enfance et sur la jeunesse. L'Université impériale, prolongement et continuation de l'Université révolutionnaire, fut le résultat déplorable et cruel de cette pensée.

La discipline des lycées était militaire; les exercices, les arrangements intérieurs, les appels, le départ pour les classes, tout enfin se faisait au rythme du tambour. L'empereur voulait que, dès l'enfance, les jeunes Français considérassent la profession des armes comme leur carrière naturelle dans un très proche avenir. Pour recruter le corps universitaire, l'empereur institua l'Ecole normale, qui devint la pépinière du professorat. L'Université impériale n'était point le fruit d'une pensée religieuse, elle n'était qu'un levier administratif; au lieu de former un corps moral, au lieu de rappeler le sacerdoce enseignant qui fonctionnait aux époques monarchiques, elle n'était, elle ne devint qu'une agglomération de fonctionnaires plus ou moins dévorés de la passion de parvenir, qu'une administration laïque offrant tous les dangers du monopole et se proposant non de rendre les hommes meilleurs mais de les dresser, de les façonner, de les discipliner et de les faire marcher dans le sillon gouvernemental. L'Université impériale ainsi conçue ne pouvait être qu'un instrument terrible de l'exploitation morale de l'homme par l'homme.

Pour remédier à l'invasion du *fanatisme* et paralyser l'influence de l'aumônier que l'on voulait bien tolérer, on avait recruté dans les rangs du parti voltairien un grand nombre de professeurs et de maitres; on en avait choisi surtout parmi les religieux renégats ou les anciens prêtres mariés et, sous prétexte de fusion et de concialition politique, on livrait la jeunesse française aux leçons et aux exemples de ces indignes chefs.

En même temps, Napoléon, poursuivant son œuvre de compression, tyrannisait violemment l'Eglise de France; plusieurs évêques ou archevêques, soupçonnés de garder à Pie VII une fidélité courageuse, étaient jetés dans les prisons d'Etat; des cardinaux étaient arrêtés.

L'année 1811 et les premiers mois de l'année suivante furent difficiles à passer, sous le rapport des subsistances. La récolte avait été mauvaise. Napoléon comprit tout le danger qui pouvait résulter d'un tel état de choses, mais les mesures qu'il prit pour y remédier manquèrent leur effet et aggravèrent encore le mal déjà si grand. Sur plusieurs points de l'empire, il y eut des séditions et des révoltes, le gouvernement les réprima avec une rigueur inouïe.

Et par-dessus tout cela la guerre se réveillait menaçante entre la France et la Russie; celle-ci succombait sous les nécessités du traité de Tilsitt, qui lui imposait le système prohibitif organisé par les décrets de Napoléon contre le commerce anglais. Vouloir prolonger une situation qui fermait à la Russie ses principaux débouchés et lui enlevait la plus grande partie de ses richesses commerciales, c'était rendre dans un temps prochain la nation russe à l'état sauvage. Les armements recommencèrent en Russie, ils avaient été précédés d'un ukase ou décret d'Alexandre (1811) qui ouvrait de nouveau à l'Angleterre les ports moscovites. C'était annoncer au monde qu'un rapprochement venait de s'opérer entre la Russie et l'Angleterre. Napoléon, tout en se préoccupant avec raison des périls que lui créait un tel état de choses mais comptant toujours sur la fidélité de la fortune à son égard, s'occupa activement de se mettre sur un pied de guerre formidable; les campagnes, à demi-dépeuplées par la conscription, durent fournir aux agents impériaux les générations à peine arrivées à l'adolescence. Ce fut une immense désolation dans toutes les familles, mais Napoléon se montra impitoyable.

Grandes furent les inquiétudes en France; on s'épouvantait généralement de l'entreprise gigantesque que l'empereur avait conçue; les avertissements ne lui manquèrent pas, il n'écouta rien et resta sourd à toute autre voix qu'à celle de son immense orgueil et de son insatiable ambition. Alors, pour renforcer encore l'armée et se procurer, par tous les moyens possibles, des soldats, la garde nationale fut organisée en trois *bans* ou réserves : le premier ban comprenait les hommes de vingt à vingt-six ans ; le second, les hommes de vingt-six à quarante ; le troisième, les hommes de quarante à soixante. Aussitôt cette organisation militaire consommée, les préparatifs de la guerre furent poursuivis avec une activité inouïe sur toute la surface de l'empire.

Le 9 mai 1812, Napoléon sortit du palais des Tuileries, où il ne devait plus rentrer que vaincu, et il prit la route de Dresde, après avoir donné rendez-vous dans cette capitale aux princes vassaux et aux souverains alliés, suivi de l'impératrice, entouré de rois qui cachaient leur crainte sous les formes de la flatterie. Napoléon, enivré de sa gloire ne doutait pas plus du succès de sa future campagne contre la Russie que de celui de ses précédentes expéditions. On atteignit ainsi les derniers jours de juin 1812. Jusqu'à ce moment, Napoléon avait caressé l'espoir d'amener Alexandre à lui soumettre des propositions pacifiques ; mais enfin il apprit que le czar s'était froidement résigné aux nécessités de la guerre : il n'était plus possible de suspendre les coups.

Les forces militaires opposées de part et d'autre se composaient, pour l'armée française, de quatre cent vingt mille combattants, infanterie, cavalerie, génie, artillerie rassemblés sur la vive gauche du Niémen ; une armée de réserve occupait le pays entre l'Elbe et l'Oder ; l'imposante garnison de Dantzick formait la seconde réserve ; la cavalerie s'élevait à soixante mille hommes, et les parcs d'artillerie comptaient douze cents pièces de canon. L'histoire moderne n'offrait aucune exemple d'un si prodigieux rassemblement de soldats : il y en avait de toutes les nations, Français, Allemands, Polonais, Italiens et Dalmates. L'armée d'Alexandre, répandue sur un vaste terrain, atteignait à peine un effectif de deux cent cinquante mille hommes. Une seconde armée comptait quatre-vingt mille hommes, enfin une armée de réserve s'élevait à cinquante mille soldats. Des troupes irrégulières, composées de Cosaques et de Baskirs, avaient ordre de se porter sur le flanc de nos armées, de les harceler sans cesse, d'attaquer les convois et de refuser tout engagement.

Le plan de Napoléon était de rassembler la plus grande partie de ses forces sur le centre de la ligne russe, de la rompre, de pénétrer ensuite rapidement dans le pays, en enlevant les grandes villes et en détruisant l'une après l'autre les divisions de l'ennemi. Les dispositions d'Alexandre et de ses lieutenants étaient purement défensives; elles consistaient à céder le terrain lentement, pied à pied, en dévastant le pays avant de l'abandonner: système qui devait avoir pour résultat d'amener l'armée d'invasion à s'aventurer jusqu'au cœur de la Russie. Là, dès que la mauvaise saison commencerait à faire sentir ses rigueurs, elle serait surprise, comme en un piège, dans sa dangereuse victoire, bloquée par la famine et le froid. Ce calcul ne devait que trop réussir. Les éléments et l'habileté des Moscovites allaient être vainqueurs.

Pendant que Napoléon, dans une pompeuse proclamation, en appelait à la fatalité, le czar parlait aux Russes de Dieu et de la patrie; le premier ne s'adressait qu'à des soldats, le second faisait vibrer l'âme d'une nation.

Le 24 juin 1812, les trois masses énormes de la grande armée impériale commencèrent à franchir le Niémen; le passage de ce large fleuve dura plusieurs jours. Bien peu de tant de soldats, alors si enthousiastes, devaient revoir ces bords dont ils s'éloignaient avec tant d'orgueil. Aucun ennemi ne se montrait, mais la chaleur était accablante, et bientôt un orage formidable éclata sur l'armée: les routes et les champs furent inondés; plusieurs milliers de chevaux périrent, et il fallut abandonner une partie des équipages dans les sables. Quatre jours après, l'armée russe battait en retraite, au milieu des plaines à demi dévastées. Cette campagne, qui cependant commençait à peine, était déjà pleine d'épreuves et de déceptions.

Napoléon, bien accueilli en Lithuanie, essaya de galvaniser ce pays en lui rendant son autonomie; mais ce ne fut qu'un rêve que le temps et les difficultés de la guerre ne lui permirent pas de réaliser. La Pologne comptait sur l'empereur et attendait de lui une complète émancipation; lui voulait se servir de ce peuple,

11.

sans se préoccuper autrement de son avenir, ce fut une faute qu'il expia cruellement. D'un autre côté, le ravitaillement de l'armée française devenait chaque jour plus difficile à effectuer, étant donné le systématique ravage des Russes sur leur propre sol à mesure que nos soldats s'y avançaient. C'était sous ces funestes auspices que s'ouvrait l'expédition de Russie. Cependant la grande armée continuait toujours sa marche offensive. Le temps était mauvais; des pluies abondantes avaient rompu les chemins, et les soldats français, impatients de livrer une bataille décisive, ne parvenaient cependant jamais à rencontrer l'ennemi. Les Russes, fidèles à leur plan de campagne, se retiraient lentement, évitant d'engager le combat, détruisant les vivres et les récoltes, incendiant les villages et ne laissant aux Français que des plaines désolées, vides de troupeaux et d'hommes. Le désespoir envahissait nos soldats, ils se sentaient ébranlés et découragés, car ils n'avaient pas encore passé par de si impitoyables épreuves.

Le 27 et le 28 juillet eurent lieu quelques escarmouches, à la suite desquelles la grande armée occupa Witepsk, ville presque déserte au milieu d'un pays qui, dans un espace de trois cents lieues, ne présentait à nos soldats que des villages sans habitants et des campagnes saccagées. L'empereur commit la faute de ne pas s'arrêter à Witepsk; le moment était venu d'y assurer ses quartiers d'hiver, de terminer la campagne de 1812 et de se mettre en mesure de recommencer vigoureusement les opérations militaires vers le mois de mai. Peut-être, ont pensé les hommes de guerre, ce plan eût-il été préférable à tout autre. « Les communications n'étaient point interrompues avec l'Allemagne et la France; on pouvait mettre à profit les dernières semaines de la belle saison pour hiverner les troupes, pour les approvisionner, pour organiser les contingents polonais et tirer parti de l'insurrection lithuanienne. On avait de nombreuses pertes à réparer; la cavalerie avait considérablement souffert; un tiers des soldats étaient morts ou malades : si l'on s'engageait davantage dans un pays désolé et sans ressources, il faudrait accumuler les sacrifices et s'exposer, on ne sait où, aux intempéries d'un hiver moscovite, fléau redoutable qui devait intervenir dans la lutte et sauver l'empire de Pierre le Grand. C'était assez, pour le début de la campagne, que la conquête de la Lithuanie : Napoléon pouvait s'adosser à une formidable ligne de défense dont Witepsk serait le centre et qu'auraient appuyée, vers le sud, le cours du Dniéper et les marais de la Bérézina. L'aile gauche, aux ordres de Macdonald, pouvait hiverner en Courlande ; le corps d'Oudinot, dans la Samogitie : les entrepôts de Dantzick, de Wilna et de Minck auraient suffi pour nourrir l'armée [1]. »

Toutes ces idées frappèrent l'esprit de Napoléon et le décidèrent d'abord à prendre ses quartiers d'hiver à Witepsk, mais bientôt, et ce fut là sa perte irrémédiable, il changea d'idée et résolut de frapper un grand coup. Dans son impatience, il pensa que mieux valait terminer à Moscou la première partie de la campagne et attendre dans cette ville les propositions de paix du czar. Repoussant les conseils les plus sages, il s'indigna contre ceux qui osaient les lui donner dans son intérêt et il préféra aller en aveugle au-devant d'une bataille que ses ennemis évitaient de lui offrir,

Les Russes, de leur côté, se préparaient à une résistance désespérée. C'était l'Espagne qui renaissait, à l'autre extrémité de l'Europe.

Pendant que ses deux armées principales se mettaient en mesure d'opérer leur jonction à Smolensk, Alexandre s'était retiré à Moscou, la ville sainte des Russes. Peu de jours après, eut lieu, à Abo, une entrevue célèbre du czar avec Bernadotte, à laquelle assista lord Cathcart, ambassadeur d'Angleterre, et tous trois arrêtèrent le plan de campagne qu'il fallait adopter pour venir à bout de Napoléon et ruiner ses projets ambitieux. On se rallia à l'opinion de l'homme d'État de la Grande-Bretagne, qui s'exprima en ces termes catégoriques. « Il faut livrer peu de batailles décisives et toujours se retirer. Bonaparte eût-il trois grandes journées, la quatrième

1. A. Gabourd, tome X, p. 49 et 50.

ressemblerait à Eylau, et la cinquième serait le signal de sa perte. A mesure qu'on se retire, le czar touche à ses renforts et Napoléon s'éloigne des siens. » Quant à Bernadotte, il révéla au czar que la monarchie napoléonienne n'était pas si solide qu'on le croyait et qu'au premier échec subi par l'armée française une révolution pouvait éclater à Paris.

Pendant ce temps-là, l'armée du centre, commandée par Napoléon, se dirigea sur Smolensk, dont, le 17 août, il ordonnait l'attaque; c'était une place très forte, dans laquelle trente mille Russes s'étaient renfermés et où il se défendirent vaillamment. Vers le soir, le combat se ralentit et l'on se borna à jeter des obus dans la place; pendant plusieurs heures l'incendie se déploya dans toute sa sublime horreur; mais, les Français ignoraient que les Russes eux-mêmes activaient l'embrasement et détruisaient de fond en comble la ville tout entière. On ne triomphait que sur des ruines fumantes. A la vue de cette triste victoire, les généraux français, aussi bien que les soldats, profondément découragés, se répandirent en murmures violents.

A mesure qu'on s'enfonçait dans le pays, il fallait, quoique vainqueurs, laisser la route couverte de débris et d'hommes, comme si l'on avait eu à subir une déroute: le vin, la bière, l'eau-de-vie, le pain, tout manquait. La désertion s'établissait sur une grande échelle, la discipline relâchait ses liens, et les cœurs même les plus énergiques s'abandonnaient à de funèbres pressentiments.

Quelques combats sanglants, mais peu décisifs en somme, faisaient subir des pertes sensibles à notre armée; les Russes se retiraient toujours et l'on ne pouvait réussir à leur livrer une bataille en règle. Grandes étaient les horreurs de la guerre, par cet été brûlant; sur tous les points les secours manquaient aux blessés et aux malades, pas de chirurgiens ni de médecins; dans une maison, transformée en ambulance, cent blessés français languissaient pendant trois jours sans le moindre soulagement, et la plupart expiraient dans d'horribles souffrances.

L'armée russe continuait à se replier sur Moscou; elle

aussi s'indignait de se retirer sans combattre; elle murmurait hautement de se voir forcée à dévaster son propre pays au lieu de le défendre et elle disait que ce serait le déshonneur que de livrer Moscou à l'ennemi, sans hasarder une bataille pour sauver la ville sainte. Le czar se laissa entraîner par le mouvement national et patriotique et nomma un vieux soldat, Kutusoff, que l'opinion réclamait à la tête de l'armée russe. La valeur de Kutusoff était incontestable; son génie était lent, vindicatif et surtout rusé: caractère de Tartare, redoutable par sa renommée, il avait su flatter la nation entière, depuis les chefs jusqu'aux soldats. Il y avait dans son extérieur, dans son langage, dans ses vêtements mêmes, et jusque dans son âge, un reste de Suwarow, une empreinte d'ancien moscovite, un air de nationalité qui le rendait cher aux Russes; à Moscou, la joie de sa nomination avait été poussée jusqu'à l'ivresse, on s'était embrassé au milieu des rues, on s'était cru sauvé, tant était grande la confiance, la foi (s'il est permis de parler ainsi), que l'on avait en Kutusoff.

Tout s'apprêtait pour une grande bataille qui devait décider du salut ou de la ruine de la Russie; on était à la veille de la Moscowa (septembre 1812). Depuis plusieurs jours que Napoléon marchait au milieu de son armée, il la trouvait silencieuse, de ce silence qui est celui d'une grande attente ou d'un grand étonnement; il sentait qu'à ces hommes il fallait du repos et qu'il n'y en avait plus pour eux que dans la mort ou dans la victoire: car, il les avait mis dans une telle nécessité de vaincre, qu'il fallait qu'ils triomphassent à tout prix. D'ailleurs il comptait sur leur habitude et sur leur besoin de renommée. Plein de ces sentiments, il dicta la proclamation suivante: « Soldats, voilà la bataille tant désirée. Désormais la victoire dépend de vous; elle nous est nécessaire, elle nous donnera l'abondance de bons quartiers d'hiver et un prompt retour dans la patrie. Conduisez-vous comme à Austerlitz, à Friedland, à Witepsk et à Smolensk et que la postérité la plus reculée cite notre conduite dans cette journée; que l'on dise de vous: « Il était à cette grande bataille sous les murs de Moscou. »

En dépit de cette façon de, Napoléon était perplexe et ne pouvait s'empêcher de laisser voir son inquiétude en présence de la terrible partie qu'il allait jouer et d'où dépendait son avenir encore plus que celui de la France. Cependant le matin ayant ramené avec lui un brillant soleil : « Soldats ! s'écria Napoléon, voilà le soleil d'Austerlitz ! » L'ennemi attendait de pied ferme que les Français commençassent l'attaque; vers sept heures la bataille éclata avec tant de vivacité que la fougue même de nos soldats en fut étonnée et presque déconcertée. Murat et Ney étaient épuisés par des prodiges de valeur; ils s'arrêtent, et pendant qu'ils rallient leurs troupes ils envoient demander des renforts. Napoléon, à son tour, balance et médite sur le parti qu'il doit prendre; Kutusoff profite habilement de ce sursis qu'il ne devait point espérer; il appelle à lui toutes ses réserves et jusqu'à la garde impériale russe. Napoléon semblait de plus en plus préoccupé, on ne comprenait rien à son attitude qui semblait indécise; l'impatience de ceux qui l'entouraient était inexprimable, d'autant plus qu'à chaque instant on venait lui annoncer la mort de ses meilleurs généraux. L'ennemi reprenait de l'assurance, il n'y avait pas un instant à perdre, sans quoi il faudrait une deuxième bataille pour terminer la première et assurer une victoire déjà bien chancelante.

Enfin, le feu cessa; les Français avaient repoussé l'ennemi. Mais quelle horrible victoire que celle-là ! Nos pertes étaient immenses et sans résultat proportionné. Chacun pleurait la mort d'un ami, d'un parent, d'un frère ; quarante-trois généraux étaient tués ou blessés. Quel deuil dans Paris ! Quel triomphe pour les ennemis de Napoléon ! Quel dangereux sujet de pensées pour l'Allemagne ! Dans son armée, jusque dans sa tente, sa victoire fut silencieuse, sombre, isolée, même sans flatteurs. Nous avions vingt mille blessés sur le champ de bataille ; partout des soldats errants au milieu des cadavres et cherchant des subsistances jusque dans les sacs de leurs compagnons morts. Les souffrances des blessés étaient tellement horribles qu'ils demandaient qu'on les tuât sur-le-champ. C'était un spectacle épouvantable, capable de glacer les hommes du plus grand sang-froid. Et parmi ces malheureux, que de jeunes soldats, presque des enfants, prononçant le nom de leur patrie ou de leur mère!... En somme sept à huit cents prisonniers russes et une vingtaine de canons brisés étaient les seuls trophées de cette victoire incomplète.

Quelle terrible gradation dans les horreurs et les ravages de la guerre, de Marengo à Austerlitz et d'Eylau à la Moscowa!

L'inclémence prématurée de l'automne acheva de sauver la Russie et de décimer l'armée française; le 6 septembre, la veille même de la grande bataille, la rigueur extraordinaire de la saison s'ouvrit par un épouvantable ouragan. On avançait cependant, mais au milieu des désastres de l'incendie allumé par l'ennemi qui se dérobait de plus en plus et nous attirait sous les murs de Moscou dont le 12 septembre on n'était plus qu'à deux journées de marche. Ce grand nom et l'indomptable espoir que Napoléon y attachait suffisaient à le soutenir dans l'état de prostration et de maladie auquel il était en proie depuis quelques jours et qui l'avait rendu comme l'ombre de lui-même.

A Moscou, le génie de Napoléon allait se heurter et se briser contre l'énergique dévouement de Rostopchine au salut de sa patrie mise à deux doigts de sa perte. Moscou devait être la grande machine infernale dont l'explosion nocturne et subite dévorerait l'empereur et son armée. Si l'ennemi échappait à ce danger, du moins n'aurait-il plus d'asile, plus de ressources; et l'horreur d'un si grand désastre soulèverait toute la Russie[1].

Tel fut le terrible plan de cet homme dont le nom appartient à l'histoire: cependant il n'eut que la plus grande part à l'honneur de ce grand sacrifice. Il était déjà commencé dès Smolensk, lui l'acheva.

« Un homme seul, au milieu d'un grand empire presque renversé, envisage son danger d'un regard ferme. Il le mesure, l'apprécie et ose, peut-être sans mission, faire l'immense part de tous les intérêts publics et par-

1. Thiers, tome XIV, p. 379-390, 401 et 402.

ticuliers qu'il faut lui sacrifier. Sujet, il décide du sor de l'État sans l'aveu de son souverain; noble, il pro nonce la destruction des palais de tous les nobles, san leur consentement; protecteur, par la place qu'il occupe d'un peuple nombreux, d'une foule de riches com merçants, de l'une des plus grandes capitales de l'Eu rope, il sacrifie ces fortunes, ces établissements, cett ville tout entière; lui-même il livre aux flammes le plu beau et le plus riche de ses palais, et fier, satisfait e tranquille, il reste au milieu de tous ces intérêts blessés détruits et révoltés.

« Quel si juste et si grand motif a donc pu lui inspirer une si étonnante assurance? En décidant l'incendie de Moscou, son principal but ne fut pas d'affamer l'ennemi puisqu'il venait d'épuiser de vivres cette grande cité ni de priver d'abri l'armée française, puisqu'il était im possible de penser que, sur huit mille maisons et églises dispersées sur un si vaste terrain, il n'en échapperait pas de quoi caserner cent cinquante mille hommes.

« Il sentit bien encore que par là il manquait à cette partie si importante de ce qu'on supposait être le plan de campagne d'Alexandre, dont le but devait être d'attirer et de retenir Napoléon jusqu'à ce que l'hiver vînt l'environner, le saisir et le livrer sans défense à toute la nation insurgée. Car enfin, sans doute, ces flammes éclaireraient ce conquérant, elles ôteraient à son invasion son but. Elles devaient donc le forcer à y renoncer, quand il en était encore temps, et le décider enfin à revenir en Lithuanie, pour y prendre des quartiers d'hiver, détermination qui préparerait à la Russie une seconde campagne plus dangereuse que la première.

« Mais, dans cette grande crise, Rostopchine vit surtout deux périls: l'un qui menaçait l'honneur national, celui d'une paix honteuse dictée dans Moscou et arrachée à son empereur; l'autre était un danger politique plus qu'un danger de guerre: dans celui-ci, il craignait les séductions de l'ennemi plus que ses armes et une révolution plus qu'une conquête.

« Ne voulant point de traité, ce gouverneur prévit qu'au milieu de leur populeuse capitale, que les Russes eux-mêmes nommèrent *l'oracle*, l'exemple de tout l'empire, Napoléon aurait recours à l'arme révolutionnaire, la seule qui lui resterait pour terminer. C'est pourquoi il se décida à élever une barrière de feu entre ce grand capitaine et toutes les faiblesses, de quelque part qu'elles vinssent, soit du trône, soit de ses compatriotes, nobles et sénateurs; et surtout entre un peuple serf et les soldats d'un peuple propriétaire et libre; enfin entre ceux-ci et cette masse d'artisans et de marchands réunis, qui forment dans Moscou le commencement d'une classe intermédiaire, classe pour laquelle la révolution française a été faite.

« Tout se prépara en silence à l'insu du peuple, des propriétaires de toutes les classes et peut-être de leur empereur. La nation ignora qu'elle se sacrifiait elle-même [1]. »

Le 14 septembre, Moscou, vide de ses trois cent mille habitants, voyait arriver les Français qui la saluaient de loin avec ivresse; mais, quel désanchement, pas un bruit ne monte de cette vaste enceinte complètement déserte: c'était à ne pas le croire. Il fallut pourtant se rendre enfin à l'évidence. Vers deux heures du matin, l'incendie éclatait au centre de la ville dans son plus riche quartier; on essaie d'arrêter le fléau, on croit s'en être rendu maître, mais il déborde alors de tous les côtés à la fois, et on reconnaît un plan savamment conçu et habilement dirigé. Immense fut la fureur de Napoléon en voyant sa conquête lui échapper; il comprit l'imminence du danger, mais il était trop tard pour triompher du terrible élément dont un vent violent activait encore la rage inouïe.

Ce ne fut qu'au milieu des plus grands périls que Napoléon put sortir de Moscou et diriger ses pas vers Pétrowski, où il arriva de nuit; le lendemain matin, 17 septembre, il tourna ses regards sur Moscou, espérant voir l'incendie se calmer, mais il le voit dans toute sa violence; absorbé par ce spectacle lamentable, il ne

1. Le général de Ségur, *Histoire de Napoléon et de la grande armée pendant l'année* 1812 (2e édition, 1825), tome II, p. 15-18.

rompit le silence que pour s'écrier : « Ceci nous présage de grands malheurs ! »

Qu'allait-t-on décider? Qu'allait-on faire? L'empereur déclare qu'il va marcher sur Pétersbourg, mais aussitôt, changeant d'avis, il rentre au Kremlin qu'un bataillon de sa garde a préservé d'une entière destruction. Moscou, le Kremlin, mots magiques, talismans dont il attend un retour subit de fortune. Les camps que Napoléon traversa pour y arriver offraient un aspect singulier. C'étaient, au milieu des champs, dans une boue épaisse et froide, de vastes feux entretenus par des meubles d'acajou, par des bois de fenêtres et de portes dorées. Autour de ces feux, sur une litière de paille humide qu'abritaient mal quelques planches, on voyait les soldats et leurs officiers, tout tachés de boue et noircis de fumée, assis dans des fauteuils ou couchés sur des canapés de soie. A leurs pieds étaient étendus ou amoncelés les châles de cachemire, les plus rares fourrures de la Sibérie, des étoffes d'or de la Perse et des plats d'argent dans lesquels ils n'avaient à manger qu'une pâte noire, cuite dans la cendre, et des chairs de cheval à demi-grillées.

La maraude s'exerçait sur une vaste échelle; pour en tempérer les excès, les chefs durent se décider à l'organiser : nos soldats, nos officiers mêmes s'y livraient à peu près régulièrement, tandis qu'une foule de malheureux Moscovites, revenus près des ruines de leur ville, fouillaient la terre pour arracher quelques ruines ou disputaient aux corbeaux des restes d'animaux morts que l'armée avait abandonnés. Des décombres de Moscou, Napoléon se flattait d'intimider Alexandre et de lui dicter une paix honteuse pour la Russie; mais, onze jours s'étaient écoulés, et le czar n'avait pas encore daigné répondre au vainqueur d'Austerlitz et d'Eylau. Pour tromper ceux qui l'entourent et dissimuler à lui-même l'inquiétude qui le ronge, l'empereur donne l'ordre d'approvisionner Moscou pour l'hiver, un théâtre se dresse du milieu des ruines, les premiers acteurs de Paris sont mandés, un chanteur italien vient rappeler au Kremlin les soirées des Tuileries. On croit rêver en lisant de tels détails, malheureusement trop vériiques. Qui espérait-on tromper avec des moyens si rossiers ?

Octobre a commencé, et Alexandre n'a pas daigné épondre à l'homme qui, depuis si longtemps, fait rembler l'Europe, le monde entier. Dans sa colère et on délire, Napoléon déclare à ses généraux qu'il veut brûler les restes de Moscou et marcher sur Pétersbourg. On se regarde en silence, on se prend à douter de l'état mental du maître. Enfin, forcé de se calmer en présence le l'attitude froide de son entourage, il se décide à envoyer Lauriston au czar et lui dit : « Je veux la paix, il me faut la paix, je la veux absolument; sauvez seulement l'honneur. » Il était bien tard pour obtenir l'une et surtout pour sauver l'autre.

CHAPITRE DOUZIÈME

Suspension systématique des hostilités. — Napoléon est joué p les Russes. — Toujours Paris! — Encore *l'étoile* de l'empereu — Spectacle lamentable que présente l'armée française. — L tortures du froid et de la faim. — Smolensk, suprême espoir nos soldats. — Horrible tempête de neige. — Partout la mort. Les armes tombent des mains du soldat. — Tristes repas. — L'a mée s'abandonne au plus profond découragement. — Nouvelle la conspiration de Mallet. — Immense déception, à Smolensk. Comment finissent les grandes expéditions. — Les retards de généraux russes sauvent les débris de l'armée française. — Cata trophe épouvantable, au passage de la Bérésina. — *La santé l'empereur n'a jamais été meilleure.* — Fin de la campagne de Ru sie. — Napoléon abandonne l'armée et se hâte de revenir à Pari — Quel parti prendre? — *Ah! si j'étais mon petit-fils.* — L'Espagn et les revers de nos armées en ce pays. — L'empereur veut con tinuer la lutte contre l'Europe. — Trahisons sur trahisons. La nouvelle armée, bien inférieure à sa devancière. — Pie VII Fontainebleau. — Bravades de l'empereur. — Accomplisseme de la prophétie. — *Commediante! tragediante!* — Mensonges Napoléon, à la face de la France et de l'Europe.

Lauriston part et arrive aux avant-postes, le 5 octobre La guerre est aussitôt suspendue, l'entrevue accordée mais Kutusoff ne s'y trouva point; Lauriston, qui avai reçu l'ordre de ne traiter qu'avec ce général, voulu rompre la négociation et repartir pour Moscou. Mais pendant qu'on le faisait patienter quelque temps, o s'abouchait avec Murat et, à force de le combler d marques de déférence, on le gagnait à la cause de l paix ou tout au moins d'un armistice pour se reconnaitr et se renforcer. Murat et Napoléon se laissèrent tous deu tromper à ces assurances. L'illusion ne fut pas de longu durée; en dépit de l'armistice, la guerre se continuai en détail, il est vrai, mais par des escarmouches meu trières qui diminaient à vue d'œil nos troupes, surtou notre cavalerie. Cependant Napoléon s'opiniâtrait ave ette tenacité, ailleurs sa première qualité, ici son premier défaut, et ce fut ce qui le perdit irrémédiablement. Il n'y vait pas à compter sur l'armée prussienne non plus que ur l'armée autrichienne. Kutusoff le jouait, il le sentait, nais il se trouvait si engagé qu'il ne pouvait plus ni vancer, ni rester, ni reculer, ni combattre avec honneur t succès. Il persistait encore dans ses espérances ou lutôt ses illusions, quand la chute des premières neiges int les ébranler et les dissiper; dès lors, et en présence l'un ennemi tel que l'hiver russe, il ne songea plus qu'à a retraite, sans toutefois en prononcer le nom sinistre t fatal. La pensée de Paris et la préoccupation de ce u'on y disait de lui remplissaient son esprit; d'un autre ôté, la Prusse et l'Autriche l'inquiétaient vivement. 'our s'étourdir, il portait son activité sur des questions ittéraires et théâtrales et datait de Moscou le règlement le la Comédie-Française de Paris, auquel il employa rois soirées; il lisait des romans, en attendant la fin de on histoire.

Cependant Kutusoff gagnait le temps que nous perlions, et la guerre recommençait brusquement (18 ocobre), avant que l'empereur eût pris un parti. Il se lécide immédiatement à sortir de Moscou et ordonne de e diriger sur Kalongha; son projet était de regagner les rontières de la Pologne par Kalongha, Medyn, Iuknow, lnia et Smolensk. En vain lui objecte-t-on la rigueur sans esse croissante d'un hiver exceptionnel; il s'opiniâtre l, toujours superstitieux, montrant un ciel pur : « Dans e soleil brillant, dit-il, ne reconnaissez-vous pas mon toile? » Mais l'expression sinistre de ses traits ne lémentait que trop la sécurité qu'il affectait.

Dès la première journée, il put remarquer que sa cavalerie et son artillerie se traînaient plutôt qu'elles ne marchaient. Un spectacle fâcheux ajoutait encore ux tristes pressentiments de Napoléon, c'était celui du lésordre dans lequel s'avançaient les soldats encombrés le butin de toute sorte; on eût dit une horde de Tartares C'était, sur trois ou quatre files d'une longueur infinie. n mélange, une confusion de calèches, de caissons, de iches voitures et de chariots de toute espèce. Ce désordre prêtait trop le flanc aux attaques de l'ennem pour qu'il négligeât d'en profiter ; des combats meurtriers décimaient de plus en plus les restes de notre armée : là venaient échouer vingt ans de victoire, là commençait le grand écroulement de la fortune de la France On était cerné de tous côtés par l'armée russe qui repoussait l'armée de l'empereur sur le terrible hiver, so puissant auxiliaire.

Depuis ce moment, Napoléon ne vit plus que Paris, de même qu'en partant de Paris il n'avait eu d'autr objectif que Moscou. Ce fut le 26 octobre que commenç le fatal mouvement de notre retraite. Davoust, ave vingt-cinq mille hommes, resta à l'arrière-garde. L grande armée tournait le dos aux Russes ; elle mar chait, les yeux baissés, comme honteuse et humiliée ayant au milieu d'elle son chef, sombre et silencieux Partout où l'on repassait, on retrouvait dans sa lamen table horreur le spectable de tant de combats inutile ment livrés, boucheries sans nom.

Le froid n'était pas la seule torture à laquelle no soldats fussent en proie, la faim s'y joignait avec se cruelles angoisses ; à tout moment, les chevaux de attelages tombaient sur la route, et aussitôt des soldat affamés se jétaient sur ces cadavres et les dépeçaient puis, sur des feux, faits des débris de leurs voitures, i grillaient ces chairs toutes sanglantes et les dév raient.

Cependant, l'exemple des chefs et l'espoir de retro ver tout à Smolensk, soutenaient les courages, et surto l'aspect d'un soleil brillant encore ; mais le 6 novemb l'azur du ciel disparaît, l'armée marche enveloppée vapeurs froides, ces vapeurs s'épaisissent : bientôt, c'e un nuage immense qui s'abaisse et fond sur elle, gros flocons de neige. Il semble que le ciel descende se joigne à cette terre et à ces peuples ennemis po achever notre perte. Tout alors est confondu et méco naissable : les objets changent d'aspect ; on marc sans savoir où l'on est, sans apercevoir son but ; to devient obstacle. Pendant que le soldat s'efforce pour faire jour au travers de ces tourbillons de vents et frimas, les flocons de neige, poussés par la tempête, s'amoncellent et s'arrêtent dans toutes les cavités ; leur surface cache des profondeurs inconnues, qui s'ouvrent perfidement sous nos pas. Là, le soldat s'engouffre, et les plus faibles s'abandonnant y restent ensevelis.

Ceux qui suivent se détournent, mais la tourmente leur fouette au visage la neige du ciel et celle qu'elle enlève à la terre ; elle semble vouloir avec acharnement s'opposer à leur marche. L'hiver moscovite, sous cette nouvelle forme, les attaque de toutes parts : il pénètre au travers de leurs légers vêtements et de leurs chaussures déchirées. Leurs habits mouillés se gèlent sur eux ; cette enveloppe de glace saisit leurs corps et raidit tous leurs membres. Un vent aigre et violent coupe leur respiration ; il s'en empare au moment où ils l'exhalent et en forme des glaçons qui pendent par leur barbe autour de leur bouche.

Les malheureux se traînent encore, en grelottant, jusqu'à ce que la neige, qui s'attache sous leurs pieds en forme de pierre, quelque débris, une branche ou le corps de l'un de leurs compagnons, les fasse trébucher et tomber. Là ils gémissent en vain ; bientôt la neige les couvre ; de légères éminences les font reconnaître : voilà leur sépulture. La route est toute parsemée de ces ondulations, comme un champ funéraire : les plus intrépides ou les plus indifférents s'affectent ; ils passent rapidement en détournant leurs regards. Mais devant eux, autour d'eux, tout est neige : leur vue se perd dans cette immense et triste uniformité ; l'imagination s'étonne : c'est comme un grand linceul dont la nature enveloppe l'armée. Les seuls objets qui s'en détachent, ce sont de sombres sapins, des arbres de tombeaux, avec leur funèbre verdure, et la gigantesque immobilité de leurs noires tiges et leur grande tristesse qui complète cet aspect désolé d'un deuil général, d'une nature sauvage et d'une armée mourante au milieu d'une nature morte.

« Tout, jusqu'à leurs armes, se tourna alors contre eux-mêmes. Elles parurent à leurs bras engourdis un poids insupportable. Dans les chutes fréquentes qu'ils faisaient, elles s'échappaient de leurs mains, elles se brisaient ou se perdaient dans la neige. S'ils se relevaient, c'était sans elles : car ils ne les jetèrent point, la faim et le froid les leur arrachaient. Les doigts de beaucoup d'autres gelèrent sur le fusil qu'ils tenaient encore, et qui leur ôtait le mouvement nécessaire pour y entretenir un reste de chaleur et de vie.

« Bientôt l'on rencontra une foule d'hommes de tous les corps, tantôt isolés, tantôt par troupes. Ils n'avaient point déserté lâchement leurs drapeaux, c'était le froid, l'inanition qui les avait détachés de leurs colonnes. Dans cette lutte générale et individuelle, ils s'étaient séparés les uns des autres, et les voilà désarmés, vaincus, sans défense, sans chefs, n'obéissant qu'à l'instinct pressant de leur conservation.

« La plupart, attirés par la vue de quelques sentiers latéraux, se dispersent dans les champs avec l'espoir d'y trouver du pain et un abri pour la nuit qui s'approche ; mais, dans leur premier passage tout a été dévasté sur une largeur de sept à huit lieues ; ils ne rencontrent que des Cosaques et une population armée qui les entourent, les blessent, les dépouillent et les laissent, avec des rires féroces, expirer tout nus sur la neige. Ces peuples, soulevés par Alexandre et Kutusof, côtoient l'armée sur ses deux flancs, à la faveur des bois. Tous ceux qu'ils n'ont point achevés avec leurs piques et leurs haches, ils les ramènent sur la fatale et dévorante grande route.

« La nuit arrive alors, une nuit de seize heures. Mais, sur cette neige qui couvre tout, on ne sait où s'arrêter, où se reposer, où trouver quelque racine pour se nourrir et des bois secs pour allumer les feux. Cependant la fatigue, l'obscurité, des ordres répétés arrêtent ceux que leurs forces morales et physiques et les efforts des chefs ont maintenus ensemble. On cherche à s'établir, mais la tempête, toujours active, disperse les premiers apprêts des bivouacs. Les sapins, tout chargés de frimas, résistent obstinément aux flammes ; leur neige, celle du ciel, dont les flocons se succèdent avec acharnement, celle de la terre, qui se fond sous les efforts des soldats et par l'effet des premiers feux, éteignent ces feux, les forces et les courages.

« Lorsqu'enfin la flamme l'emportant s'éleva, autour d'elle les officiers et les soldats apprêtèrent leurs tristes repas : c'étaient des lambeaux maigres et sanglants de chair, arrachés à des chevaux abattus, et, pour bien peu, quelques cuillerées de farine de seigle, délayée dans de l'eau de neige. Le lendemain, des rangées circulaires de soldats étendus raides morts marquèrent les bivouacs ; les alentours étaient jonchés des corps de plusieurs milliers de chevaux.

« Depuis ce jour on commença à moins compter les uns sur les autres. Dans cette armée vive, susceptible de toutes les impressions et raisonneuse par une civilisation avancée, le désordre se mit vite; le découragement et l'indiscipline se communiquèrent promptement, l'imagination allant sans mesure dans le mal comme dans le bien. Dès lors, à chaque bivouac, à tous les mauvais passages, à tout instant il se détacha des troupes encore organisées quelque portion qui tomba dans le désordre. Il y en eut pourtant qui résistèrent à cette grande contagion d'indiscipline et de découragement. Ce furent les officiers, les sous-officiers et des soldats tenaces. Ceux-là furent des hommes extraordinaires : ils s'encourageaient et répétaient le nom de Smolensk dont ils se sentaient approcher et où tout leur avait été promis.

« Ce fut ainsi que depuis ce déluge de neige et le redoublement de froid qu'il annonçait, chacun, chef comme soldat, conserva ou perdit sa force d'esprit, suivant son caractère, son âge et son tempérament. Celui de nos chefs que jusque-là on avait vu le plus vigoureux pour le maintien de la discipline ne se trouva plus l'homme de la circonstance. Jeté hors de toutes ses idées arrêtées de régularité, d'ordre et de méthode, il fut saisi de désespoir à la vue d'un désordre si général et jugeant avant les autres tout perdu, il se sentit lui-même prêt à tout abandonner...

« Il n'arriva rien de remarquable dans la colonne impériale, si ce n'est qu'il fallut jeter dans le lac de Semlewo les dépouilles de Moscou ; des canons, des armures gothiques, ornement du Kremlin, et la croix du grand Yvan y furent noyés; trophées, gloire, tous ces biens auxquels nous avions tout sacrifié devenaient à charge : il ne s'agissait plus d'embellir, d'orner sa vie, mais de la sauver. Dans ce grand naufrage, l'armée, comme un grand vaisseau battu par la plus horrible des tempêtes, jetait sans hésiter à cette mer de neige et de glace tout ce qui pouvait appesantir ou retarder sa marche [1]. »

Nous avons cru devoir emprunter ce tableau navrant et d'une si exacte réalité à un témoin digne de toute confiance et dont l'ouvrage fait, à juste titre, autorité. Quelle épouvantable odyssée que celle-là !

Plus on approchait de Smolensk, plus les dangers grandissaient; ils se doublaient des incessantes attaques dont la cavalerie russe ne cessait de harceler l'armée battant en retraite ou plutôt en déroute. Pour compliquer encore la situation, le 6 novembre, au moment où le déluge de neige éclatait sur l'armée française, une estafette venait d'apporter la nouvelle de cette étrange conjuration tramée dans Paris même par un général obscur et au fond d'une prison. L'empereur s'écria : « Ah! si nous étions restés à Moscou! » Mais dès qu'il fut seul avec ses officiers les plus dévoués, toutes ses émotions éclatèrent à la fois par des exclamations d'étonnement, d'humiliation et de colère. La plupart des officiers furent saisis d'inquiétude en entendant ces détails, mais d'autres s'en réjouirent, dans l'espoir que l'empereur se hâterait de rentrer en France, qu'il s'y fixerait et qu'il n'irait plus risquer de lointaines entreprises. C'était bien l'intention de Napoléon, quoiqu'il ne semblât pour le moment songer qu'à se cantonner dans Smolensk, où il entrait enfin le 14 novembre.

Là, on ne trouvait rien de ce qu'on s'attendait à y rencontrer, point d'asile et point de quartiers d'hiver préparés, point de bois, les maisons à peu près démolies et incapables d'offrir le moindre abri, rien qu'un bivouac dans les ruines, plus froides encore que les forêts que l'on venait de quitter. Pas de biscuit, pas de viande, seu-

1. Le général de Ségur, *op. sup. cit.*, tome II, p. 180-187.

lement de la farine de seigle, des légumes secs, de l'eau-de-vie, trop d'eau-de-vie, car le lendemain on trouva les maisons pleines des cadavres de ces infortunés que l'ivresse et le froid avaient frappés comme d'un coup de foudre. Enfin, cette funeste Smolensk, que l'armée avait crue le terme de ses souffrances, n'en était que le commencement : il fallait marcher encore quarante jours dans cette privation de tout et par un froid de plus en plus rigoureux.

Ainsi, les grandes expéditions s'écrasent sous leur propre poids. Les bornes humaines avaient été dépassées : Napoléon, en voulant s'élever au-dessus du temps, du climat et des distances, s'était perdu, lui et son armée. De tous ces hommes, pas un seul, sans en excepter l'empereur, n'aurait pu regagner la France, si les armées russes avaient mis quelque vigueur à les poursuivre et à leur barrer le chemin. Mais, les généraux qui les commandaient sollicitaient vainement l'ordre de se hâter et de combattre : le vieux Kutusof, qui n'avait perdu que trop de monde à la Moscowa, prescrivit de se borner à une guerre de partisans, de laisser faire l'hiver. Cette temporisation sauva le petit nombre de ceux des nôtres qui parvinrent à franchir les frontières de la Russie; pour le moment ils en étaient encore loin, et de nouvelles épreuves leur étaient réservées.

Cependant, depuis quelques jours la rigueur du froid s'était apaisée; mais les routes, rompues par le dégel, étaient difficilement praticables. L'armée, réduite à seize mille combattants et à quatre vingt mille traînards, fuyant à l'aventure, se replia vers Borizoff, le long d'un large chemin qui n'était plus qu'une mare de boue et de neige. Un rassemblement d'officiers de tout grade et de toutes armes s'était formé autour de l'empereur pour veiller sur sa vie. Le visage de Napoléon était serein, sa contenance calme; c'est qu'il comprenait que de son existence dépendait le salut de l'armée et de l'empire, et il ne songeait qu'aux moyens d'assurer la retraite.

On disposa tout pour franchir la Bérésina, en dépit de l'armée de Tchitchakoff qui la bordait et sous la menace permanente des armées de Kutusoff et de Witgenstein poussant devant elles nos colonnes. La Bérésina est large, elle coule à travers de vastes marécages, et le dégel ne permettait plus de la franchir à pied sec. On était au 26 novembre. A une heure de l'après-midi, et à la suite d'efforts inouïs qui coûtèrent la vie à beaucoup de nos pontonniers, obligés de travailler dans l'eau et de lutter contre des glaçons énormes, on réussit à établir un pont de chevalets, long de plusieurs centaines de toises. Au milieu de la difficile opération de ce passage, les Français furent assaillis par les Russes, sur les deux rives, mais nos faibles divisions retrouvèrent leur merveilleux courage pour combattre et repousser l'ennemi. Le duc de Bellune pénétra jusqu'au centre de la ligne moscovite et, avec sept ou huit mille soldats, tint tête à quarante-cinq mille. Mais la colonne des fuyards de Moscou, composée d'hommes démoralisés par la souffrance et aveuglés par la peur, porta le poids d'une horrible catastrophe qui devait rendre le nom de la Bérésina à jamais sinistre dans nos annales. Cette masse de malheureux et de traînards, épouvantée par le bruit du canon, s'imagina que c'en été fait d'elle et de l'armée et se précipita sur le pont déjà bien ébranlé. Ce fut un spectacle affreux ; les eaux entraînaient ces insensés qu'achevait la mitraille russe. En présence des efforts de l'ennemi auxquels on ne pouvait plus résister, il fallut prendre un parti désespéré : les ponts furent détruits pour fermer le chemin aux Russes.

Tant que Napoléon était resté au milieu des débris de son armée, l'espoir ne fut jamais entièrement éteint dans les cœurs : mais qui pourrait exprimer l'immense désolation du soldat lorsqu'on apprit, à Smorgoni, le 5 décembre que l'empereur était parti pour Paris ? L'armée se crut abandonnée ; mais Napoléon n'avait fait qu'obéir aux pressants devoirs de sa situation. Avant de s'éloigner, il dicta le trop fameux 29e bulletin, qui pour la première fois, allait annoncer à la France qu'elle avait perdu dans les plaines immenses de la Russie ces troupes vaillantes qui faisaient son orgueil et sa force. Quand cette nouvelle se répandit à Paris vers la fin de décembre, elle y éclata comme la foudre, et la France entière fut plongée dans un immense deuil. L'histoire, depuis les âges les plus reculés, n'offrait pas l'exemple d'une expédition militaire terminée d'une manière si lamentable et au prix de pareilles calamités. Quatre cent mille familles étaient frappées dans la personne de leurs chefs ou de leurs rejetons.... Le bulletin qui annonçait cette immense boucherie se terminait par cette phrase, qui fut regardée comme le comble de l'égoïsme et de la barbarie : « La santé de l'empereur n'a jamais été meilleure. »

Le départ de Napoléon avait été, pour les débris de son armée, le signal de calamités nouvelles. Murat, si brave sur le champ de bataille, ne montra dans la retraite que découragement; il commit la faute d'abandonner Vilna et les immenses magasins que renfermait cette ville. En quelques jours quarante mille hommes périrent par le froid. Au milieu de ces désastres, le canon ennemi se fit entendre, et la division Loison fut chargée de le contenir : elle s'acquitta de cette mission avec un zèle intrépide ; mais son dévouement ne put empêcher quinze mille de nos blessés ou de nos malades, abandonnés à Vilna, de tomber au pouvoir des Russes. A une lieue de Vilna, on perdit ce qui restait des bagages et des fourgons. Lorsqu'enfin on arriva sur les bords du Niémen, on put compter ceux qui avaient survécu. De quarante mille hommes qui, peu de mois auparavant, avaient franchi ce fleuve sous les ordres du maréchal Ney, il ne restait que lui et ses aides de camp. L'armée d'Italie, autrefois forte de cinquante mille hommes, se trouvait réduite à douze cents traînards éclopés ; les autres corps étaient affaiblis dans la même proportion ; et, c'est à peine si, de cette immense multitude qui avait fait trembler l'Europe, vingt mille hommes, pour la plupart malades ou mutilés, vivaient encore. La campagne de Russie était terminée.....

L'empereur arriva à Paris dans la nuit du 18 décembre, deux jours après le fatal bulletin qui avait appris à la France ce désastre sans exemple dans nos annales. Les premières heures de la journée du lendemain furent consacrées aux affaires : on s'occupa de la disposition des esprits à l'intérieur et surtout des moyens d'organiser une nouvelle armée ; rien n'était plus pressant. Mais Napoléon se montrait particulièrement préoccupé de la conspiration Mallet et des résultats que ce coup de main audacieux avait pu amener [1].

Parmi les grands corp de l'Etat, le Sénat, de plus en plus intimidé, émit le vœu que Napoléon, imitant la conduite des premiers Capétiens, fît couronner de son vivant le jeune roi de Rome et liât par un serment solennel la France à son successeur. Napoléon partageait ou plutôt dictait cette illusion; comme si une dynastie s'improvisait du jour au lendemain et que l'on pût crier, à un moment donné : « L'empereur est mort, vive l'empereur ! » comme jadis on le disait de la vieille royauté, la maison et la famille de France. Il le comprenait si bien, que, dans une autre occasion, on l'avait entendu murmurer : « Ah ! si j'étais mon petit-fils ! » Nous savons ce qu'a fait son neveu....

Au Conseil d'Etat, l'empereur, flétrissant les principes de la Révolution dont il était cependant l'héritier, dictait des leçons et des exemples de dévouement au souverain; il proposait les souvenirs des Harlay et des Molé, à ces conventionnels, à ces ex-régicides. Aveuglement, s'il en fût jamais.... On se fatiguerait à mentionner les adresses et les discours serviles dont le *Journal officiel* de l'époque nous a conservé le texte. Il y en eut une rédigée au nom de Rome par la municipalité de cette ville: l'empereur se plut à la faire publier, comme pour apprendre au souverain pontife qu'il devait plus que jamais renoncer à la souveraineté temporelle des Etats de l'Eglise.

L'attention publique, préoccupée des graves événements de la Russie, s'était détournée de l'Espagne; et pourtant ce pays n'avait cessé d'être une cause d'épuisement pour la puissance de Napoléon. Dans cette guerre, la maladie et les privations savaient faire plus de ravages parmi les rangs de notre armée que le fer de l'ennemi.

1. Thiers, tome XIV, p. 524-535.

Au moment où l'empereur sacrifiait tout au succès de l'expédition de Russie, une série de revers frappaient en Espagne nos armées qui, depuis quatre ans, suffisaient à peine à tenir pied. Les Espagnols étaient trois fois plus nombreux que nos troupes : on les retrouvait partout ; et les Français, obligés de se multiplier, voyaient leur nombre chaque jour décroître. D'un autre côté, Wellington recevait des munitions, des vivres et des renforts. En Espagne, les montagnes et une température torride faisaient autant de ravages parmi nos soldats que les déserts et le froid moscovites avait moissonné d'hommes. Des deux parts et presqu'aux deux extrémités de l'Europe Napoléon voyait décimer les armées de la France lancées dans des expéditions extravagantes, où le patriotisme des peuples les broyait dans leurs serres puissantes.

Cependant, malgré tant de revers qui auraient dû lui ouvrir les yeux, Napoléon se préparait à tenir tête à l'Europe entière, mais avec quelles ressources? Les soldats et les chevaux manquaient ; les finances étaient épuisées ; le prestige de la gloire impériale s'était presque éclipsé. La situation était grave, l'avenir — avenir prochain, — se présentait sous les plus sombres couleurs : ce n'était plus seulement contre quelques armées régulières que la France allait avoir à lutter. En 1791, 1792 et 1799, son rôle s'était borné à tenir tête à des coalitions de rois : aujourd'hui c'étaient tous les peuples qui se levaient contre elle, et il était évident que notre pays devrait tôt ou tard succomber dans une lutte aussi inégale.

Cependant les débris de la grande armée traversaient l'Allemagne, et les populations se demandaient si ces troupeaux de fugitifs, presque tous malades, blessés ou mutilés, étaient vraiment les débris de cette armée innombrable que Napoléon avait conduite à Moscou.

Quant à l'empereur, prenant ses espérances pour des réalités et s'enivrant d'illusions jusqu'au bout, il croyait pouvoir compter sur ses alliés en Allemagne, sur l'Autriche dont il avait épousé une archiduchesse, et il ne paraissait pas craindre la Prusse qui lui semblait épuisée.

Mais la défection ne tarda pas à se mettre parmi nos auxiliaires allemands. Le 30 décembre 1812, le général York, qui commandait le corps prussien échappé au désastre de la campagne de Russie, conclut avec le général russe Diebitch, que jusqu'alors il avait combattu, l'un de ces arrangements que la politique conseille et que la loyauté désavoue. York et son chef d'état-major, aussi bien que leurs troupes, ne servaient qu'avec une profonde répugnance sous les drapeaux de la France. Quand ils virent la destruction de la grande armée et les circonstances favorables offertes à l'affranchissement de la Prusse, ils s'entendirent avec l'ennemi et lui livrèrent les routes qu'ils étaient chargés de lui disputer. On ne sait si le roi de Prusse avait dicté cette conduite, mais il ne devait pas tarder à en recueillir les fruits.

Les efforts de Napoléon pour réorganiser la grande armée furent prodigieux et le succès, encore une fois, les couronna. Outre la conscription qui fournit son contingent annuel, l'empereur obtint du Sénat cent cinquante mille hommes de la classe de 1814, ce qui forma une masse de trois cent cinquante mille jeunes soldats. Enfin, quelques mois ne s'étaient point encore écoulés depuis le sinistre passage de la Bérésina que déjà Napoléon pouvait lancer sur l'Europe une armée presque égale en nombre à celle que le climat du Nord avait détruite. Mais cette armée, composée de jeunes hommes, ne pouvait supporter avec la même vigueur que l'autre les fatigues des marches, les nuits des bivouacs, la pluie, le froid, les maladies, toutes les épreuves qui, à la guerre, font bien plus de ravages que le sabre et le canon.

En proie de plus en plus à

> Cet esprit de vertige et d'erreur,
> De la chute des rois, funeste avant coureur,

l'empereur eut la lâcheté de redoubler ses persécutions contre l'auguste chef de l'Eglise catholique : le 9 juin 1812, Pie VII avait été enlevé de Savone et conduit à Fontainebleau. Napoléon était alors loin de France. Fier de son immense pouvoir, il avait raillé la résistance d'un prêtre (comme il disait) ; on eût dit qu'il se rappelait ces paroles arrogantes qu'il avait lui-même dirigées contre le pape. « Ignore-t-il combien les temps sont changés ? Me prend-il pour Louis le Débonnaire? *Croit-il que ses excommunications feront tomber les armes des mains de mes soldats*? La fatale expédition de Russie retourna contre le despote ivre d'orgueil ses bravades prophétiques [1]. Les armes tombèrent des mains de nos soldats terrassés par la faim et le froid, et l'hiver servit la vengeance de Celui de qui nos livres saints ont décrit la puissance en ces termes: « La neige, la glace et l'esprit des tempêtes accomplissent sa parole. »

Etait-ce sous l'empire de ces réflexions salutaires ou bien pour arracher à un vieillard affaibli par les persécutions et la maladie de nouvelles concessions, que Napoléon médita de négocier avec le chef de l'Eglise un nou-

1. Dans une remarquable page de son *Histoire de Grégoire VII*, M. Villemain, parlant de la puissance et de la force de l'excommunication, même dans les temps modernes, s'exprime ainsi : « Quand la domination d'un conquérant pesait sur l'Europe, quand de Rome à Hambourg il tenait tout sous sa loi, le premier coup dont il fut blessé au défaut de son armure avait cette forme surannée d'excommunication pontificale. La bulle affichée sur les églises de Rome dans la nuit du 10 juin 1809 fut le premier et le plus puissant tocsin de l'Europe. Cette formule antique : « A ces causes, par l'autorité du Dieu tout-puissant, des saints apôtres Pierre et Paul, » ce langage, si modéré dans le XVIIIe siècle et comme aboli sous les ruines de l'Église de France, reparaissant tout à coup dans la bouche du pontife même qui avait sacré Napoléon, marqua l'ébranlement de son pouvoir et parut en seconder la chute. Celui que nul pouvoir et nul droit humain ne semblaient arrêter dans sa course demeura comme affaibli de l'anathème lancé par ce vieillard qu'il tenait captif. Sous cette bulle en langue morte, qui représentait le cri de la justice et de la loi divine, celui qui avait menacé tout le monde s'écroula par la force de tout et sa propre violence. Tel est le sens historique et moral que reçoit pour nous, hommes du XIXe siècle, cette jurisprudence des excommunications pontificales proclamée en 1076 dans le concile de Rome et fulminée tant de fois dans le moyen âge. » (Villemain, *op. cit. sup.*, tome II, pag. 75-77. Cf. dans la quinzième série des *Erreurs et mensonges historiques*, p. 99-113. *L'excommunication, au moyen-âge*.

veau Concordat? Tout donnerait lieu de s'arrêter à la seconde de ces suppositions. Les conditions posées au saint-père étaient les mêmes que celles qui lui avaient été présentées, en 1801. Le 20 janvier 1813 et les jours suivants, il y eut différentes entrevues entre Napoléon et le souverain pontife. L'empereur mit d'abord beaucoup de grâce dans ses paroles, et le saint-père lui répondait avec une onction toute paternelle. La conversation avait lieu en italien. Mais bientôt le despote changea de ton; outré de ne pouvoir obtenir tout ce qu'il exigeait, il se laissa aller, plus d'une fois, à des expressions menaçantes ou à des éclats de colère. D'autres fois, il prenait un ton très affectueux et presque filial. Le pape lui répondit avec beaucoup de calme ces deux mots si énergiques : *Commediante! Tragediante!* (Comédien! Tragédien!) Nous ne pousserons pas plus loin ce lamentable tableau... On sait que Pie VII consentit enfin à subir des conditions dont à d'autres époques l'injustice l'avait révolté. De là sortit le prétendu concordat de Fontainebleau. Mais, bientôt, le pape revint sur ses concessions et les rétracta avec autant de fermeté que d'humilité.

Dans cet intervalle, les événements politiques n'avaient point ralenti leur marche au dedans et au dehors. Le 14 février, l'empereur était venu en personne ouvrir la session du Corps législatif; cette fois il était sombre et fier, et d'autant plus implacable contre ses ennemis qu'il était vaincu. Le Corps législatif attendait avec une vive curiosité ce qu'allait dire le maître; l'esprit d'opposition commençait à se faire jour, quoiqu'encore sourdement. Napoléon le comprit et paya d'audace, pour ne pas dire de mensonges en exposant le tableau peu fidèle des événements de 1812 : à l'entendre, la guerre n'avait été rallumée dans le Nord que par les Anglais, mais les projets de ces éternels ennemis de la France avaient été confondus; leur armée avait échoué devant Burgos, et ils avaient dû, après avoir essuyé de grandes pertes, chercher un refuge en Portugal. C'était de cette façon que Napoléon rendait compte des événements d'Espagne, laissant dans l'ombre la levée du siège de Cadix, la perte des provinces du midi, la défaite des Arapiles et la fuite de Joseph, chassé de Madrid. Pour raconter ou plutôt pour esquisser en quelques traits rapides la campagne de Russie, Napoléon déguisait de la même façon la vérité. Il était entré lui-même dans ce pays; les armées françaises avaient été constanment victorieuses à Ostrowno, à Polotz, à Mohilow, à Smolensk, à la Moscowa: nulle part les armées russes n'avaient pu nous résister; *Moscou était tombé en notre pouvoir*. Après avoir qualifié de victoires une série d'affreuses calamités, il accusait une poignée de Tartares d'avoir incendié, malgré la Russie, cinquante villes et quatre mille villages de cet empire; il disait que ces hordes n'avaient voulu que satisfaire d'antiques haines nationales, sous prétexte de retarder notre marche en nous environnant d'un désert; il ajoutait: « Nous avons triomphé de tous ces obstacles. L'incendie même de Moscou n'a rien changé à *l'état prospère de mes affaires*. Mais la rigueur excessive et prématurée du froid a fait peser sur mon armée une affreuse calamité. En peu de nuits j'ai vu tout changer. J'ai fait deg randes pertes...

« A la vue des maux qui ont pesé sur nous, la joie de l'Angleterre a été grande, ses espérances n'ont pas eu de bornes. Elle offrait ses plus belles provinces pour récompense à la trahison; elle mettait pour condition à la paix le déchirement de ce bel empire: c'était, sous d'autres termes, proclamer la guerre perpétuelle.

« L'énergie de mes peuples dans ces grandes circonstances, leur attachement à l'intégrité de l'empire, l'amour qu'ils m'ont montré ont dissipé toutes ces chimères et ramené nos ennemis à un sentiment plus juste des choses. C'est avec satisfaction que nous avons vu nos peuples du royaume d'Italie, ceux de l'ancienne Hollande et des départements réunis rivaliser avec les anciens Français et sentir qu'il n'y a pour eux d'espérance d'avenir et de bien que dans la consolidation et le triomphe du grand empire. »

CHAPITRE TREIZIÈME

La vérité vraie. — La soif de la paix. — Un compte rendu modèle. — Organisation de la régence. — Apprêts pour la lutte suprême. — Les sociétés secrètes en Europe. — Grand mouvement patriotique en Allemagne. — Ouverture de la campagne de 1813. — Batailles de Lutzen et Leipsick. — Les Français entrent à Dresde. — Mort du maréchal Duroc. — L'*étoile* de Napoléon pâlit de plus en plus. — Suspension des hostilités en Allemagne. — Opposition de l'Angleterre à la paix. — L'Autriche, maîtresse de la situation. — Funeste emportement de l'empereur. — Les souverains coalisés arment de plus en plus. — Apprêts formidables. — Défections des généraux Jomini et Moreau. — Plan de campagne des alliés. — Insuffisance des forces militaires françaises. — Mort de Moreau. — Mouvements en avant et en arrière. — Ce qu'il y avait à faire. *La bataille des nations.* — Trois jours de combat. — Contre-coup de la guerre dans l'intérieur de l'empire français. — *Le commencement de la fin.* — Immense lassitude des esprits. — Attitude du parti républicain. — L'opinion se détache de plus en plus de Napoléon. — Vains efforts pour galvaniser l'esprit public. — Physionomie de l'hiver de 1813, à Paris. — Haine de l'Europe contre l'empereur. — La confédération du Rhin se dissout. — Dernières convulsions de l'Empire. — Déclaration des rois étrangers, à l'égard de la France. — Remarquable document. — Napoléon se méprend sur le langage des puissances alliées.

La vérité était le contraire de ce qu'avançait Napoléon ; jamais nos départements réunis du Nord, depuis le Rhin, jusqu'aux bouches de l'Elbe, ne s'étaient montrés plus impatients de secouer le joug de la France ; la force militaire pouvait seule contenir l'explosion de leurs sentiment et de leurs misères. Quant au royaume d'Italie, il gémissait des désastres qui lui avaient coûté soixante mille hommes morts pendant la retraite de Moscou. Partout, même dans l'ancienne France, on souhaitait ardemment la paix, et on la voulait, fût-ce même au prix de l'abandon de conquêtes plus brillantes que réelles. C'était à Napoléon seul et à ses exigences absolues que l'on imputait, avec raison, les dangers de la situation, les maux de la guerre et la nécessité des immenses sacrifices qu'elle entraînerait. Les assertions, pour ne pas dire les mensonges de cet homme, ne trompaient plus personne, ni en France, ni en Europe.

Le rapport que M. de Montalivet, ministre de l'intérieur, soumit au corps législatif, et où était exposée la situation de l'empire, un compte rendu habilement préparé qui, sans exposer les mauvais côtés des choses, la ruine du commerce, l'appauvrissement du pays, les souffrances de l'agriculture, la dépopulation rapide des campagnes, étalait les chiffres, groupait les résultats et accumulait les détails de telle manière qu'à aucune époque de nos annales la France ne semblait jamais avoir été si puissante et si riche et surtout si redoutable à ses ennemis. Toutes les nations enviaient notre bonheur; c'est la phrase consacrée qui a depuis servi maintes fois sous les régimes précaires qui ont été la conséquence du régime impérial. On la connaît, cette prospérité, et l'on sait trop ce qu'il en faut penser!...

Prévoyant tout ou s'imaginant tout prévoir, Napoléon s'occupa de régler les conditions de la régence, qui devait être confiée à l'impératrice, avec des pouvoirs assez étendus. On a pu voir ce qu'il faut attendre de ces arrangements si bien faits sur le papier, mais que l'imprévu (c'est le nom que donnent les politiciens à la Providence) se charge de réduire à leur juste valeur, c'est-à-dire à néant. *Nisi Dominus ædificaverit domum, in vanum laboraverunt qui ædificant eam.*

Cependant les hostilités étaient imminentes, tout le monde le sentait, car les circonstances s'aggravaient de jour en jour. Tout espoir d'accommodement avec la Russie s'était complètement évanoui : alors même qu'Alexandre aurait voulu conclure la paix avec Napoléon, l'exaspération des Russes s'y serait opposée. Il importait pour le czar d'associer l'Allemagne à la lutte suprême; et elle s'y prêtait d'elle-même, les peuples entraînant les rois. Le 22 janvier 1813, Frédéric-Guillaume déclara la guerre à la France, il signa un traité d'alliance offensive et défensive avec la Russie, et l'Alle-

13

magne du Nord se souleva tout entière. La Suède et Bernadotte ne tardèrent pas à se joindre à nos ennemis. Le Danemarck se tint dans une attitude expectante ainsi que l'Autriche, dont la position, on le comprend, était des plus difficiles; cependant, tout en s'annonçant comme neutre, elle accueillait les offres de l'Angleterre qui s'engageait à lui faire restituer la Lombardie, Venise et les provinces Illyriennes; le plus profond secret entourait ces menées et laissait à l'Autriche le temps de se prononcer suivant les circonstances.

Les sociétés secrètes, très nombreuses et fortement organisées en Allemagne, soufflaient l'ardeur du patriotisme aux populations fatiguées de subir le joug de Napoléon; elles invoquaient contre lui les souvenirs de l'histoire et remontaient jusqu'au IXe siècle pour y chercher la racine des maux qui pesaient sur le pays. La citation des principaux passages des proclamations lancées alors contre Napoléon et la France ont d'autant plus d'intérêt, à l'heure présente, que ce sont les mêmes griefs qui ont été renouvelés en 1870 contre *l'ennemi héréditaire* et que ressucitait encore hier le chauvinisme allemand.

« Saxons! disait Wittgenstein, il fut un ambitieux, un empereur de France! Charlemagne est son nom; il vous fit la guerre pendant trente ans pour vous subjuguer... Mille ans se sont écoulés. Un fléau semblable à Charlemagne a reparu; et vous ne combattrez pas, Saxons, comme ont fait vos pères, pour vous en délivrer? Ils étaient seuls, et vous avez pour soutien les armées innombrables de la Prusse et de la Russie!... Aux armes, Saxons! Si les fusils vous manquent, armez vos bras de faulx et de massues. »

« Frères! disait à son tour le vieux Blücher, nous portons nos pas dans le lieu que nous montre la Providence : l'heure de la délivrance est venue... »

Et un autre encore s'écriait : « Souvenez-vous de vos exploits contre les Francs, au temps de Charlemagne..: Dieu est à vos côtés; nous affrontons l'enfer et ses alliés.... »

Les poètes allemands n'étaient pas les derniers à accélérer le mouvement et l'enthousiasme sauvage de leurs concitoyens : Ernest Arndt et Théodore Koerner parlaient dans leurs chants, de Napoléon et des Français, comme d'Attila et des Huns.

Les forteresses de Thann, de Spandau et de Czentoszau avaient capitulé ; le maréchal Davoust, qui occupait Dresde, s'était replié aux approches de l'ennemi ; plusieurs armées ennemies marchaient à travers la Prusse et la Saxe, soulevaient partout le pays et menaçaient de déborder les faibles troupes que la France pouvait encore leur opposer sur la ligne de l'Elbe. Le moment décisif était arrivé ; il importait que Napoléon vînt lui-même se mettre à la tête de ses troupes et porter la lutte au cœur de l'Allemagne. Quelques jours encore, et il ne serait plus temps. C'est sur le Rhin qu'on se trouverait acculé, c'est la France qui servirait de théâtre à la guerre.

L'empereur arriva le 17 avril à Mayence ; la nouvelle armée qu'il venait d'organiser s'était déjà dirigée sur l'Allemagne et manœuvrait pour se concentrer entre Leipsick et la Saale. La campagne de 1813 était ouverte ; elle commença à Erfurt par des manœuvres, et les troupes alliées, surprises par l'apparition de telles forces qu'elles étaient loin de soupçonner, se replièrent sur leurs renforts. L'empereur ordonna de se diriger vers Leipsick (1er mai.) A Lutzen, après un combat meurtrier, nos jeunes soldats prirent une position importante ; ils s'élevaient au nombre de quatre vingt-cinq mille hommes, l'armée des souverains alliés égalait la nôtre comme effectif, mais elle se composait de combattants exercés, et elle avait une forte cavalerie, ce qui nous manquait pour le moment. Napoléon, qui ne s'attendait pas à être attaqué, jugea nécessaire de se porter sur Leipsick et de s'en rendre maître. Il espérait avec raison que la prise de cette grande ville déconcerterait les alliés, maintiendrait la Saxe dans notre alliance et aurait un retentissement utile en Allemagne. Comme on approchait de Leipsick, on aperçut au loin la puissante armée ennemie qui marchait résolument sur Lutzen, avec l'intention évidente de couper la ligne française et d'écraser notre centre. Retrouvant alors les inspirations des campagnes d'Egypte et d'Italie, l'empereur donna les ordres que réclamait l'imminence du péril. Abandonnant l'attaque de Leipsick, il porta toutes ses forces sur le champ de bataille de Lutzen; ce fut une terrible journée et la victoire fut chèrement achetée par les Français, dont les pertes énormes attestèrent les héroïques efforts [1]. Leipsick tomba le même jour au pouvoir de Napoléon, et la grande armée eut ordre de marcher sur Dresde, laissant derrière elle un terrain sur lequel gisaient trente mille hommes tués ou blessés.

Poursuivant leur mouvement offensif, le 3 mai, nos troupes passèrent l'Elster, et, tandis que le corps d'armée de Ney était dirigé sur Berlin, le reste des troupes, sous le commandement de l'empereur, suivait la route de Dresde. Le 8, on entrait dans cette ville, tandis que les alliés qui avaient reçu de nombreux renforts, se concentraient à Bautzen et s'apprêtaient à une nouvelle bataille. Le 20 mai, après bien des mouvements et des manœuvres de part et d'autre, la lutte s'engagea; elle dura deux jours sans désemparer; la victoire, cette fois encore, resta aux Français, mais au prix de quels sacrifices [2] !... Aussi, nos soldats, ne voyant devant eux qu'une guerre indécise et interminable, se sentirent pris d'une profonde tristesse qu'augmenta encore la mort du maréchal Duroc, un des généraux les plus aimés du soldat.

Avant la bataille de Bautzen, Napoléon avait fait offrir un armistice aux puissances alliées, mais elles n'y avaient pas voulu consentir : quand elles virent l'armée française victorieuse occuper sans coup férir la Silésie (1er juin), elles demandèrent d'elles-mêmes la faveur qu'elles avaient naguère refusée. L'empereur commit la faute très grave de ne point profiter de ses avantages et d'accepter une suspension d'armes à de mauvaises conditions. Il voulait donner à ses renforts le temps de le joindre; il comptait sur la sincérité de l'Autriche;

1. Thiers, tome XV, p. 476-490.
2. Ibid., p. 510 et suiv.

surtout il voyait que ses généraux étaient las de la guerre et se rebutaient d'une lutte qui les décimait ; décidément son *étoile* pâlissait de jour en jour.

Cependant la guerre durait encore en Espagne, et ce paysse débattait plus que jamais avec une opiniâtre énergie que soutenait Wellington. L'armée française marchait, en ce pays, de désastre en désastre ; elle fut rejetée avec perte sur les Pyrénées (septembre).

Les hostilités étaient suspendues en Allemagne pour près de deux mois, et de part et d'autre, avec plus ou moins de sincérité, on se disposait à négocier en vue de la paix ; les puissances voulaient, avant tout, prendre leur temps pour renforcer leurs troupes et déterminer l'Autriche à s'unir à elles. Napoléon, de son côté, espérait que son beau-père se maintiendrait dans son rôle d'arbitre et de médiateur ; malgré ses promesses de concessions, on voyait bien qu'il n'était disposé à céder qu'une très faible part de ses conquêtes. L'Angleterre, elle, ne voulait pas que la paix se conclût en dehors de ses intérêts et de son initiative ; elle se sentait assez forte pour soutenir à elle seule la lutte et pour susciter une guerre sans relâche à Napoléon. Or, l'Angleterre poserait des conditions que l'empereur trouverait exorbitantes ; car, la Grande-Bretagne exigerait l'émancipation de la Hollande, la restauration de la maison d'Orange, l'abandon de l'Espagne, du Portugal, de Naples, de Rome et du royaume d'Italie, ainsi que l'indépendance du Piémont et de la Belgique. La paix était donc impossible, contre l'Angleterre ou avec l'Angleterre. D'un autre côté, on se trouvait en face d'une puissance non moins redoutable et non moins implacable, la Russie. Pour la Prusse, elle consentait à la paix, mais elle élevait très haut ses prétentions. Restait l'Autriche, et elle se trouvait, par le fait même, maîtresse de la situation. Jalouse de la France, elle redoutait cependant la Prusse en qui elle sentait, dans un avenir prochain, son plus grand ennemi ; entre deux périls presqu'aussi grands l'un que l'autre, l'Autriche se décida à essayer d'un congrès, dont le point de réunion fut fixé à Prague. Après avoir gagné le plus de temps possible par des retards habilement calculés, l'Autriche éleva la prétention d'être désormais arbitre entre les puissances belligérantes et non plus seulement médiatrice. Napoléon, comme on devait s'y attendre, refusa de se prêter à cette politique, et le cabinet de Vienne en prit occasion pour faire naître de nouveaux atermoiements. Ce ne fut que le 28 juin que M. de Metternich, muni de pleins pouvoirs, vint trouver l'empereur à Dresde, tandis que M. de Stadion, ennemi déclaré de la France, était également chargé, par le cabinet de Vienne, d'une mission diplomatique auprès des souverains de Prusse et de Russie. C'était le moment où la nouvelle du désastre de Victoria parvenait en Allemagne et ajoutait aux exigences de l'ennemi.

Dans son entrevue avec M. de Metternich, Napoléon commit la grande imprudence d'adresser des paroles aigres et de durs reproches au diplomate sur la duplicité du cabinet de Vienne ; il y insista même avec colère. Parmi les fautes qu'on est en droit d'imputer à l'empereur, on doit mettre ces entretiens directs avec les ambassadeurs des puissances étrangères, entretiens peu réservés, au cours desquels son impatience laissait échapper le secret de ses vues et ses arrières-pensées. Cependant, le congrès de Prague ouvrit ses conférences dès le 11 juillet, mais elles ne devaient aboutir qu'à la guerre. Les puissances étrangères ne voulaient pas sincèrement la paix, elles désiraient en finir avec leur ennemi dont l'impatience et l'imprudence les servaient au mieux. Sentant trop tard la faiblesse de sa position, Napoléon se détermina à subir une partie des conditions qu'on lui imposait, mais ses concessions furent non avenues. L'Autriche se joignait à nos ennemis, et les hostilités recommencèrent le lendemain même de la fête de l'empereur (16 août 1813).

Pendant la trêve de deux mois qui venait d'expirer, les armements de l'ennemi avaient pris des développements immenses : deux cent cinquante mille Russes, deux cent soixante-dix-sept-mille Prussiens, deux cent soixante-quatre mille Autrichiens, sans compter les forces de l'Angleterre, de l'Espagne et de la Suède, se levaient, comme une masse imposante, contre la France. Notre armée ne dépassait pas le chiffre de trois cent mille hommes, parmi lesquels le nombre des cavaliers atteignait à peine quarante mille. Deux généraux éminents se mirent, en même temps, au service des alliés, Jomini et Moreau ; l'un, chef d'état-major du maréchal Ney et l'un des officiers les plus instruits de l'armée française ; Moreau, le vainqueur de Hohenlinden, l'ancien chef de la grande armée du Danube. De pareilles défections sont enregistrées par l'histoire, mais elles n'ont pas besoin de commentaires.

Telle était la situation pour Napoleon. Quant au plan de campagne des alliés, le voici : ils s'étaient partagés en trois puissantes armées, ayant chacune sa destination. La première était sous les ordres de Bernadotte et avait pour mission de couvrir Berlin et les régions du nord. La seconde, commandée par Blücher, stationnait en Silésie ; la troisième, aux ordres du prince de Schwartzemberg, devait menacer Dresde où se tenait Napoléon et occuper le centre des opérations. Le mot d'ordre commun à tous les chefs était de harceler sans cesse Napoléon, de se jeter sur les arrière-gardes, de détruire ses communications et de lui refuser toujours la bataille chaque fois qu'il voudrait la présenter, dans le but de détruire l'une après l'autre, ou séparément, les forces de ses alliés. A ce système habile, on reconnaissait les conseils de Bernadotte, l'expérience de Moreau et la science de Jomini qui, quoique jaloux l'un de l'autre, s'entendaient cependant pour renverser l'ennemi commun.

Non seulement Napoléon avait à lutter, avec des forces matériellement insuffisantes, contre de puissants ennemis acharnés à sa ruine, mais encore la déloyauté de ses adversaires entrava ses premières opérations. Ainsi, la rupture de l'armistice ayant été notifiée le 11 août, les hostilités ne devaient reprendre que le 16, mais Blücher, contrairement aux lois de la guerre, devança le terme indiqué ; dès le 14, il envahit le territoire neutre. On est obligé d'avouer que Napoléon lui-même, en plus d'une occasion, avait tenu la même conduite, la considérant comme de bonne tactique. Blücher voulait mettre l'empereur dans la nécessité de porter ses principales forces en Silésie, tandis que les opérations sérieuses de l'ennemi se poursuivraient en Saxe et en Bohême. Pris d'abord à la manœuvre de Blücher, Napoléon reconnut bientôt le piège qu'on lui tendait et se mit en devoir de le déjouer. La garde impériale reçut l'ordre de rentrer en Saxe; il était temps : déjà la grande armée des alliés marchait sur Dresde qu'elle menaçait fortement. Ce fut le signal d'une bataille meurtrière, qui dura deux jours et qui est connue sous le nom de bataille de Dresde; le gain de ce combat remonta le moral des Français, en même temps qu'il ébranlait celui de l'ennemi qui perdait en ce jour un de ses meilleurs chefs, Moreau, blessé mortellement aux jambes et qu'une double amputation ne put sauver. L'empereur lui-même vit ses jours en péril : un éclat de bois l'atteignit à la tête et le renversa : « Tout, dit-il, serait fini, s'il avait touché le ventre. » La bataille de Dresde avait coûté à l'ennemi plus de quarante mille hommes tués, blessés ou pris ; pour les Français, cette victoire était l'un des derniers sourires de la fortune. En effet, à quelques jours de là, l'armée française envoyée contre Berlin essuyait une épouvantable défaite à Gross Beeren (21 août), après une lutte longue et opiniâtre contre les troupes commandées par Bernadotte. Pendant ce temps-là, l'armée de Macdonald était vaincue en Silésie, et l'expédition de Vandamme dans les montagnes de la Bohême avait un résultat non moins triste. (Bataille de Kulm, 29 août.)

Mais rien ne pouvait décourager l'empereur, il se résolut à poursuivre les opérations commencées ; il se porta au-devant de l'ennemi, à Pyrna, avec quarante mille hommes (8 septembre). Puis, il revint à Dresde pour tenir tête à Blücher (fin septembre). Partout où l'empereur s'était montré, l'ennemi avait pris la fuite ; mais aussi, chaque fois qu'il avait abandonné une position, l'ennemi, revenant à la charge, s'en était rendu maître. C'est que l'ennemi, deux fois plus nombreux, se recrutant sans cesse et sûr des sympathies du pays avait constamment gagné du terrain et commençait à resserrer les Français dans un cercle de plus en plus étroit. Les événements se hâtaient, et déjà il n'était plus possible à la prodigieuse activité de Napoléon de tenir tête à tous ses ennemis. Les quatre armées d'Autriche, de Prusse, de Russie et de Suède réussirent à établir des communications entre elles et manœuvrèrent pour achever d'un seul coup la délivrance de l'Allemagne. Les armées alliées continuaient d'exécuter le mouvement simultané au moyen duquel elles cherchaient à interdire les communications de Napoléon avec la France.

En vain Napoléon redoublait d'efforts ; il eut un moment une combinaison hardie que malheureusement ses lieutenants repoussèrent. En se portant à l'ouest pour couper le chemin à l'empereur, les alliés avaient découvert Berlin. Napoléon comprit sur le champ le parti qu'il pouvait tirer de cette faute : il proposa à ses maréchaux de s'avancer sur la droite de l'Elbe entre Dresde et Hambourg et de concentrer les hostilités sur le pays qui s'étend de l'Elbe à l'Oder. D'après cette combinaison hardie, les Français auraient occupé Berlin et délivré la Silésie ; et tandis qu'il se seraient ainsi maintenus pleins de force au cœur même de l'Allemagné, jamais l'ennemi n'eût osé se porter sur le Rhin et inquiéter la France. Les lieutenants de Napoléon reculèrent devant cette audacieuse conception, et ce fut un malheur.

L'armée française se porta alors sur Leipsik (15 octobre) ; mais les troupes alliées la serraient de près, et tout annonçait qu'une bataille décisive était devenue inévitable ; là allaient se jouer les destinées de l'Allemagne, de la France et de l'Italie : c'était la lutte suprême.

Sur trois points différents, et à trois lieues d'intervalle, trois combats s'engageaient. De part et d'autre, cinq cents mille hommes se renvoyaient la mort : des cris de guerre, de victoire ou de désespoir, poussés en six langues différentes, retentissaient jusqu'au ciel. C'était la journée si longtemps désirée par la vengeance de l'Europe ; c'était la *bataille des nations,* pour lui donner le nom qu'elle porte encore en Angleterre, en Russie et en Allemagne[1]. »

La bataille de Leipsick dura trois jours, le premier choc fut terrible, l'engagement prit des proportions formidables ; en moins de trois heures les masses ennemis attaquèrent six fois avec une intrépidité furieuse et six fois elles furent repoussées. Jusqu'à la nuit, la victoire demeura indécise et vaillamment disputée (16 octobre). La journée du 17 ne fut remplie par aucun combat : les alliés attendirent l'arrivée des renforts, et Napoléon disposa tout pour un nouveau combat. La pluie, qui tombait à torrent, ne permettait pas aux armées de rompre cette sorte de trêve que le ciel même semblait leur imposer. Les hommes de guerre ont pensé que Napoléon aurait dû profiter de ce répit pour effectuer sa retraite du côté de la France, par les défilés de Lindenau dont il était encore maître. Car il ne pouvait pas espérer de tenir tête à des forces doubles des siennes. Cependant il se décida à offrir un armistice ; il ne refusait plus les conditions imposées à Prague, il consentait à se borner à la limite du Rhin, il renonçait à la Hollande, à l'Espagne, à l'Illyrie. Cette démarche n'eut et ne devait avoir aucun résultat ; la tenter, c'était soi-même s'avouer vaincu.

Le 18 octobre, la bataille recommença avec une nouvelle fureur autour de Leipsik. Les Français n'avaient que cent cinquante mille hommes à opposer à plus de trois cent mille soldats des armées alliés. Cependant, malgré cette disproportion numérique, les efforts héroïques de Marmont, de Reynier et de Ney réussissaient à contenir l'ennemi, lorsqu'un acte de trahison, trop fameux, changea subitement la face des choses : deux divisions saxonnes et la cavalerie de Wurtemberg, qui combattaient dans nos rangs, se tournèrent contre les Français et, sur le champ de bataille même, se transformèrent en ennemis acharnés. Ainsi se terminait la deuxième journée de Leipsick par une défaite cruelle de notre armée.

1. A. Gabourd, tome X, p. 251.

Epuisée et n'ayant presque plus de munitions, l'armée française dut prendre le parti de se retirer en arrière de Leipsick, dans la direction d'Erfurt (19 octobre).

Telle fut cette douloureuse bataille[1], qui rejeta nos soldats vaincus et fugitifs sur les routes du Rhin et affranchit l'Allemagne du joug de Napoléon. Cette retraite, moins les rigueurs du froid, fut presqu'aussi navrante que celle de Russie. Les Cosaques s'abattaient sur le flanc de nos colonnes, harcelant et massacrant les blessés et les traînards, et, à travers tant d'épreuves si poignantes, il fallait encore et toujours combattre pour se frayer une route vers la France qu'on avait hâte de regagner. Pour comble de misère, dans les murs de Mayence, où nos soldats trouvèrent un refuge, des épreuves non moins cruelles les attendaient. La contagion et le typhus se mirent dans leurs rangs ; en moins de six semaines, soixante mille hommes moururent presque sans secours ; les hôpitaux et les maisons regorgeaient de moribonds. Malgré les ordres de l'empereur et le dévouement des chefs, on vit presque entièrement s'éteindre et disparaître cette grande armée de 1813, qui avait si généreusement combattu et souffert.

« Pendant ces événements militaires, l'intérieur de l'empire avait ressenti le contre-coup de la guerre : le prestige était détruit, on n'avait plus foi dans le bonheur de Napoléon et dans la durée de son règne ; les protestations de force et de triomphe que le gouvernement prodiguait, à chaque occasion, ne rencontraient que des cœurs froids ou incrédules... On se défiait des victoires annoncées dans les bulletins ; on doutait même des triomphes de l'empereur, alors qu'on assistait aux *Te Deum* destinés à les célébrer. Ces mots sinistres de Talleyrand : « *Voici le commencement de la fin,* » ne résumaient que trop bien la désaffection des uns et les inquiétudes des autres.

« On était las de la guerre, las des victoires, et, nous le disons avec douleur, trop disposé à subir des revers et des défaites, comme le juste retour de la fortune. La

1. Thiers, tome XVI, p. 614-627.

France, épuisée par tant de sacrifices, manquait à elle-même et à sa mission. Fatiguée du joug impérial, elle s'accoutumait volontiers à cette idée, qu'après tout il ne s'agissait que de Napoléon et non du pays, et que, si l'on succombait dans la lutte engagée avec l'Europe, un seul homme serait vaincu et non la nation. ..

« Le parti républicain cessait de se montrer. Comme il sentait bien qu'*après tout Napoléon, c'était la révolution incarnée*, il devinait que les triomphes des rois étrangers, s'ils s'accomplissaient, mettrait fin à tout ce qui subsistait encore en France des théories de 1789 et des souvenirs de la terrible époque conventionnelle : *aussi le parti républicain se trouvait disposé à pardonner à Napoléon et à identifier en sa personne la cause de la révolution* et celle de la patrie [1]... »

Grande était la lassitude de l'armée et de ses chefs. On a vu quel désespoir envahissait les jeunes conscrits enlevés à leurs famille et traînés enchaînés sur les routes qui conduisaient à l'ennemi. Quant aux maréchaux et aux généraux, ils n'obéissaient à l'empereur qu'en murmurant : gorgés d'honneurs et de richesses, ils n'avaient pas le temps de goûter une heure de repos et de savourer ces biens, obligés qu'ils étaient de combattre sans cesse et d'exposer une existence qu'ils avaient rêvée calme et douce, après tant de fatigues.

Le gouvernement impérial, informé par sa police, savait que l'opinion se détachait de plus en plus de lui. Pour influer sur l'esprit public durant cette désastreuse année 1813, on avait eu recours à la mise en scène chère à l'empereur, en montrant aux populations l'impératrice régente et le fils de Napoléon, *le roi de Rome*, comme on l'appelait. Mais, que pouvait ce spectacle sur les masses, au cœur desquelles le sentiment patriotique s'affaiblissait de plus en plus, grâce, il faut le dire, au régime impérial. L'adoration de Napoléon avait remplacé pour un temps le culte de la patrie; l'idole pâlissait, et l'indifférence, en attendant l'insulte, se traduisait par les réjouissances publiques dont abonda

1. A. Gabourd, tome X, p. 269-270.

cette même année 1813 ; jamais on n'avait vu tant de grands dîners, de bals, de monde aux théâtres, d'épigrammes, de caricatures contre *le Corse*. Cela tenait du délire ; on était aussi plat dans le mépris qu'on l'avait été dans l'enthousiasme servile.

La Russie était vengée, et cependant elle n'était pas encore satisfaite ; elle voulait punir jusqu'au bout l'homme qui avait achevé la ruine de Moscou et désolé plusieurs provinces. Les Cosaques avaient à cœur d'entrer à Paris la lance au poing et de laver les affronts de Borodino et de Smolensk. La Prusse, plus implacable encore, voulait reprendre à la France les provinces rhénanes de la rive gauche ; elle proclamait que le Rhin est un fleuve allemand, et il n'y avait pas jusqu'à l'Alsace et la Lorraine, unies à la France sous les Bourbons, dont elle ne contestât à notre pays la légitime possession. Toutefois elle consentait à nous laisser la Belgique, la Savoie et le comté de Nice. L'Angleterre était seule à nous disputer ces dernières conquêtes ; seule elle exigeait que la France fut réduite à ses limites de 1789. Cependant, elle ne s'opposait nullement à la réunion d'un congrès pacifique, dans lequel seraient soutenus les droits et les intérêts de notre pays.

La confédération du Rhin s'était dissoute, et l'Allemagne tout entière, rois et peuples, se levait contre nous. Les monarques alliés achevèrent de tout concerter, tant pour développer leurs moyens d'attaque que pour paralyser la défense de la France. Le colosse impérial tombait pièce à pièce par la faute de Napoléon qui, jusqu'à la fin, refusa de souscrire aux propositions pacifiques que lui faisaient les puissances européennes, en l'assurant que personne n'en voulait à sa dynastie, pas même l'Angleterre, et que s'il désirait une paix solide, il éviterait bien des maux à l'humanité et bien des dangers à la France ; qu'il s'agissait de rétablir l'équilibre en Europe et qu'il ne devait plus prétendre à s'y opposer. Napoléon eut le grave tort d'hésiter, et quand il consentit enfin à souscrire aux exigences de l'Europe, il était trop tard.

Il ne nous reste plus maintenant qu'à assister aux

dernières convulsions de l'Empire. Un million d'hommes assiégaient nos frontières, du nord au sud; nous n'avions à opposer à l'Europe victorieuse qu'une poignée de vétérans et des gardes nationales; les familles n'avaient plus d'enfants à donner à la conscription. Agissant en dictateur qui se croit tout permis, Napoléon cribla d'impôts la nation et obtint de la servilité du Sénat une levée de trois cent mille conscrits (15 novembre.) En présence de ces mesures désespérées et pour éviter de plus grand maux, les étrangers se déterminèrent à envahir la France. A bout de modération, l'Europe se laissait enfin entraîner au parti de la guerre à outrance. Le 1er décembre 1813, l'invasion fut décidée; et le 7 du même mois, la déclaration des rois étrangers fut officiellement publiée. Il y était dit: « *Les puissances alliées ne font pas la guerre à la France*, mais à cette prépondérance hautement annoncée, à cette prépondérance que, pour le malheur de l'Europe et de la France, l'empereur Napoléon a trop longtemps exercée hors des limites de son empire. La victoire a conduit les armées alliées sur le Rhin. Le premier usage que Leurs Majestés Impériales et Royales en ont fait a été d'offrir la paix à Sa Majesté l'empereur des Français. Une attitude renforcée par l'accession de tous les souverains et princes d'Allemagne n'a pas eu d'influence sur les conditions de la paix: ces conditions sont fondées sur l'indépendance de l'empire français comme sur l'indépendance des autres États de l'Europe. Les vues des puissances sont justes dans leur objet, généreuses et libérales dans leur application, rassurantes pour tous, honorables pour chacun. *Les souverains alliés désirent que la France soit grande, forte et heureuse, parce que la puissance française, grande et forte, est une des bases fondamentales de l'édifice social.* Ils désirent que la France soit heureuse, que le commerce français renaisse, que les arts, les bienfaits de la paix refleurissent, parce qu'un grand peuple ne saurait être tranquille qu'autant qu'il est heureux. *Les puissances confirment à l'empire français une étendue de territoire que n'a jamais connue la France sous ses anciens rois*, parce qu'une nation valeureuse ne déchoit pas pour avoir, à son tour, éprouvé des revers dans une lutte opiniâtre et sanglante où elle a combattu avec son audace accoutumée. Mais les puissances aussi veulent être libres, heureuses et tranquilles. Elles veulent un état de paix qui, par une sage répartition de forces, par un juste équilibre, préserve désormais les peuples des calamités sans nombre qui, depuis vingt ans, ont pesé sur l'Europe. Les puissances alliés ne poseront pas les armes sans avoir atteint ce grand et bienfaisant résultat, ce noble objet de leurs efforts. Elles ne poseront pas les armes avant que l'état politique de l'Europe soit de nouveau raffermi, avant que des principes immuables aient repris leurs droits sur de vaines prétentions, avant que la sainteté des traités ait enfin assuré une paix véritable à l'Europe. »

Certes, un tel langage était à la fois équitable et modéré, et cette déclaration des souverains ennemis laissait encore à l'empereur et à la France la ressource d'obtenir une paix honorable. Dans cet hommage à notre pays, Napoléon ne voulut voir qu'un sentiment de crainte et il s'obstina à nous condamner à subir les désastres de l'invasion et la perte des provinces dont l'acquisition avait coûté tant de sang aux soldats de la république française.

CHAPITRE QUATORZIÈME

La frontière de l'empire français est franchie. — Sept armées marchent contre notre pays. — Elles s'avancent sur Paris. — Napoléon essaie de remonter le moral des populations. — Pie VII est rendu à la liberté. — Combats en Champagne. — Rentrée des Bourbons sur le territoire français. — Attitude des alliés vis-à-vis des Bourbons. — Congrès de Châtillon. — Derniers efforts tentés pour organiser la résistance désespérée. — Bordeaux ouvre ses portes au duc d'Angoulême. — Mécontentement de Wellington et des Anglais. — La vérité commence à se révéler aux Parisiens. — Les ennemis aux portes de la capitale. — Paris sans défense. — Le gouvernement continue à mentir. — Ses proclamations par trop optimistes. — Bataille de Paris. — Toujours la trahison ! — Simple question. — Entrée des alliés dans la capitale. — Attitude de la population vis-à-vis des souverains étrangers. — Les Bourbons sont-ils revenus dans les bagages de l'étranger ? — On nomme un gouvernement provisoire. — Proclamation de la déchéance de Napoléon et du rétablissement de Louis XVIII. — Élan immense vers les Bourbons. — Napoléon essaie de s'empoisonner. — Entrée solennelle de Louis XVIII à Paris. — Traité de paix — Octroi de la Charte. — Situation de la France, en 1814. — Départ de l'ex-empereur pour l'île d'Elbe. — Sourdes menées des partisans de Napoléon. — *Le caporal la Violette.* — Retour de l'ex-empereur en France.

Le 21 décembre 1813, les armées ennemies franchissaient la frontière, et le 1er janvier 1814, deux cent mille soldats étrangers avaient pénétré en France ; neuf cent mille autres, menaçant à la fois toutes nos frontières, se préparaient à les suivre : l'empire était entamé sur tous les points qui le rattachaient au continent, et les flottes anglaises bloquaient ses rivages. Les progrès de l'invasion furent rapides dans les départements de l'Est ; dans les premiers jours de janvier, l'ennemi entrait en Franche-Comté et arrivait sous les murs de Besançon. Peu de jours après, Dijon fut occupé, et le général de Wrède investit Huningue et Béfort, et l'Alsace tomba au pouvoir de l'ennemi. Le duc de Raguse, chargé de couvrir le Rhin, n'avait pas quinze mille hommes sous ses ordres. Débordé de toutes parts, il se vit contraint de se replier derrière la Moselle. Le duc de Bellune, écrasé à son tour par des forces immenses, se rejeta dans les défilés des Vosges, et peu de jours après, sur la Meurthe; sa retraite découvrit la Lorraine et la Haute-Marne. Jamais, d'ailleurs, lutte militaire ne s'était ouverte dans des conditions moins favorables pour la France. Les armées ennemies, au nombre de sept, formaient onze cent mille soldats. Napoléon ne pouvait leur opposer que de faibles troupes chassées de l'Espagne et des corps à peine organisés.

L'étranger avait conçu le projet de pénétrer à Paris par une marche rapide et de surprendre Napoléon; malgré une résistance honorable, mais inutile, l'invasion faisait d'heure en heure des progrès effrayants. Le 22 janvier, le czar entrait à Langres où, deux jours après, l'empereur d'Autriche, lord Castlereagh et M. de Metternich vinrent le retrouver.

Napoléon se détermina enfin à prendre le commandement de l'armée francaise; mais, autour de lui, il ne voyait plus que des hommes sans énergie et sans espoir. Vainement essaya-t-il de galvaniser l'esprit public par les moyens qui lui avaient tant de fois réussi, rien n'y fit. Le *Moniteur* et les autres journaux parlaient d'armées de réserve qui n'existaient pas, ils vantaient le sublime élan d'un peuple qui ne se réveillait point; ces inventions de la presse officielle et d'un gouvernement à bout de voies ne trompaient pas même l'ennemi. Comme suprême ressource, Napoléon se décida à armer la garde nationale qu'il n'aimait guère cependant à cause de l'esprit révolutionnaire dont elle n'avait cessé de faire preuve, mais il fallait préserver Paris et associer la bourgeoisie à la défense commune (24 janvier).

Le lendemain des adieux de Napoléon à la garde nationale, l'auguste prisonnier de Fontainebleau, Pie VII, était rendu à la liberté, après cinq ans d'épreuves douloureuses, et reprenait paisiblement le chemin de Rome; il arriva dans la ville éternelle le 24 mai, et y fut reçu avec le plus vif enthousiasme. La voiture du pontife s'avançait par la voie Flaminienne: elle fut dételée e traînée par les citoyens ivres de joie jusqu'à la basiliqu Vaticane, où le père commun des fidèles avait hâte d'é pancher ses actions de grâces sur le tombeau du princ des apôtres...

Napoléon était parti pour la Champagne, emmenan avec lui quelques renforts à peine équipés et dont l'ef fectif ne dépassait pas vingt mille hommes. Ils venaien se joindre aux cinquante mille soldats commandés pa Victor, Marmont, Ney et Macdonald.

La première bataille eut lieu à Brienne (29 janvie 1814); c'était de là que Napoléon était sorti pour com mencer sa glorieuse carrière, c'était là que son étoil malheureuse le ramenait, à trente-deux ans de distance Ce rapprochement le frappa au cœur. Il n'avait pou lutter contre deux cent mille ennemis que cinquant mille soldats, y compris la garde; avec une telle dispro portion de forces, quel succès pouvait-il espérer? Par tout les troupes françaises se virent réduites à battr en retraite, et les alliés décidèrent que l'on se dirige rait plus que jamais sur Paris. Quelques avantages par tiels remportés par les Français à Champaubert, Montmirail, à Château-Thierry, à Vauxchamps retar daient à peine les progrès des armées alliées; déjà le Bourbons reparaissaient sur le territoire de la France Le 11 février, le duc d'Angoulême était entré à Saint Jean de-Luz avec l'armée anglaise: « Je viens, disait-il dan sa proclamation, je viens briser vos fers; je viens dé ployer le drapeau blanc, le drapeau sans tache. Mar chons tous ensemble au renversement de la tyrannie. » Quelques jours après, le 21 février, le comte d'Artois fi son entrée à Vesoul, où les troupes alliées s'étaient déj établies. Il data de cette ville une proclamation qui fu envoyée à Paris: « Français, disait le prince, le jour d votre délivrance approche. Le frère de votre roi es arrivé. Plus de tyran, plus de guerre, plus de conscrip tion, plus de droits vexatoires! Qu'à la voix de votr souverain, de votre père, vos malheurs soient effacé par l'espérance, vos erreurs par l'oubli, nos dissension par l'union dont il veut être le gage!... » Sur ces entre faites, le duc de Berry s'était rendu à Jersey, d'où il épiait le moment de descendre sur les côtes de Normandie.

« Les puissances étrangères voyaient sans déplaisir l'intervention personnelle des Bourbons dans la lutte; mais, soit que l'on voulût épargner à l'Autriche la mission pénible de détrôner l'archiduchesse Marie-Louise et d'enlever au roi de Rome l'espérance du sceptre impérial, soit que l'on jugeât prudent de ne point encore compliquer les obstacles en mêlant à la guerre une question dynastique et en poussant au désespoir la révolution française et ses partisans fidèles, les souverains alliés ne permirent aux Bourbons d'entrer en France que sous la condition expresse que leur présence n'empêcherait pas l'Europe de négocier avec Napoléon et n'entraverait pas la marche des opérations militaires. Ils apparaissaient pour interroger l'opinion et pour se mettre à la disposition de la France.[1] »

Cependant, dès le 5 février, un congrès illusoire s'était ouvert à Châtillon entre les puissances alliées et la France impériale; les alliés, renonçant aux bases proposées à Francfort et que Napoléon avait tardivement acceptées, voulaient maintenant que la France rentrât dans ses limites de 1792. Enflé et exalté par les éphémères succès de Champaubert et de Montmirail, l'empereur repoussa bien loin ces conditions. « C'est par trop exiger! s'écria-t-il. Les alliés oublient que je suis plus près de Munich qu'ils ne le sont de Paris. » Cependant, partout la défection, la trahison, les revers accablaient cet homme indomptable et hâtaient sa chute et la ruine de notre pays; mais il ne voulait pas se rendre à la cruelle évidence et il conservait ses incurables illusions à l'égard de l'amitié de l'Autriche. Chaque revers de la France ajoutait aux exigences des souverains alliés; chaque victoire partielle remportée par Napoléon lui rendait une partie de son audace. Le 1er mars, par un traité conclu à Chaumont, l'Autriche, la Grande-Bretagne, la Prusse s'engagèrent, dans le cas où Napoléon

1. A. Gabourd, tome X, p. 324 et 325.

persisterait à refuser de renfermer son empire dans les limites de la France de 1792, à poursuivre la guerre à outrance contre notre pays. Chacune des grandes puissances promit de tenir constamment cent cinquante mille hommes sur pied; l'Angleterre consentit à payer à ses alliés d'énormes subsides de guerre; et les parties contractantes déclarèrent solennellement qu'elles ne feraient la guerre que d'un commun accord. Ainsi, tout espoir de se concilier l'amitié et la médiation de l'Autriche était désormais enlevé à Napoléon.

Le 5 mars, en réponse au traité de Chaumont, l'empereur rendit plusieurs décrets par lesquels il proclamait une guerre d'extermination; il y était dit: « Tous les citoyens français sont non seulement autorisés à courir aux armes, mais requis de le faire; de sonner le tocsin aussitôt qu'ils entendront le canon de nos troupes s'approcher d'eux; de se rassembler, de fouiller les bois, de couper les ponts, d'intercepter les routes, de tomber sur les flancs et sur les derrières de l'ennemi. Tout citoyen français pris par l'ennemi, et qui serait mis à mort, sera sur le champ vengé, en représailles, par la mort d'un prisonnier ennemi. Tous les maires, fonctionnaires publics et habitants qui, au lieu d'exciter l'élan patriotique du peuple, le refroidiraient ou dissuaderaient les citoyens d'une légitime défense, seront considérés comme traîtres et punis comme tels. » Ces ordres demeurèrent impuissants et sans résultats; car, la France s'abandonnait elle-même ou, plutôt, elle abandonnait Napoléon.

Le 12 mars, la ville de Bordeaux ouvrait ses portes au duc d'Angoulême et aux avant-gardes anglo-espagnoles. La population arborait la cocarde blanche et proclamait la restauration de Louis XVIII. Wellington vit ce mouvement royaliste avec le plus profond déplaisir; outre que l'Angleterre considérait comme prématurée une manifestation en faveur des Bourbons, elle voulait occuper en son propre nom des villes de Guyenne et le territoire aquitain que, pendant plusieurs siècles, elle avait possédés à titre de fiefs. Pendant ce temps-là, par une décision subite et pour déjouer les combinaisons de 'empereur, les armées ennemies se portaient en masse sur Paris, qui n'était point en mesure de se défendre sérieusement (24 mars).

Jusqu'au 27 mars, la régence impériale et la population de Paris étaient restées dans une sécurité profonde : le 28, on publia un bulletin des plus rassurants, on y lisait que la santé de l'empereur était bonne et que, le 26, il avait battu, à Saint-Dizier, l'armée russe de Wintzingerode. Le conseil de régence savait parfaitement à quoi s'en tenir sur la vérité de la situation. Cependant, l'inquiétude commençait à se répandre dans Paris : à chaque instant on voyait entrer des paysans chargés de leurs pauvres bagages et qui annonçaient l'approche de l'ennemi et le pillage de leurs chaumières. Une alarme immense envahit Paris; on redoutait pour la capitale le sort de Moscou, comme de terribles représailles.

Le 29 mars, le conseil de régence se réunit sous la présidence de l'impératrice, qui ne savait quel parti prendre ; en effet devait-elle quitter Paris ou y attendre les événements? Rester était le seul parti digne d'une souveraine ; se retirer, c'était abdiquer. Malheureusement pour Marie-Louise, Napoléon avait laissé à son frère Joseph des instructions qui lui prescrivaient de mettre en sûreté l'impératrice et le roi de Rome, et Joseph n'osait s'écarter de ces ordres. Dix-neuf membres du conseil, sur vingt-trois votants, étaient d'avis que l'impératrice et le roi de Rome ne devaient pas s'éloigner, Joseph persista à exécuter les ordres formels de Napoléon, et Marie-Louise quitta les Tuileries pour se retirer à Blois. Déjà les armées étrangères étaient aux portes de Paris [1].

La situation de la capitale au point de vue stratégique était des plus rudimentaires ; cette ville n'avait pour rempart que le mur d'octroi et pour forces de défense que la garde nationale, commandée par le maréchal Moncey, plus quelques dépôts de la ligne et les réserves de la garde impériale : on avait élevé à la hâte,

1. Thiers, tome XVII, p. 572-581.

en avant des barrières, quelques ouvrages en terre et en bois, capables d'arrêter la cavalerie. Les hauteurs de Paris et les faubourgs extérieurs étaient restés sans défense. Trois cents élèves de l'Ecole polytechnique et quatre cents artilleurs recrutés à l'hôtel des Invalides étaient chargés du service des canons. L'effectif de la garde nationale n'atteignait pas le chiffre de quatorze mille hommes dont la moitié à peine étaient armés de fusils de guerre. Quelques détachements gardaient Saint-Denis et Vincennes. La population des faubourgs demandait des fusils, et on n'osait lui en donner. D'un autre côté, les partisans de l'ancienne dynastie, las du joug de Napoléon, aspiraient à une délivrance que les souverains alliés venaient leur offrir, et la portion élevée de la bourgeoisie, terrifiée par la prévision des sacrifices que pouvait encore lui imposer la guerre, demandait qu'on se hâtât d'en finir avec le régime impérial.

Malgré tous les efforts tentés pour ranimer l'opinion publique, on ne réussissait tout au plus qu'à galvaniser un cadavre, et toutes les pièces de circonstance, les chansons et autres armes aussi légères employées par le gouvernement de Napoléon Ier aux abois amusaient un moment les amateurs de spectacles ou les lecteurs de journaux, sans donner un soldat de plus à l'armée. Dans cette lutte suprême d'un *fou furieux* contre l'Europe, la France regardait faire et se croisait les bras. Napoléon avait tout épuisé, tout jusqu'au bon vouloir de la nation dont il avait cruellement usé et abusé.

Et d'ailleurs, qu'importaient d'inutiles victoires, sanglantes funérailles d'un régime qui se suicidait? C'était en vain que chaque bulletin était suivi, après la lecture, du chant de *La caravane du Caire*: « La victoire est à nous. » Le 29 mars 1814, le canon annonçait que l'ennemi s'approchait de Paris, et le lendemain, à cinq heures, la bataille s'engagea entre l'armée alliée et le corps de Marmont et de Mortier refoulés sous les murs de la capitale.

Le misérable système de fraude et de mensonge se poursuivit et se continua. Qu'on lise les journaux de ces jours décisifs. Pas un d'eux ne peut annoncer qu l'ennemi s'avance. On dit seulement que l'empereur marche au secours de sa capitale. Joseph a fait partir l'impératrice, le roi de Rome et les grands fonctionnaires pour Blois. Il publie une proclamation que les journaux ne reproduisent pas, parce qu'il ne faut pas que les départements sachent que Paris est menacé.

« Citoyens de Paris, (dit-il), une colonne ennemie s'est portée sur Meaux. Elle s'avance par la route d'Allemagne, mais l'empereur la suit de près, à la tête d'une armée victorieuse. Le conseil de régence a pourvu à la sûreté de l'impératrice et du roi de Rome. Je reste avec vous. Unissons-nous pour défendre cette ville, ses monuments, ses richesses, nos femmes, nos enfants, tout ce qui nous est cher. .. L'empereur marche à votre secours. Secondez-le par une vive et courte résistance, et conservons l'honneur français. »

Ce n'était pas une colonne qui arrivait, mais une armée de cent quatre-vingt mille hommes. Napoléon ne la suivait pas. Trompé par les manœuvres des alliés, il croyait les pousser devant lui, tandis qu'ils étaient sur la route de Paris. Ce qu'il poursuivait, c'était un corps de cavalerie. Alors il rebrousse chemin. Le 30, il part pour Paris, devance seul son armée et descend à la Cour de France, entre Fontainebleau et Paris, quand Paris a déjà capitulé.

La police imite Joseph dans ses mensonges. Elle répand un placard intitulé: *Nous laisserons-nous piller? Nous laisserons-nous brûler?*

« Tandis que l'empereur arrive sur les derrières de l'ennemi, vingt-cinq à trente mille hommes, *conduits par un partisan audacieux*, osent menacer nos barrières. Imposeront-ils à cinq cent mille citoyens qui peuvent les exterminer? Ce parti ne l'ignore point : ses forces ne lui suffisent pas pour se maintenir dans Paris; il ne veut faire qu'un coup de main. Comme il n'aurait que peu de jour à rester parmi nous, il se hâterait de nous piller, de se gorger d'or et de butin, et quand une armée victorieuse le forcerait à fuir de la capitale, il n'en sortirait qu'à la lueur des flammes qu'il aurait allumées.

« Non, nous ne nous laisserons pas piller. Non, nous ne nous laisserons pas brûler ? Défendons nos biens, nos femmes, nos enfants, et laissons le temps à notre brave armée d'arriver pour anéantir sous nos murs les barbares qui venaient les renverser. Ayons la volonté de les vaincre, et ils ne nous attaqueront pas. Notre capitale serait le tombeau d'une armée qui voudrait en forcer les portes. Nous avons en face de l'ennemi une armée considérable, commandée par des chefs habiles et intrépides ; il ne s'agit que de les seconder. »

Outre l'ineffable naïveté de ce document, on y remarque un mot typique et qui peint, mieux que bien des paroles, l'esprit profondément matérialiste du régime impérial. En demandant aux Parisiens de combattre pour *ce qu'ils ont de plus cher*, on met les biens en première ligne : la famille ne vient qu'après.

On a beaucoup parlé de cette bataille de Paris dont on a exagéré la portée et forcé les épisodes peu saillants ; on a fait des héros des élèves de l'Ecole polytechnique, hachés à la butte Chaumont sur les pièces qu'ils servaient ; et ils n'ont combattu qu'à la barrière Clichy et à celle du Trône, où l'engagement fut à peu près insignifiant. A la barrière Clichy, les élèves eurent trois blessés, mais point de mort. Qu'importe ! la fable a usurpé la place de l'histoire dans les contes populaires.

« Le Français, dit très bien M. Th. Anne, ne veut jamais être vaincu ou, quand il l'est, il crie à la trahison. Que n'a-t-on pas dit, à propos de cartouches qui auraient été remplies avec du son et non pas avec de la poudre, et à propos de gargousses qui n'auraient pas été du calibre des pièces auxquels elles étaient destinées ! mais ce qui est positif, c'est que les deux corps de Marmont et de Mortier réunis ne comptaient que quatorze mille hommes ; que la bataille dura douze heures ; que les alliés engagèrent cinquante-trois mille hommes et que les Français en tuèrent ou blessèrent treize mille, juste à peu près autant d'hommes qu'ils en avaient dans leurs rangs. Est-ce avec des cartouches de son ou avec des gargousses qui ne seraient pas de calibre que l'on fait un pareil ravage dans les rangs de l'ennemi[1] ? »

La garde nationale avait été convoquée pour la défense de Paris, mais elle ne répondit pas à cet appel : elle sentait bien qu'il n'y allait pas de la France ; que le pays n'était pas en question, qu'il s'agissait uniquement de Napoléon, de sa dynastie, et elle ne voulait pas se sacrifier pour un ambitieux qui ne l'intéressait plus.

Le 31 mars, les alliés firent leur entrée à Paris, au nombre de cent mille hommes. L'empereur Alexandre et le roi de Prusse marchaient à la tête des troupes. Dès le matin, Paris était en rumeur ; on savait que la ville était livrée à elle-même, à la générosité des souverains et on attendait avec une anxiété bien naturelle. Alexandre avait dit que l'Europe faisait la guerre à Napoléon et non à la France, et cette déclaration lui avait allié tous les esprits. On criait : Vive le roi ! vive Louis XVIII ! Vivent les Bourbons ! La population se porta en masse sur le passage des alliés : les hommes étaient échelonnés sur les boulevards, les femmes occupaient les fenêtres et les balcons des maisons. Quand les souverains alliés arrivèrent, ils furent accueillis par d'unanimes acclamations. Les hommes agitaient leurs chapeaux, les femmes leurs mouchoirs[2].

« On a, dans un certain parti, blâmé cet élan qu'on qualifiait d'anti-national. Il faut donc l'expliquer et lui rendre sa véritable signification. Depuis longtemps, le mécontentement avait atteint les dernières limites. La France gémissait sous la tyrannie la plus odieuse ; les lois étaient violées sans pudeur par un despote qui foulait tout aux pieds. Il n'y avait pas de sûreté individuelle ; on pouvait être arrêté et jeté dans une prison d'Etat, où l'on restait sans subir un jugement. Tout était sacrifié au caprice d'un homme, et cet homme avait doublé les impôts, de sa propre autorité et, en moins d'un an, il avait demandé à la France épuisée douze ou treize cent mille soldats. Pas une de ses guerres n'avait été juste ; il avait attaqué et vaincu l'Europe pour faire

1. *Quelques pages du passé*, etc., (1851), p. 396 et 397.
2. Thiers, tome XVII, p. 631-337.

des rois de son nom. Les mères étaient lasses d'élever leurs enfants pour les envoyer à la boucherie, pour en faire de la *chair à canon*. Voilà ce qui explique le mouvement de 1814. En criant : « Vive le roi ! vivent les alliés ! » on criait : « Vive le retour de la paix ! Vive la renaissance du commerce ! Vive la prospérité de la France ! Vive la fin d'une exécrable tyrannie ! Vive l'avenir des enfants ! [1] »

Ainsi s'exprime un écrivain royaliste ; écoutons un témoignage qui, pour être moins vivement exprimé, n'en peint pas moins bien la situation, au moment de l'entrée des alliés dans Paris.

« Le 31 mars, vers onze heures du matin, pour la première fois, le drapeau blanc et la cocarde de l'ancienne monarchie reparurent comme les signes de la révolution nouvelle qui s'accomplissait, et déjà le drapeau tricolore fut réputé un signe presque séditieux. Un rassemblement assez nombreux de jeunes gens appartenant aux familles nobles se porta sur le boulevard de la Madeleine, ayant des drapeaux fleurdelisés, et faisant entendre les cris de : *Vive le roi ! Vivent les Bourbons !* La plupart des croisées se garnirent de dames qui agitaient des mouchoirs blancs. Ce mouvement se propagea sur le boulevard des Italiens et dans plusieurs rues. Les gardes nationaux présents sous les armes suivirent en partie cette impulsion : les uns prirent la cocarde blanche, les autres conservèrent les trois couleurs. Cette diversité d'emblèmes faillit causer des rixes assez sérieuses ; l'esprit d'union et de discipline prévalut. Dans les faubourgs, dans les quartier populeux, des hommes vêtus de blouses, d'habits de travail, quelques-uns étant à cheval, se répandaient dans les groupes, annonçaient la prochaine arrivée de l'empereur et appelaient les citoyens à prendre les armes pour la défense de leur foyers. Ces excitations restaient sans écho ; les sympathies étaient diverses et incertaines, mais la résistance ne se manifestait nulle part...

« Cependant le czar, le roi de Prusse, le prince de

1. Th. Anne, *op. cit., sup.*, p. 399 et 400.

Schwartzemberg et la masse de l'armée étrangère défilaient lentement le long des faubourgs du Nord et sur les boulevards ; une foule immense, curieuse, pacifique, et parfois bienveillante, accueillait ces hôtes qu'étonnait leur rôle nouveau de triomphateurs... Les habitants de Paris s'abstenaient généralement de se prononcer pour ou contre le gouvernement impérial ; mais ils suivaient d'un œil avide ces masses de combattants revêtus d'uniformes inconnus... C'était le jour réservé aux vengeances de l'Europe : la révolution française subissait son douloureux châtiment. Et pourquoi faire mentir l'histoire ? Il y a de ces faits qu'on ne saurait nier, même par patriotisme et par orgueil. Un grand nombre de spectateurs, attirés sur le passage des rois étrangers, laissaient éclater leur joie. Les mères de famille acceptaient avec empressement une invasion qui terminait a conscription et détournait la guerre. Le commerce, si longtemps paralysé, espérait de cette dernière crise la fin de ses souffrances ; la rente montait à la Bourse ; les sympathies royalistes, que la révolution de 1789 avait comprimées et qui, depuis le 3 vendémiaire, n'avaient pas eu la moindre lueur de triomphe, se réveillaient avec une bruyante ivresse. En présence de Napoléon déchu elles croyaient la révolution terrassée pour toujours[1]. »

Après ce récit très impartial peut-on encore s'obstiner à dire et à répéter que les princes de la maison de France étaient *revenus dans les bagages de l'étranger*[2] ? C'est là une phrase toute faite à l'usage des badauds de toutes les catégories, et l'on sait s'ils sont nombreux parmi le peuple qui se proclame cependant le plus spirituel de la terre !

Les alliés ne songèrent pas un seul instant à rendre les Bourbons à la France ; Alexandre répondit, à plusieurs reprises, à Talleyrand qui lui proposait la restauration de Louis XVIII : « Je ne veux rien vous imposer ; la France est libre de choisir la forme de son gouverne-

1. A. Gabourd, tome X, p. 367-369.

2. Voyez, dans la troisième série des *Erreurs et mensonges historiques* (p. 209-224), cette question : *La Restauration et l'étranger*.

ment. Je désire n'en indiquer aucune : la meilleure pour moi sera celle qui conviendra le mieux à la nation. » Le czar ne cessa de parler dans le même sens aux hommes de tous les partis qui s'agitaient autour de lui et cherchaient à lui tracer une ligne de conduite à l'égard de la France.

Les prétendus libéraux ont voulu faire porter à la Restauration la responsabilité de l'invasion étrangère qui incombe tout entière à Napoléon ; les étrangers ne seraient pas venus d'eux-mêmes du fond de leurs déserts et ils seraient restés chez eux si Napoléon n'avait pas été les y chercher.

Une fois à Paris, Alexandre s'occupa de provoquer la constitution d'un nouveau gouvernement. L'Europe ne voulant plus traiter avec Napoléon le déclarait par cela même déchu du trône. De quel droit ? demandera-t-on. Du droit que Napoléon avait invoqué lui-même, au temps de sa gloire : du droit du plus fort. Il avait, par de simples décrets, déclaré que les Bourbons de la branche d'Anjou cessaient de régner à Naples et à Madrid : il avait déclaré le pape déchu de sa souveraineté temporelle, on retournait contre lui ses propres arguments. Mais, quel gouvernement aurait la France ! « Hors les Bourbons, avait dit Talleyand, tout n'est qu'intrigue. » Il avait dit vrai, et ce mot dénoua la situation [1].

On savait que le frère du roi Louis XVIII, le comte d'Artois, était à Nancy ; on savait que le duc d'Angoulême était maître de Bordeaux, qui l'avait reçu avec ivresse et qui avait proclamé la restauration des Bourbons. A Paris, les cris de : « Vive le roi ! » devenaient à chaque instant plus nombreux ; le 1er avril, le Conseil général de la Seine prit l'initiative et proclama son vœu pour la déchéance de Napoléon et le rétablissement de Louis XVIII.

« Que nous parle-t-on des victoires passées de Napoléon ! disait cette proclamation. Quel bien nous ont-elles fait, ces funestes victoires ? La haine des peuples les larmes de nos familles, le célibat forcé de nos filles

1. Thiers, tome XVII, p. 642-646.

la ruine de toutes les fortunes, le veuvage prématurée de nos femmes, le désespoir des pères et des mères à qui, d'une nombreuse postérité, il ne reste plus la main d'un enfant pour leur fermer les yeux : voilà ce que nous ont produit ces victoires ! »

L'élan était donné. Le même jour, le Sénat s'assemble et nomme un gouvernement provisoire ; soixante-six sénateurs signent cette délibération. Le 3, le Sénat proclame la déchéance de Napoléon et le Corps législatif adhère aux actes du Sénat. Le 6, le Sénat appelle au trône Louis XVIII.

Jamais changement de gouvernement ne s'accomplit avec une aussi merveilleuse facilité. Les adhésions abondaient ; c'était à qui ne resterait pas en arrière.

« Pour qui met de côté les passions de parti, l'enthousiasme dont fut salué le retour des Bourbons et qui accueillit l'entrée du comte d'Artois et celle de Louis XVIII est un fait aussi incontestable que l'esprit d'opposition manifesté plus tard. La paix, cette ineffable joie, fermant une sanglante arène, les affections de familles rassurées, des champs féconds rouverts au commerce et aux rapports internationaux, le sentiment chez les uns, les intérêts chez les autres, le passé rajeuni par son alliance avec des institutions libres, une sorte d'inconnu et de nouveauté se combinant avec la poésie des souvenirs, voilà ce qui parlait aux imaginations et aux cœurs ; voilà les idées dont le théâtre fut le miroir fidèle, en se pavoisant de drapeaux blancs, comme les fenêtres, et de bouquets de lis, comme les chapeaux des femmes...

« Louis XVIII eut pour lui quelque chose de plus fort que le droit divin : il eut le besoin de la situation, qui fit chez les uns ce que l'affection et la religion monarchique faisaient chez les autres[1]. »

Les manifestations dont les souverains alliés, Alexandre surtout, furent l'objet n'avaient pas laissé que de les embarrasser, et même beaucoup ; ils se disaient sans doute, au fond de leur cœur, que les royalistes leur témoignaient beaucoup plus de reconnaissance qu'il

1. Th. Muret, l'*Histoire par le Théâtre* (1865), 2e série, p. 14 et 15.

ne fallait. En effet, et c'est un point très important à constater, ce n'était nullement pour ramener les Bourbons que les souverains alliés avaient poussé jusqu'à Paris une suprême et décisive campagne. Quelques jours auparavant, des conférences se poursuivaient encore à Châtillon-sur-Seine, au milieu des combats, et le maintien de Napoléon sur le trône de France était la base de ces négociations. Si donc le retour des Bourbons fut *la conséquence* de l'invasion, il n'en fut pas *le but*. Par conséquent, nous le répétons, il est aussi souverainement faux qu'injuste de dire que la maison de France était *revenue dans les bagages de l'étranger*.

La nuit qui suivit son abdication a Fontainebleau, Napoléon prit une résolution désespérée, indigne d'une âme généreuse; comme il portait sur lui du poison que son médecin lui avait donné, il en mêla à ses aliments pour se délivrer de la vie par le suicide. Mais il n'y réussit pas; il devait encore vivre pour épuiser jusqu'à la lie la coupe des épreuves que la Providence lui réservait. Quelques jours après, le 13 avril, il signa le traité qui réglait sa destination future et le sort de sa famille : la souveraineté de l'île d'Elbe lui fut donnée ; on lui permit d'emmener dans ses nouveaux Etats quatre cents hommes de bonne volonté. On le sépara pour toujours de sa femme et de son fils. Le 20 avril fut le jour marqué pour son départ.

Le 3 mai, Louis XVIII fit son entrée solennelle à Paris, dans une calèche découverte, attelée de huit chevaux. A sa gauche était la duchesse d'Angoulême, fille de Louis XVI ; devant lui, on remarquait le prince de Condé et le duc de Bourbon. Une foule immense s'était portée au-devant du roi.

Le 30 mai, un traité de paix fut signé à Paris entre la France et les puissances alliées; puis, le 2 juin, le czar reprit le chemin de la Russie. Le 4 juin commença pour notre pays l'ère de la monarchie constitutionnelle. Ce jourlà, Louis XVIII promulgua et octroya une charte imitée des lois fondamentales de l'Angleterre. Le gouvernement représentatif ne tarda pas à fonctionner. Quelques lois réparatrices furent rendues. D'autres, qui heurtaient les souvenirs révolutionnaires et inspiraient quelques inquiétudes graves à ce qu'on appelait *le parti libéral*, ne passèrent qu'après avoir rencontré une opposition assez vive.

Il nous faut tracer ici une esquisse rapide de la situation de la France en 1814, pour relier ensemble les deux périodes du gouvernement impérial. Les intentions du gouvernement royal étaient bonnes et honnêtes. On espérait la réconciliation des partis; on demandait aux vaincus et aux vainqueurs, aux persécuteurs et aux victimes, aux émigrés et aux révolutionnaires, l'oubli complet du passé et, pour l'avenir, l'union, la concorde et la paix. Ce furent de généreuses, mais de vaines illusions. Les partisans de la république et de l'empire trouvaient beaucoup de crédit dans le peuple, lorsqu'ils allaient semant le bruit calomnieux du rétablissement prochain des privilèges féodaux, du retour des dîmes, et de la confiscation, au profit des émigrés, de toutes les propriétés qu'on appelait *nationales*.

La liberté de la presse avait été amoindrie, les tribunaux épurés, la sanctification du dimanche prescrite par une loi empreinte d'une profonde moralité : ces mesures furent dénaturées par les mécontents et signalées comme autant de menaces aux principes et aux hommes du dernier régime. L'opinion, avec sa crédulité ordinaire, ne manquait pas de prendre le change.

L'armée avait été vivement froissée par des réformes devenues indispensables par la nécessité de diminuer les charges publiques ; elle s'affligeait de voir la plupart de ses officiers réduits à la demi-solde.

Mais, la France, qu'il ne faut pas confondre avec ces mécontents de parti pris, la France s'ouvrait à l'espérance et commençait à jouir des biens qu'amènent la prospérité et le repos, quoique cependant elle se sentit encore partagée entre le desir de la paix et la douleur de la défaite.

Pendant ce temps-là, de son rocher de l'île d'Elbe, royaume dérisoire d'un homme qui avait tenu sous ses lois l'Europe entière, Napoléon épiait avec anxiété ce qui se passait en France, et déjà il jugeait que l'heure propice à son retour ne tarderait pas à sonner. Mais plus il songeait à reparaître sur le continent et à reprendre la couronne de France, plus il s'évertuait à donner le change aux légitimes inquiétudes de l'Europe et particulièrement à la surveillance du commissaire anglais, sir Niel Campbell. « Je ne veux rien voir, disait-il, au delà des rivages de mon île; je suis un souverain mort, et j'appartiens à l'histoire. Je ne songe qu'à ma famille, à ma retraite, à ma maison, à mes vaches et à ma basse-cour. » Personne ne prenait au sérieux ce langage renouvelé de Dioclétien invitant ses amis à venir admirer ses belles laitues de Salone.

La France était livrée à une sourde agitation que les partisans de Napoléon cherchaient à exploiter au profit de leur cause. Sans doute, notre pays était en possession de l'ineffable bienfait de la paix; mais, par l'effet même de la nature frondeuse et inquiète du caractère national, la masse de la population, tout en jouissant de la sécurité si nécessaire et qu'elle avait tant souhaitée, commençait à trouver cette paix monotone. L'orgueil des victoires passées l'emportait sur la possession du calme succédant à des orages destructeurs. On regrettait le passé, sans tenir compte des bienfaits du présent et de ceux de l'avenir. Ainsi sont faits les Français, légers, ingrats et voués par là-même aux hasards incessants des révolutions.

C'était surtout au sein de l'armée que se fomentaient les plus dangereux complots contre le gouvernement des Bourbons; les soldats de l'empereur déchu travaillaient avec ardeur et audace à rétablir la dynastie de leur chef. La police surveillait peu ou mal ces menées; Fouché, son chef, le traître par excellence, ménageait tous les partis et réglait d'avance comme toujours sa conduite sur le sort des événements. Quant aux Jacobins, aux libéraux et aux orléanistes, peu nombreux, ils ne pouvaient guère espérer de réussir, au moins dans l'état actuel des choses et étant donnée la disposition générale des esprits. D'ailleurs, ils se taisaient prudemment; les impérialistes, au contraire, donnaient un libre cour à leurs regrets et surtout à leurs espérances; l'ambition encore plus que le dévouement était le mobile de leur conduite. Dans les réunions d'ouvriers et de paysans, on portait hautement la santé du *caporal La Violette*, sobriquet vulgaire dont tout le monde d'ailleurs avait la clef. On attendait fermement le retour de Napoléon pour le printemps de cette année (1815.) Ce fut lui qui, dans son impatience, devança ce terme; le 26 février, il se mit en mesure de reparaître en France. Ce jour-là, accompagnée de ses fidèles, Bertrand, Drouot et Cambronne et des autres officiers supérieurs, compagnons de son exil, il s'embarqua et donna à sa petite armée l'ordre de le suivre; c'était un modeste effectif de neuf cents hommes, dont quatre cents grenadiers de la vieille garde, cent Polonais et le reste recruté dans tous les corps de l'ex-grande armée. Le 1er mars, on abordait sur les côtes de la Provence, le pays le moins sympathique à la cause impériale; malgré l'imprudence de cette première démarche, Napoléon se hasarda à traverser les montagnes de cette contrée et du Dauphiné. Non loin de Grenoble, commença en faveur de l'ex-empereur la défection des troupes royales. Un bataillon qui serait demeuré fidèle aux Bourbons aurait pu tracer à l'armée sa conduite; mais, en acclamant Napoléon, peut-être, à lui seul, il entraînerait les soldats et la nation elle-même. Ce fut ce qui arriva; émus à la vue de leur chef d'hier encore, les soldats envoyés contre lui l'acclamèrent et renforcèrent sa troupe de partisans. Le peuple se joignit bientôt à eux, et le mouvement s'accentua de plus en plus sur le reste de la route. Alors le règne de l'empereur recommença: les autorités, les magistrats emportés par le courant populaire vinrent le saluer, il se trouva maître d'une place de guerre, de vastes arsenaux et d'une armée de soixante mille vétérans. Comme il sentait le besoin de se concilier les populations, chacune de ses paroles était une protestation peu sincère en faveur de la paix et de la liberté; il flattait le sentiment révolutionnaire que pendant tout son règne il n'avait cessé de comprimer. Les mensonges coûtent si peu aux ambitieux!...

CHAPITRE QUINZIEME

Mesures tardives du gouvernement de Louis XVIII. — Perplexité des esprits. — Napoléon est mis au ban de l'Europe par les puissances. — Attitude de la plupart des généraux vis-à-vis de l'empereur. — La famille royale et les princes quittent la France. — Napoléon se fait relever de sa déchéance et tente de gouverner — L'Angleterre redouble d'efforts contre Napoléon. — *Acte additionnel aux Constitutions de l'Empire.* — Protestation énergique de M. de Kergorlay. — Vote de Nodier pour Franconi. — Philippique du journal *le Censeur européen.* — Mise en scène du Champ de Mai. — Essai de poésie officielle et officieuse. — Louis XVIII à Gand, pendant les Cent-Jours. — Eloquente sortie de Châteaubriand, dans le *Moniteur de Gand*, — Soulèvement en Vendée. — Mouvement royaliste en France. — Napoléon veut recommencer la lutte contre l'Europe. — Gigantesques et vains efforts. — Les étrangers investissent nos frontières. — Projets de démembrement de la France. — Nouvelles défections. — Les préliminaires de Waterloo. — Waterloo et l'effondrement de l'empire français — Plus d'illusion. — Napoléon abdique en faveur du *roi de Rome.*

Pendant que le gouvernement de Louis XVIII prenait trop tard des mesures pour arrêter les rapides progrès de l'invasion impériale, Napoléon se présentait déjà aux portes de Lyon et ne trouvait personne qui osât les fermer devant lui. Le 10 mars, pour la première fois la population parisienne entrevit la vérité. Ce jour-là les émissaires bonapartistes apportèrent à Paris et firent activement circuler les proclamations de l'empereur à la nation et à l'armée. Les esprits étaient très perplexes sans doute le soldat et le peuple se montraient sympathiques à l'empereur, mais la bourgeoisie sentait une vive répugnance pour le retour d'un ordre de choses qui allait de nouveau remettre en question et paralyser l'essor des affaires. Le gouvernement n'était pas moins embarrassé, et c'était la faute des lenteurs et des tergiversations du congrès de Vienne qui n'avait pas songé, dès le premier moment, combien était dangereuse pour la paix de la France et par conséquent de l'Europe la présence de Napoléon à l'île d'Elbe, tandis qu'on aurait pu et dû le reléguer aux Açores, à Sainte-Lucie ou, au besoin, à Sainte-Hélène, comme tel avait été le premier projet; mais le czar s'y était opposé, dans un accès de sentiment chevaleresque exagéré.

Tandis qu'on délibérait d'organiser contre lui un vaste mouvement et qu'une déclaration du congrès le mettait au ban de l'Europe, l'empereur poursuivait sa route vers Paris : il arriva à Fontainebleau, le 20 mars, sans avoir fait tirer un coup de fusil. Cependant, personne n'osait révéler au roi les dangers toujours croissants de la situation; à la fin, il fallut cependant parler; en apprenant la triste vérité, Louis XVIII se montra calme et donna sur le champ à la cour l'ordre de le suivre à Lille. Le 19 mars, à minuit, la famille des Bourbons quittait les Tuileries; le lendemain, Napoléon rentrait dans la capitale. Il semblait sourire aux acclamations qui se faisaient entendre à sa vue; mais, au fond de l'âme, il n'était pas sans inquiétude. Aux cris proférés sur son passage, à l'aspect des hommes qui triomphaient de son retour, il commençait à reconnaître que sa restauration était plutôt due à l'armée qu'aux citoyens, et ce symptôme caractéristique de la situation lui donnait, avec raison, à réfléchir.

Et encore, parmi les chefs de l'armée, beaucoup avaient vu avec déplaisir la révolution qui s'accomplissait : Macdonald, Gouvion-Saint-Cyr, Masséna, avaient cherché à maintenir les troupes dans l'obéissance du roi, le maréchal Soult ne s'était point encore soumis; les généraux Pacthod, Maison, Rapp, Lauriston, Miollis, Lefort, Belliard, les maréchaux Mortier, Marmont, Oudinot et Jourdan s'étaient empressés d'offrir au roi leurs services. La plupart étaient las de la guerre. Ils se montraient reconnaissants envers la restauration, qui avait garanti leurs dotations, leurs grades et ajouté de nouvelles marques d'honneur à celles dont ils étaient déjà comblés. Quant aux classes riches et à la bourgeoisie, elles entrevoyaient avec terreur l'éventualité d'une nouvelle guerre européenne. On ne voyait se prononcer en faveur de Napoléon que les soldats, les officiers qui avaient leur fortune à faire et la multitude que séduisait le prestige de la gloire encore plus peut-être que le patriotisme.

Louis XVIII, le comte d'Artois et le duc de Berry s'étaient retirés en Belgique, ainsi que le duc d'Orléans; le duc et la duchesse d'Angoulême s'étaient rendus à Bordeaux pour y déterminer un mouvement en faveur de la cause royale, mais ce fut sans succès et, après de vains efforts, il fallut se résigner à céder à la triste nécessité des temps et des choses.

Cependant Napoléon, étonné lui-même de la rapidité avec laquelle s'était accomplie la révolution du 20 mars, travaillait à reconstituer le gouvernement impérial et à organiser la résistance contre l'Europe. Son premier soin avait été de composer le ministère. Le portefeuille de la justice fut donné à Cambacérés; celui des finances à Gaudin; celui du trésor à Mollien; celui de la guerre à Davoust; celui de la police générale à Fouché. Ce dernier nom semble de sombre augure; Fouché, outre ses souvenirs personnels de régicide, était un fourbe fieffé, capable de servir et de trahir, au besoin, les gouvernements qui l'emploieraient. Quelques jours après, M. Molé ayant refusé le ministère de l'intérieur, ce poste fut confié à Carnot, à la grande satisfaction des républicains; le duc de Vicence accepta le portefeuille des affaires étrangères, le duc de Bassano, la secrétairerie d'Etat; enfin, la préfecture de police fut confiée au comte Réal.

Sous la pression de Napoléon, le conseil d'Etat releva l'empereur de sa déchéance et annula son abdication; puis, il proclama de nouveau le principe de la souveraineté du peuple, comme la base du droit politique de la France. Par conséquent, il chercha à établir que la restauration, ayant été la conséquence des défaites de nos armées et de l'occupation de la France par les puissances ennemies, elle avait été un fait illégitime et imposée au pays. De plus, le conseil d'Etat qualifiait d'illégaux les actes du gouvernement de Louis XVIII, comme faits en présence des armées ennemies ou sous la domination de l'influence étrangère. Il approuvait cependant que les hommes investis de fonctions publiques les eussent conservées sous le gouvernement royal, parce qu'ils ne servaient point un roi, mais la patrie. On va loin avec de pareils sophismes. Cette adresse ou plutôt ce réquisitoire contre le gouvernement de Louis XVIII se revêtit de la signature de tous les membres du conseil d'Etat, à l'exception de celle de MM. Molé et de Gérando.

Napoléon était dominé par une double préoccupation : il voulait, s'il était possible, apaiser les colères de l'Europe et en même temps mettre en œuvre toutes les ressources de la France pour résister à une nouvelle invasion. Il avait d'abord voulu faire croire aux Parisiens que l'Autriche était d'accord avec lui ; mais les déclarations du congrès de Vienne révélèrent bientôt la vérité. Ses tentatives auprès des puissances, d'abord par l'intermédiaire de Joseph, puis par lui-même, échouèrent complètement ; en peu de jours, toute espérance d'accommodement dut disparaître. Vainement essaya-t-il de faire enlever, à Vienne, Marie-Louise et son fils ; son projet fut déjoué et rendit encore plus sévères à son égard les souverains alliés. Sur les instances de l'Angleterre, la guerre à outrance contre Napoléon s'organisa rapidement ; on devait être prêts au mois de juin et, indépendamment d'un million de soldats qui allaient entourer nos frontières, l'Europe comptait sur la diversion que ne manquerait pas d'amener un vaste soulèvement royaliste en Vendée.

La situation de l'empereur était donc pleine de difficultés ; les soldats et le peuple l'avaient acclamé, il est vrai, mais il avait contre lui les classes riches, la noblesse et le clergé qui refusaient énergiquement de s'associer à sa fortune. D'un autre côté, les chefs du parti populaire ne se payaient point de paroles et voulaient des actes. Comme Napoléon ne pouvait rien sans leur appui, ils marchandaient, ils exigeaient des garanties. La liberté de la presse avait été rendue à la France : elle s'exerçait sans contrôle et sans limites, on étalait au grand jour les prétentions et les doctrines révolutionnaires, et l'on affaiblissait d'autant l'influence et l'autorité de l'empereur. Celui-ci s'en indignait, mais il était obligé de plier et perdait chaque jour de son prestige. Pour regagner d'un côté ce qui lui échappait de l'autre, il rendit, le 9 avril, un décret ordonnant la mise en jugement, comme traîtres à la patrie, de plusieurs personnages qui, en qualité de membres du gouvernement provisoire ou de partisans dévoués des Bourbons, avaient concouru au renversement du pouvoir impérial. Quelques jours après, le 22 avril, il présenta à l'acceptation du peuple français une charte qui reçut le nom d'*Acte additionnel aux Constitutions de l'Empire*. Napoléon promettait d'être un monarque constitutionnel, et il se démentait en conservant les vieilles lois qui le faisaient souverain absolu[1]. L'article 69 défendait de proposer le retour des Bourbons.

Un royaliste éprouvé, énergique, M. de Kergorlay, protesta dans les termes suivants contre cette défense, et cette protestation est devenue une pièce historique :

« Je crois, disait-il, devoir à mes concitoyens et je me dois certainement à moi-même de leur rendre compte du motif qui m'a déterminé à voter contre l'acte intitulé : *Acte additionnel aux Constitutions de l'Empire*, en date du 22 avril 1815.

« Ce motif est que l'article 67 de cet acte est attentatoire à la liberté des citoyens français, en ce qu'il prétend leur interdire l'exercice du droit de proposer le rétablissement de la dynastie des Bourbons sur le trône. Je suis forcé de protester contre cet article, parce que je suis convaincu que le rétablissement de cette dynastie sur le trône est le seul moyen de rendre le bonheur aux Français. L'expérience que nous venons de faire du bonheur pratique dont a joui la France pendant la Restauration n'a pu laisser à personne aucun doute à cet égard, et l'unanimité du vœu national en faveur de Louis *le regretté* est pleinement confirmée par le soin qu'ont pris les auteurs de l'article que je réprouve d'inter-

1. Thiers, tome XIX, p. 229-446 *passim*.

dire la manifestation de cet unanime vœu. La confusion combinée qu'ils ont mise dans cet article, en y mêlant divers fantômes populaires qui n'ont aucun rapport avec le rétablissement de la dynastie des Bourbons, est une preuve de l'évidence du désir général de la nation; ce n'est que faute d'objets réels qu'on evoque des fantômes, et le plus magnifique éloge qu'on puisse faire des actes d'un gouvernement est de se voir réduit à reconnaître que le seul moyen de le dépopulariser est de lui supposer des intentions.

« Je dois protester aussi contre l'article 6 du décret du même jour, portant que l'acte additionnel aux Constitions sera envoyé à l'acceptation des armées. Il est contraire aux principes admis chez toutes les nations civilisées d'envoyer des actes constitutionnels à l'acceptation des armées. Chez tous les peuples libres, chez tous les peuples qui ont le sentiment de leur dignité, les armées sont des corps destinés non à voter sur toutes les Constitutions, mais à obéir à la volonté nationale. *Aussitôt qu'une nation souffre que ses armées votent, elle se soumet au pire des esclavages.*

« Cet esclavage se décèle assez dans l'article 6 d'un second décret du même jour. Cet article ne dit pas que, suivant que le recensement des votes sera favorable ou contraire à l'acte additionnel, cet acte sera promulgué ou ne sera pas promulgué, mais il dit que le recensement du résultat général des votes sera proclamé et que l'acte additionnel sera promulgué. Cette étrange certitude du succès est un langage assez clair, ce me semble, et chacun de nous peut l'entendre. Peut-on nous dire plus clairement : « Votez, grande nation ! mais en votant, « conformez-vous à l'injonction qui vous est donnée, « non en hommes libres, mais en sujets soumis; votez, « mais n'oubliez pas que le vœu de l'armée était connu « d'avance, il faut bien que la nation fléchisse devant les « bayonnettes. »

« Quant à moi, je n'ai point encore appris à prendre les bayonnettes pour règle de ma conscience. »

Des registres furent ouverts dans les secrétariats de toutes les administrations et de toutes les municipalités, chez tous les juges de paix et chez les notaires, et les citoyens furent invités à venir inscrire leur adhésion ou leur refus. Il se trouva des protestations ardentes et courageuses, il y en eut de très spirituelles comme celle de Ch. Nodier : « Puisque les Français veulent un roi qui monte à cheval, je vote pour Franconi. »

La presse républicaine se montrait aussi hostile à Napoléon que les journaux et les publicistes royalistes. *Le Censeur européen*, rédigé par MM. Comte et Desnoyers publiait des articles très incisifs :

« L'ordre de *l'Eteignoir* étant tombé, ne serait-il pas possible de le remplacer par un autre, qui, sans être moins avantageux aux progrès des ténèbres, serait cependant plus analogue aux circonstances? Il nous semble que *l'Ordre du sabre* aurait évidemment ce double avantage. Un des rédacteurs du *Mercure* s'occupe, dit-on, d'un ouvrage qui, vu les circonstances, ne pourra manquer de faire une grande sensation ; il a pour titre : *De l'influence de la moustache sur le raisonnement et de la nécessité du sabre dans l'administration*. Qu'est-ce que la gloire? Un lion qui fait trembler tous les animaux a-t-il de la gloire?... Un peuple misérable qui ne sait pas se gouverner, qui ne peut inspirer que la terreur ou la haine a-t-il de la gloire? Celui qui brave la mort, sans utilité pour ses semblables, mérite-t-il l'estime des hommes? Mérite-t-il l'estime des hommes, celui qui brave les voyageurs pour leur enlever leur argent? celui qui brave les mers pour faire des esclaves? celui qui brave des armées pour mettre les peuples en servitude? Nous abandonnons ces questions à la méditation des journalistes qui ne cessent de nous parler de braves et de bravoure. »

Grand metteur en scène et voulant essayer encore une fois de l'effet d'un spectacle brillant, susceptible de frapper les imaginations, le 1er juin, Napoléon réunit au Champ de Mars, en assemblée du *Champ de Mai*, cérémonie empruntée à la vieille monarchie, les députations des électeurs de l'empire et les députations de l'armée venues pour recevoir leurs aigles. Napoléon y parut en costume à la Henri IV. On proclama le résultat des votes.

Mais, le relevé n'était pas terminé. Un homme comme Napoléon n'était pas embarrassé pour si peu de chose. On additionna à la volée et on proclama que l'acte était adopté à la presque unanimité des votants. Puis les aigles furent distribuées[1]. Les poètes faisant défaut pour chanter de si minces ou plutôt de si grotesques exhibitions, la police prit ce qu'elle trouva et que voici :

AIR : *Le premier pas.*

Au Champ de Mai,
Le bonheur de la France
En ce beau jour est enfin proclamé;
La liberté, la paix et l'abondance,
Voilà nos vœux, notre unique espérance,
Au Champ de Mai.

Au Champ de Mai,
Toute la France *entière*,
Dans le héros par nous *légitimé*
A reconnu un souverain, son père.
L'égalité, la liberté prospère
Au Champ de Mai.

Au Champ de Mai,
Souverains de la terre,
Contemplez bien tout un peuple animé.
Si vous voulez nous déclarer la guerre,
Regardez-nous, Russe, Autriche, Angleterre,
Au Champ de Mai.

C'est tout bonnement pitoyable ; cela n'a ni rime ni raison. Rien de ridicule comme la bravade du dernier couplet, surtout à la veille de Waterloo.

Ce que Napoléon avait de mieux à faire au Champ de Mai, c'était d'abdiquer solennellement la couronne im-

1. Thiers, tome XIX, p. 447-630 *passim*.

périale en faveur de son fils et de désarmer ainsi l'Europe ; on s'y attendait, on l'espérait du moins, mais son impitoyable orgueil persista jusqu'à la fin à combler la mesure des colères amassées contre la France. Autour de l'Empereur, tout le monde voyait avec effroi l'éventualité d'une nouvelle invasion du pays, et personne ne croyait qu'il fût possible de tenir tête à la coalition : on se tournait vers Louis XVIII, l'homme de la situation, le pacificateur souverain. Gand était le rendez-vous de tous les royalistes fidèles : Louis XVIII avait voulu s'y établir, au lieu de se rendre en Angleterre parce que, de cette ville flamande, il pouvait surveiller de plus près Napoléon et donner la main à la Vendée. Autour de lui il voyait réunis les ambassadeurs et les ministres accrédités par les puissances, en 1814, auprès du souverain légitime de la France reconnu par tous les chefs de l'Europe.

Un journal officiel, portant le titre de *Moniteur*, s'imprimait à Gand et publiait les actes de l'autorité royale. Le principal rédacteur de cette feuille était M. Bertin l'aîné. Ce fut dans cet organe que parut, au mois de mai, un rapport de Chateaubriand, adressé au roi : l'illustre écrivain rendait compte au prince de la révolution du 20 mars, et il la signalait comme une surprise faite au pays, comme un drame de l'histoire du Bas-Empire : « Bonaparte, disait-il, placé par une fatalité étrange entre la France et l'Italie, est descendu, comme Genséric, là où l'attendait la colère de Dieu. *Espoir de tout ce qui avait commis et de tout ce qui méditait un crime*, il est venu ; il a réussi. Des hommes accablés de vos dons ont baisé, le matin, la main royale que le soir ils ont trahie... Ces bouleversements subits sont fréquents chez tous les peuples qui ont eu l'affreux malheur de tomber sous le despotisme militaire. L'histoire du Bas-Empire, celle de l'Egypte moderne et des régences barbaresques en sont remplies : tous les jours, au Caire, à Alger, à Tunis, un bey proscrit reparaît sur la frontière du désert ; quelques mamelucks se joignent à lui, le proclament leur chef et leur maître. Pour réussir dans son entreprise, il n'a besoin ni d'un courage extraordinaire, ni de combinaissances savantes, ni de talents supérieurs : il peut-être le plus commun des hommes, pourvu qu'il en soit le plus méchant. Animées par l'espoir du pillage, quelques autres bandes de la milice se déclarent ; le peuple consterné tremble, regarde, pleure et se tait : une poignée de soldats armés en impose à la foule sans armes. Le despote s'avance au bruit des chaînes, entre dans la capitale de son empire, triomphe et meurt. »

Napoléon s'effrayait pour sa cause d'une telle véhémence de langage ; aussi, avait-il vigoureusement prohibé l'introduction du *Moniteur de Gand* sur tout le littoral et sur toutes les frontières de l'empire.

La Vendée, un instant comprimée, se levait à la voix de ses anciens chefs : il fallait lui opposer des troupes, ce qui diminuait d'autant l'effectif destiné à marcher à la frontière. Bordeaux restait royaliste ; sa jeunesse tenait le haut du pavé ; Napoléon était à Paris, et les jeunes gens de Bordeaux applaudissaient, au théâtre, des couplets, où les fleurs de lis et le drapeau blanc jouaient un grand rôle ; comme ces jeunes gens tiraient parfaitement l'épée, ils ne craignaient pas les duels avec les officiers de la garnison. Toulouse n'était pas moins dévouée ; Avignon avait ses mariniers tous royalistes, et l'on formait secrètement, de cette ville à Nîmes, des compagnies qui pouvaient, à un moment donné, jeter trente à quarante mille insurgés depuis le Var jusqu'au Gard et paralyser les garnisons qui ne réunissaient pas plus de sept à huit mille hommes partagés en détachements faciles à saisir. Enfin l'effervescence était si grande à Marseille qu'on dut mettre la ville en état de siège.

Cependant Napoléon travaillait avec ardeur à organiser une armée capable de tenir tête aux forces de la coalition européenne. Carnot conseillait de rester sur la défensive et de se fortifier sur divers points principaux, mais l'empereur refusa de suivre ce système : il avait vu, en 1814, l'armée d'invasion pénétrer en France sans se mettre en peine d'assiéger les places qu'elle laissait sur ses flancs et pour atteindre plus promptement Paris ; l'histoire de son règne lui apprenait qu'il avait tout à gagner en choisissant lui-même son champ de bataille et en portant au delà des frontières de la France le théâtre des combats. Il résolut donc de prendre l'offensive et de ranimer par une ou deux grandes victoires la fidélité du peuple et la confiance de l'armée. Par un décret du 10 avril, Napoléon avait prescrit l'organisation immédiate de trois mille cent trente bataillons de gardes nationales, destinés à protéger les frontières et à défendre les places : c'était ordonner une levée de deux millions cent cinquante mille hommes; mais tant que les fusils manqueraient pour armer ces multitudes, le décret qui les convoquait à la guerre ne pouvait être qu'illusoire. Le 22 avril, l'empereur statua que des corps francs, qui ne devaient pas être astreints à porter l'uniforme régulier, seraient organisés dans tous les départements de la frontière et armés à leurs frais de fusils de guerre ou de fusils de chasse : ces corps ne recevraient aucune solde, mais, pour les dédommager, on déclarait de bonne prise, à leur profit, tout ce qu'ils enlèveraient à l'ennemi. Cent vingt régiments d'infanterie et soixante de cavalerie formaient l'armée active; cent cinquante batteries de campagne étaient attelées; trois cent bouches à feu devaient être placées sur les hauteurs qui avoisinent Paris; enfin, la défense de la capitale devait être complétée, par vingt-quatre bataillons de tirailleurs fédérés, recrutés parmi les ouvriers de Paris, et de la banlieue... En dépit de gigantesques efforts, l'armée offensive ne présentait encore, dans les premiers jours de juin, qu'un effectif de cent quatre-vingt mille hommes. Il fallait encore quatre mois pour que l'organisation en projet fût complète : mais, l'Europe, représentée à Vienne par un congrès de souverains, ne laissa pas à la France le temps nécessaire pour accomplir un semblable effort. On avait ouvert, dans le congrès, l'avis qu'il fallait de toute nécessité démembrer notre pays, nous enlever l'Alsace, la Lorraine, la Flandre et partager ensuite le surplus du territoire en royaumes d'Aquitaine, de Bourgogne, de Neustrie, etc., afin de neutraliser l'action extérieure de la France par ce retour à la vieille organisation mérovingienne. En attendant la réalisation de ces divers projets, les puissances, allant au plus pressé, dirigèrent toutes leurs forces militaires contre nos frontières qu'elles entourèrent d'un investissement immense. Toutes ces forces, qui dépassaient un million de combattants, devaient commencer les hostilités avant le 1er juillet. Napoléon, de son côté, avait résolu de surprendre ses ennemis par la rapidité de ses attaques; il voulait à tout prix engager la lutte avant l'arrivée des troupes russes.

Mais, au moment de se mettre à la tête de l'armée et de se porter à la rencontre des Anglais et des Prussiens qui débordaient en Belgique, Napoléon résolut d'organiser définitivement le pouvoir à Paris et de commencer la monarchie constitutionnelle. Dès la première heure, des symptônes de vive et tenace opposition se révélèrent dans les deux Chambres des pairs et des représentants, où un assez grand nombre de libéraux et d'ex-révolutionnaires avaient été envoyés par les électeurs. L'empereur s'aperçut tout d'abord des dispositions malveillantes de la représentation nationale à son égard; en quittant Paris, il laissait derrière lui un ministère découragé et dans les rangs duquel s'était glissée l'inévitable trahison. Il se mit en chemin le 12 juin pour aller prendre le commandement de l'armée du Nord.

Dans la nuit du 14 au 15, plusieurs officiers abandonnèrent Napoléon et passèrent à l'étranger; on ne parlait d'ailleurs que de défections et de trahisons; c'était dans l'air, si l'on peut s'exprimer de la sorte.

Trois batailles peu décisives furent les préliminaires de la lutte immense et finale de Waterloo ou plutôt de Mont-Saint-Jean, deux villages assez rapprochés, dont le premier a eu le triste honneur de laisser son nom au combat dont les Anglais se sont montrés toujours si fiers. Jusqu'à quatre heures du soir, l'avantage semblait acquis aux Français qui avaient enfoncé l'armée ennemie et cruellement décimé les troupes de Wellington; l'arrivée de Grouchy pouvait changer en certitude l'espérance de la victoire, mais Grouchy arriva trop tard. On a beaucoup parlé de trahison; il y eut plutôt de la lenteur, et c'était déjà déplorable en pareille circonstance, où il s'agissait de porter à l'ennemi un coup décisif. A dix heures du soir, la victoire des alliés était complète sur toute la ligne et l'héroïque dévouement de l'armée française formait la dernière page des annales militaires de l'empire [1].

Le grand désastre de Waterloo révélait au pays et à l'empereur que toute résistance était désormais impossible et que l'essai d'un retour offensif serait le comble de la folie et du délire. Eussions-nous été vainqueurs dans cette journée, la France orientale n'en eût pas moins été envahie par des masses qu'aucune armée ne se serait trouvée en mesure de refouler ou de vaincre; et Paris aurait encore une fois subi la loi de l'étranger. C'est une situation que l'on perd trop souvent de vue, lorsqu'on se plaît à croire qu'une grande victoire remportée à Waterloo eût assuré pour jamais la fortune et la dynastie de Napoléon. L'empereur lui-même n'avait pas cette illusion.

Il arriva à Paris en même temps que la nouvelle de sa défaite. Il venait demander des secours, une armée: mais la Chambre des représentants renfermait un grand nombre d'ennemis de Napoléon en même temps que des Bourbons; en haine de l'un et des autres, ils refusèrent tout concours au salut de la France, puis, s'opposant à ce que l'on demandât la paix au vainqueur, ils firent appel à la garde nationale, et enfin ils exigèrent l'abdication de l'empereur. C'était folie sur folie; il n'y avait pas moyen de résister. Dans cette situation, Napoléon perdit la tête ou plutôt revenant à ses premiers instincts de révolutionnaire, il tenta de faire appel aux passions démocratiques et de remuer jusqu'à la lie les plus détestables passions de 1793. Mais, bientôt ramené à des idées plus saines, il comprit que tout était fini pour lui et qu'il était impossible de recommencer le passé; il se décida alors, trop tard, à abdiquer en faveur de son fils, Napoléon II (22 juin 1815).

1. Thiers, tome XX, p. 1-293.

CHAPITRE SEIZIÈME

Agitation des partis. — Les alliés reprennent le chemin de Paris. — Napoléon offre ses services au gouvernement provisoire. — Refus qu'il essuie. — Il part pour Rochefort et essaie de s'embarquer pour l'Amérique. — Belle proclamation de Louis XVIII. — Derniers essais de résistance à l'ennemi. — Armistice. — Les alliés entrent, pour la seconde fois, dans Paris. — Talleyrand revient dans les fourgons de l'étranger. — 1814 et 1815, différence de la situation d'une année à l'autre. — Les Cent-Jours ont coûté deux milliards à la France. — Noble fermeté de Louis XVIII en face des exigences de l'étranger. — Les Bourbons à Paris. — Napoléon se rend à bord du *Bellérophon*. — Sa lettre au prince régent d'Angleterre. — Prisonnier des Anglais, il proteste, à la face de l'Europe. — Départ pour Sainte-Hélène. — Le caractère de Napoléon. — Ses qualités morales. — Génie et passion. — Fils et héritier de la Révolution. — La vérité sur Napoléon. — Conclusion de M. Thiers.

Les partis s'agitaient violemment; les impérialistes tentaient un dernier et suprême effort en faveur de leur idole; la bourgeoisie libérale demandait pour roi le duc d'Orléans; d'autres mettaient en avant le nom de Bernadotte; un petit nombre se prononçait pour le rétablissement de la république. Pendant ces vaines disputes, les troupes de Wellington et de Blücher, refoulant devant elles les débris de la grande armée, s'avançaient lentement mais sûrement vers Paris qui les allait revoir pour la seconde fois, à un an de distance.

Pendant que l'on négociait avec les puissan ces, Napoléon se rattachant avec une ardeur fébrile au pouvoir et voulant en conserver un dernier lambeau, écrivit au gouvernement provisoire pour lui offrir ses services, en qualité de simple général, ajoutant que, l'ennemi vaincu, il se retirerait sous la tente comme le dernier des citoyens. Cette proposition fut repoussée comme un acte de démence et quelques jours après Napoléon était contraint de partir pour l'exil. Il se fit conduire à Rochefort, où il arriva le 3 juillet. Il comptait s'y embarquer pour l'Amérique ; mais les instructions secrètes émanées du gouvernement provisoire, en contradiction avec les ordres officiels, empêchèrent la frégate qui devait le transporter d'appareiller en temps utile.

Les plénipotentiaires envoyés auprès des généraux ennemis, résolus d'abandonner Napoléon et son fils à leur mauvaise destinée, travaillaient à obtenir des conditions avantageuses pour la révolution française. « Ils avaient surtout à cœur de rendre impossible le retour de Louis XVIII, en stipulant, pour condition première de la capitulation de l'empire, l'avènement d'une dynastie autre que la branche aînée des Bourbons. Ils demandaient pour roi Louis-Philippe, duc d'Orléans, qui, à leurs yeux et aux yeux des Chambres, représentait particulièrement les idées et les intérêts de 1792. Ainsi, le parti révolutionnaire, par haine des Bourbons, voulait obtenir de Wellington et de Blücher une dynastie, un roi, une charte. Ils espéraient que l'Angleterre n'hésiterait pas à sanctionner en France une révolution semblable à celle qui avait donné le pouvoir royal à Guillaume III ; et, pour eux, le duc d'Orléans devait merveilleusement jouer le rôle odieux devant lequel n'avait pas reculé le prince d'Orange [1]. »

Ces ouvertures furent à peine écoutées dans le camp ennemi ; Wellington et Blücher répondirent qu'ils ne traiteraient qu'à Paris.

On était au 29 juin ; déjà les avant-gardes des alliés campaient sous les murs de la capitale, et depuis cinq jours Louis XVIII était rentré sur le territoire français : il y arrivait en père et en médiateur entre la France et l'Europe. Voici la proclamation de ce prince :

« Les portes de mon royaume s'ouvrent devant moi. J'accours pour ramener mes sujets égarés, pour adoucir les maux que j'avais voulu prévenir, pour me placer une seconde fois entre les Français et les armées alliées, dans l'espoir que les égards dont je peux être l'objet tourneront à leur salut : c'est la seule manière dont j'ai

1. A. Gabourd, tome X, p. 542 et 543.

voulu prendre part à la guerre. Je n'ai permis qu'aucun prince de ma famille parût dans les rangs des étrangers, et j'ai enchaîné le courage de ceux de mes serviteurs qui avaient pu se ranger autour de moi.

« Revenu sur le sol de la patrie, je me plais à parler de confiance à mes peuples. Lorsque je reparus au milieu d'eux, je trouvai les esprits agités et emportés par des passions contraires; mes regards ne rencontraient de toutes parts que des difficultés et des obstacles : mon gouvernement devait faire des fautes; peut-être en a-t-il fait. Il est des temps où les intentions les plus pures ne suffisent pas pour diriger, où quelquefois même elles égarent. L'expérience seule pouvait avertir : elle ne sera pas perdue. Je veux tout ce qui sauvera la France.

« Mes sujets ont appris, par de cruelles épreuves, que le principe de la légitimité des souverains est une des bases fondamentales de l'ordre social, la seule sur laquelle puisse s'établir, au milieu d'un grand peuple, une liberté sage et bien ordonnée. Cette doctrine vient d'être proclamée comme celle de l'Europe entière. Je l'avais consacrée d'avance par ma charte, et je prétends ajouter à cette charte toutes les garanties qui peuvent en assurer le bienfait.

« L'unité du ministère est la plus forte que je puisse offrir; j'entends qu'elle existe et que la marche franche et assurée de mon conseil garantisse tous les intérêts et calme toutes les inquiétudes.

« On a parlé, dans les derniers temps, du rétablissement de la dîme et des droits féodaux. Cette fable, inventée par l'ennemi commun, n'a pas besoin d'être réfutée. On ne s'attendra pas que le roi de France s'abaisse jusqu'à repousser des calomnies et des mensonges. Le succès de la trahison en a trop indiqué la source. Si les acquéreurs de domaines nationaux ont conçu des inquiétudes, la charte aurait dû suffire pour les rassurer. N'ai-je pas moi-même proposé aux Chambres et fait exécuter des ventes de ces biens? Cette preuve de ma sincérité est sans réplique.

« Dans ces derniers temps, mes sujets de toutes les

classes m'ont donné des preuves égales d'amour et de fidélité. Je veux qu'ils sachent combien j'y ai été sensible; et, c'est parmi tous les Français que j'aimerai à choisir ceux qui doivent approcher de ma personne et de ma famille.

« Je ne veux exclure de ma présence que ces hommes dont la renommée est un sujet de douleur pour la France et d'effroi pour l'Europe. Dans la trame qu'ils ont ourdie, j'aperçois beaucoup de mes sujets égarés et quelques coupables.

« Je promets, moi qui n'ai jamais promis en vain (l'Europe entière le sait), de pardonner aux Français égarés tout ce qui s'est passé depuis le jour où j'ai quitté Lille au milieu de tant de larmes, jusqu'au jour où je suis rentré dans Cambrai au milieu de tant d'acclamations.

« Mais le sang de mes enfants a coulé par une trahison dont les annales du monde n'offrent pas d'exemple : cette trahison a appelé l'étranger dans le cœur de la France; chaque jour me révèle un désastre nouveau. Je dois donc, pour la dignité de mon trône, pour l'intérêt de mes peuples, pour le repos de l'Europe, excepter du pardon les instigateurs et les auteurs de cette trame horrible. Ils seront désignés à la vengeance des lois par les deux Chambres, que je me propose d'assembler incessamment.

« Français, tels sont les sentiments que rapporte au milieu de vous celui que le temps n'a pu changer, que le malheur n'a pu fatiguer et que l'injustice n'a pu abattre... »

« Signé Louis. »

Louis XVIII continuait à se rapprocher de Paris; le 30 juin, il s'arrêta à Roye, petite ville du département de la Somme, où vinrent le joindre plusieurs personnages éminents. M. de Vitrolles et le maréchal Davoust, malgré les déclarations des deux Chambres, concertaient entre eux les moyens de rendre le trône aux Bourbons.

Cependant le gouvernement provisoire voulut tenter de résister à l'ennemi : on éleva à la hâte des fortifications sur les hauteurs, on prenait toutes les mesures imaginables, mais il était trop tard : Davoust, chargé de ses travaux, n'aspirait qu'au retour des Bourbons pour lesquels Grouchy ne cachait pas plus ses sympathies que les ducs de Reggio et de Tarente. Les soldats, eux, s'étaient ralliés à l'idée impériale et criaient : *Vive Napoléon II*. Les deux Chambres, abandonnées à elles-mêmes et à leurs passions anti-patriotiques, sans oser se prononcer pour l'ex-empereur, se livraient à de stupides sorties contre les Bourbons qu'elles voulaient exclure à tout prix, préférant les Anglais aux royalistes, Wellington à Louis XVIII.

Les moyens de résister et de combattre ne manquaient pas, si l'on eût voulu fermement tenter un héroïque effort; le gouvernement provisoire disposait encore, sous les murs de Paris, de cent six mille hommes, de onze cents canons et de vingt-six mille chevaux. Mais ni les gouvernants ni les principaux chefs de l'armée ne voulaient prolonger la lutte : les uns, parce qu'ils appelaient de leurs vœux le retour du roi; les autres, parce qu'ils redoutaient avec raison pour Paris les efforts de six cent mille soldats étrangers. Il y eut pourtant quelques escarmouches et un certain nombre d'engagements peu sérieux. Enfin un armistice intervint entre les troupes françaises et les troupes alliées. En vertu de ces actes, Paris devait se rendre aux étrangers et l'armée française se replier derrière la Loire; nos soldats obéirent, la colère dans l'âme, en se disant, ce qui était plus orgueilleux que vrai, qu'ils n'avaient pas été vaincus, mais trahis. Toujours la même illusion!...

Les alliés firent leur entrée dans la capitale, le 6 juillet : la garde nationale était seule chargée du service des postes de sûreté intérieure. Parmi les équipages des Prussiens, on remarqua la calèche qui renfermait Talleyrand. Celui-là, comme le mauvais génie de la France revenait bien, on peut le dire, *dans les fourgons de l'étranger*...

En 1814, les alliés, fidèles à la parole qu'ils avaient donnée à la France que la guerre n'était faite qu'à Napoléon et heureux de voir la paix se rétablir, se montrèrent généreux; ils n'imposèrent de contributions que celles nécessaires pour faire vivre leur troupes et respectèrent toutes nos richesses nationales; mais, en 1815, Napoléon ayant forcé les souverains alliés à prendre de nouveau les armes, alors ils usèrent rigoureusement des droits de la victoire qui sont ceux de la force triomphante; ils dépouillèrent nos musées de ce qu'ils possédaient de plus précieux; chacun reprit ce qui, dans un autre temps lui avait été enlevé; puis on exigea le remboursement de ce qui avait été perçu par Napoléon dans les pays qu'il avait conquis. Les Cent-Jours coûtèrent à la France deux milliards, qui passèrent entre les mains des étrangers. Ce furent les adieux de Napoléon à la France.

Est-ce là tout ce que cet homme a coûté à notre pays? Non. Les étrangers, redoutant de nouvelles convulsions, voulaient encore amoindrir notre territoire. Ils se proposaient de nous retirer la Flandre et l'Alsace, conquises par Louis XIV; la Lorraine, venue par traité sous Louis XV; le Piémont prétendait avancer jusqu'à Grenoble; l'Espagne elle-même revendiquait le Roussillon. Sans la fermeté de Louis XVIII, après la rançon en argent serait venue cette autre rançon territoriale imposée à une nation qui avait subi la révolte sans y prendre part. Mais Louis XVIII déclara nettement qu'à ce prix il ne voulait pas de la couronne et que, Bourbon, il régnerait sur la France des Bourbons ou qu'il retournerait en exil, laissant aux souverains la honte de leurs exigences. L'empereur Alexandre comprit ce noble langage tenu, d'après les ordres du roi, par le duc de Richelieu, et l'Europe céda devant ce vieillard qui n'avait pour lui que la force de son droit et l'illustration de sa race. Louis XVIII donna une nouvelle preuve de cette vérité proverbiale, que les Bourbons ont toujours été les sauveurs de la France.

Le 8 juillet, Louis XVIII rentrait à Paris. En ce moment, Napoléon, fugitif, se trouvait en rade de Rochefort. Par suite des résolutions adoptées au congrès de Vienne, les puissances avaient ordonné que des mesures seraient prises pour prévenir l'évasion de l'ex-empereur et pour qu'il fût retenu prisonnier. La nouvelle de la bataille de Waterloo avait déterminé l'amirauté anglaise à établir une croisière sur la côte occidentale de la France; on voulait à tout prix ôter à Napoléon les moyens de s'échapper par mer, et une ligne de vaisseaux gardait les côtes, de Brest à Bayonne. A la hauteur de Rochefort croisait le *Bellérophon*, ayant avec lui le *Slaney*, la *Phœbé* et quelques petits bâtiments : le capitaine Maïtland, qui commandait cette flottille, avait reçu de l'amiral Hotham les instructions les plus rigoureuses, avec ordre de s'emparer de l'empereur, de le retenir à bord sous bonne et sûre garde et de le conduire, soit à Torbay, soit à Plymouth. Napoléon entra en pourparlers avec cet officier et lui fit demander s'il consentirait à le laisser partir sur un navire neutre : le capitaine Maïtland fit connaître que ses ordres ne le lui permettaient pas. L'empereur aurait dû comprendre, dès lors, que c'en était fini de sa liberté, puisqu'il se trouvait ainsi à la merci de ses plus implacables ennemis; mais, son aveuglement devait durer jusqu'au bout. On négocia pendant quatre jours sans amener aucun résultat favorable, et il devint évident que la fuite de Napoléon du côté de l'Océan était impossible. Quelques personnes lui suggérèrent alors de demander un asile à l'Angleterre; il aurait pu se confier, avec plus de succès, à la générosité de l'empereur de Russie ou à la famille de son beau-père; mais, il espéra davantage du gouvernement du peuple anglais[1]. Il se rendit à bord du *Bellérophon* et fit connaître sa résolution au prince régent de la Grande-Bretagne, en lui adressant cette lettre, devenue fameuse :

« Altesse Royale,

« En butte aux factions qui divisent mon pays et à l'inimitié des plus grandes puissances de l'Europe, j'ai terminé ma carrière politique, et je viens, comme

1. Thiers, tome XX, p. 553 et suiv.

Thémistocle, m'asseoir au foyer du peuple britannique. Je me mets sous la protection de ses lois, que je réclame de Votre Altesse Royale, comme du plus puissant, du plus constant et du plus généreux de mes ennemis. »

Ce fut à Plymouth que le prince régent et la nation anglaise répondirent à cette missive : deux commissaires du gouvernement signifièrent à Napoléon qu'il était prisonnier de guerre et qu'il serait interné à Sainte-Hélène. L'empereur céda à la force, mais il adressa à lord Keith la protestation suivante :

« Je proteste solennellement ici, à la face du ciel et des hommes, contre la violence qui m'est faite, contre la violation de mes droits les plus sacrés, en disposant par la force de ma personne et de ma liberté. Je suis venu librement à bord du *Bellérophon* : je ne suis pas prisonnier, je suis l'hôte de l'Angleterre ; j'y suis venu à l'instigation même du capitaine, qui a dit avoir des ordres du gouvernement de me recevoir et me conduire en Angleterre avec ma suite, si cela m'était agréable. Je me suis présenté de bonne foi pour venir me mettre sous la protection des lois d'Angleterre. Aussitôt assis à bord du *Bellérophon* je fus sur le foyer du peuple britannique. Si le gouvernement, en donnant des ordres au capitaine du *Bellérophon*, de me recevoir, ainsi que ma suite, n'a voulu que me tendre une embûche, il a forfait à l'honneur et flétri son pavillon. Si cet acte se consommait, ce serait en vain que les Anglais voudraient parler désormais de leur loyauté, de leurs lois et de leur liberté : la foi britannique se trouvera perdue dans l'hospitalité du *Bellérophon*. J'en appelle à l'histoire : elle dira qu'un ennemi qui fit vingt ans la guerre au peuple anglais vint librement, dans son infortune, chercher un asile sous ses lois. Quelle plus éclatante preuve pouvait-il lui donner de son estime et de sa confiance ? Mais comment répondit-on en Angleterre à une telle magnanimité ? On feignit de tendre une main hospitalière à cet ennemi, et quand il se fut livré de bonne foi, on l'immola.

« NAPOLÉON. »

La traversée dura trois mois. Ce fut le 24 octobre 1815 qu'il aperçut pour la première fois le rocher lointain qui devait lui servir de prison et de tombe : le troisième jour il mit pied à terre[1]...

Nous ne terminerons pas cette rapide et cependant complète histoire du Consulat et de l'Empire sans donner ici un portrait au moral de Napoléon envisagé comme homme, comme guerrier, et surtout comme politique. Mais qui peut mieux se flatter d'avoir connu et apprécié avec la plus grande impartialité désirable cet homme extraordinaire que M. Thiers, dont une partie de la longue existence s'est écoulée dans l'étude des annales du Consulat et l'Empire[2]? C'est donc à la conclusion même de son volumineux travail sur cette époque mémorable à tous égards que nous empruntons les quelques considérations qui vont suivre et que nous extrayons, par voie de citations choisies, des dernières pages de son grand ouvrage.

Après avoir esquissé, en traits rapides et d'une exactitude frappante, le caractère que Napoléon avait reçu de la nature et des événements, M. Thiers abordant l'examen des qualités morales de cet homme extraordinaire, ajoute : « Si on considère Napoléon sous le rapport des qualités morales, il est plus difficile à apprécier, parce qu'il est difficile d'aller découvrir la bonté chez un soldat toujours occupé à joncher la terre de morts, l'amitié chez un homme qui n'eut jamais d'égaux autour de lui, la probité enfin chez un potentat qui était maître des richesses de l'univers...

« Sur les champs de bataille, il s'était fait une insensibilité, on peut dire effroyable, jusqu'à voir sans émotion la terre couverte de cent mille cadavres, car jamais le génie de la guerre n'avait poussé aussi loin l'effusion du sang humain. Mais cette insensibilité était

1. Voyez, dans M. Thiers (tome XX, p. 687-710), l'intéressant récit du séjour, des dernières années et de la mort de Napoléon, à Sainte-Hélène, de 1815 à 1821.

2. L'*Histoire du Consulat et de l'Empire*, de M. Thiers, forme vingt volumes in-8, publiés de 1845 à 1862.

de profession, si on ose ainsi parler. Souvent, en effet, après avoir rempli un champ de bataille de toutes les horreurs de la guerre, Napoléon le parcourait le soir pour faire lui-même ramasser les blessés, ce qui pouvait n'être qu'un calcul, mais ce qui n'en était pas un, se jetait quelquefois à bas de cheval pour s'assurer si dans un mort apparent ne restait pas un être prêt à revivre....

« Ordonné jusqu'à l'avarice, disputant un centime à des comptables, il distribuait des millions à ses serviteurs et à ses amis, à des malheureux...

« Ayant peu d'instants à donner aux affections privées, les écartant même par la distance à laquelle il s'était mis des autres hommes, il s'attachait néanmoins avec le temps, s'attachait fortement, jusqu'à devenir indulgent, presque faible pour ceux qu'il aimait...

« Pourtant cet homme que Dieu, après l'avoir fait si grand, avait fait bon aussi, n'avait rien de la vertu, car la vertu consiste à se tracer du devoir une idée absolue, à lui soumettre tous ses penchants, à lui immoler tous ses appétits, moraux ou physiques, et ce ne pouvait être le cas de la nature la moins contenue qui fût jamais. Mais s'il n'eut à aucun degré ce qu'on appelle la vertu, il eut certaines vertus d'État et celles notamment qui appartiennent au guerrier et au gouvernant[1]... »

Après ce premier, sommaire et indispensable examen, M. Thiers s'élève à l'éloquence des choses mêmes dans cette page où il constate que l'intempérance morale était le trait essentiel du caractère de Napoléon : « Prodige de génie et de passion, jeté dans le chaos d'une révolution, il s'y déploie, s'y développe, la domine, se substitue à elle et en prend l'énergie, l'audace, l'incontinence. Succédant à des gens qui ne se sont arrêtés en rien, entouré d'hommes qui n'ont rien refusé à leur passions, il ne refuse rien aux siennes. Ils ont voulu faire du monde une république universelle, il en veut faire une monarchie également universelle; ils en ont fait un

1. Thiers, *Histoire du Consulat et de l'Empire*, tome XX, p. 713-717, *passim*.

chaos, il en fait une unité presque tyrannique ; ils ont tout dérangé, il veut tout arranger ; ils ont voulu braver les souverains, il les détrône ; ils ont tué sur l'échafaud, il tue sur les champs de bataille, mais en cachant le sang sous la gloire ; il immole plus d'hommes que jamais n'en ont immolé les conquérants asiatiques...

« L'intempérance est donc le trait essentiel de sa carrière. De là il résulte que ce profond capitaine fut le politique, nous dirions le plus fou, si Alexandre n'avait pas existé [1]. Si la politique n'était qu'esprit, certes rien ne lui eût manqué pour surpasser les hommes d'Etat les plus raffinés. Mais la politique est encore plus caractère qu'esprit, et c'est par là que Napoléon pèche. Ah ! lorsque, jeune encore, n'ayant pas soumis le monde, il est obligé et résigné à compter avec les obstacles, il se montre aussi rusé, aussi fin, aussi patient qu'aucun autre... Mais il n'était pas le maître alors, il se contenait. Devenu tout puissant, il ne se contient plus, et du politique il ne lui resta que la moindre partie, l'esprit : le caractère avait disparu...

« Qui dit politique, dit respect et lent développement du passé ; qui dit révolution, au contraire, dit rupture complète et brusque avec le passé. La vraie politique, en effet, c'est l'œuvre des générations, se transmettant un dessein, marchant à son accomplissement avec suite, patience, modestie, s'il le faut, ne faisant vers le but qu'un pas, deux au plus dans un siècle, et jamais n'aspirant à y arriver d'un bond...

« Il ne faut donc pas s'étonner si Napoléon, despote et révolutionnaire à la fois, ne fut point un politique, car s'il se montra un moment politique admirable en réconciliant la France avec l'Eglise, avec l'Europe, avec elle-même, bientôt en s'emportant contre l'Angleterre, en rompant la paix d'Amiens, en projetant la monarchie universelle après Austerlitz, en entreprenant la guerre d'Espagne qu'il alla essayer de terminer à Moscou, en refusant la paix de Prague, il fut pis qu'un mauvais politique, il présenta au monde le triste spectacle du

1. Thiers, *op. cit. sup.*, p. 718 et 721.

génie descendu à l'état d'un pauvre insensé. Mais, il faut le reconnaître, ce n'était pas lui seul, c'était la Révolution française qui délirait en lui... »

Voilà bien la vérité sur Napoléon, toute la vérité. Maintenant, sans nous arrêter, à notre grand regret, à ce que M. Thiers dit du législateur et de l'administrateur dans l'empereur, nous lui emprunterons quelques traits de son portrait de capitaine. Tour à tour l'historien moderne examine, au point de vue militaire, le génie d'Alexandre, de César, d'Annibal, des Nassau, de Gustave-Adolphe, de Condé, de Turenne, de Vauban, de Frédéric de Prusse; enfin, nous voilà en face de Bonaparte d'abord, puis de Napoléon. L'audace semble avoir été la qualité maîtresse de cet homme dont la carrière dédoublée, pour ainsi dire, se résume cependant en beaucoup de bonheur (le peuple dirait la chance), et dont la collaboration du *général Hasard*, comme s'exprimait Turenne, lui fut si souvent favorable et enfin le perdit.

« Ces succès prodigieux, dit avec une haute raison M. Thiers, devaient corrompre non le général, chaque jour plus consommé dans son art, mais le politique, lui persuader que tout était possible, le conduire tantôt en Espagne, tantôt en Russie, avec des armées affaiblies par leur renouvellement trop rapide, et à travers des difficultés sans cesse accrues, d'abord par la distance qui n'était pas moindre que celle de Cadix à Moscou, ensuite par le climat qui était tour à tour celui de l'Afrique ou de la Sibérie... Au milieu de pareilles témérités, le plus grand, le plus parfait des capitaines devait succomber[1]. »

De là beaucoup de juges de Napoléon, et des plus sympathiques pour ses actes politiques, ont conclu qu'il ne fut jamais que le général des guerres heureuses? Ce reproche est injuste.

« Lorsque dans l'enivrement du succès, Napoléon se portait à des distances comme celle de Paris à Moscou, et sous un climat où le froid dépassait trente degrés, il

1. Thiers, *op. cit. sup.*, p. 768-769.

n'y avait plus de retraite possible... Quand des désastres comme celui de 1812 se produisaient, ce n'était plus une de ces alternatives de la guerre qui vous obligent tantôt à avancer, tantôt à reculer, c'était tout un édifice qui s'écroulait sur la tête de l'audacieux qui avait voulu l'élever jusqu'au ciel. Les armées, poussées au dernier degré d'exaltation pour aller jusqu'à Moscou, se trouvant surprises tout à coup par un climat destructeur, se sentant à des distances immenses, sachant les peuples révoltés sur leurs derrières, tombaient dans un abattement proportionné à leur enthousiasme, et aucune puissance ne pouvait plus les maintenir en ordre. Ce n'était pas une retraite faisable que le chef ne savait pas faire, c'était l'édifice de la monarchie universelle qui s'écroulait sur la tête de son téméraire auteur [1]. »

En concluant et en portant sur Napoléon un jugement que l'on ne peut faire autrement que d'accepter, moyennant un petit nombre de réserves, en somme, M. Thiers s'exprime ainsi :

« Instruisons-nous surtout par ses fautes, apprenons en évitant ses exemples à aimer la grandeur modérée, celle qui est possible, celle qui est durable parce qu'elle n'est pas insupportable à autrui, apprenons, en un mot, la modération auprès de cet homme le plus immodéré des hommes. Et comme citoyens enfin, tirons de sa vie une dernière et mémorable leçon, c'est que, si grand, si vanté, si vaste que soit le génie d'un homme, jamais il ne faut lui livrer complètement les destinées d'un pays. Certes nous ne sommes pas de ceux qui reprochent à Napoléon d'avoir, dans la journée du 18 brumaire, arraché la France aux mains du Directoire, entre lesquelles peut-être elle eût péri; mais de ce qu'il fallait la tirer de ces mains débiles et corrompues, ce n'était pas une raison pour la livrer tout entière aux mains puissantes, mais téméraires, du vainqueur de Rivoli et de Marengo. Sans doute, si jamais une nation eut des excuses pour se donner à un homme, ce fut la France, lorsqu'en 1800 elle adopta Napoléon pour chef. Ce n'était pas une

1 Thiers, *op. cit. sup.*, p. 769 et 770.

fausse anarchie dont on cherchait à faire peur à la nation pour l'enchaîner. Hélas non! des milliers d'existences innocentes avaient succombé sur l'échafaud, dans les prisons de l'Abbaye, ou dans les eaux de la Loire. Les horreurs des temps barbares avaient tout à coup reparu au sein de la civilisation épouvantée... A ce moment revenait de l'Orient un jeune héros plein de génie, qui, partout vainqueur de la nature et des hommes, sage, modéré, religieux, semblait né pour enchanter le monde. Jamais, assurément, on ne fut plus excusable de se confier à un homme, car jamais terreur ne fut moins simulée que celle qu'on fuyait... Et cependant, après quelques années, ce sage devenu fou, fou d'une autre folie que celle de 93, mais non moins désastreuse, immolait un million d'hommes sur les champs de bataille, attirait l'Europe sur la France qu'il laissait vaincue, noyée dans son sang, dépouillée du fruit de vingt ans de victoires, désolée en un mot... Qui donc eût pu prévoir que le sage de 1800 serait l'insensé de 1812 et de 1813? Oui, on aurait pu le prévoir, en se rappelant que la toute-puissance porte en soi une folie incurable, la tentation de tout faire quand on peut tout faire, même le mal après le bien...[1] »

1. Thiers, *ibid.*, p. 794 et 795.

FIN

ANGERS, IMPRIMERIE BURDIN ET Cie, RUE GARNIER, 4.

www.ingramcontent.com/pod-product-compliance
Ingram Content Group UK Ltd.
Pitfield, Milton Keynes, MK11 3LW, UK
UKHW021854190726
13855UKWH00001B/317

9 782013 249904